Besondere Kinder brauchen besondere Eltern

Judith Loseff Lavin
Claudia Sproedt (Hrsg.)

Besondere Kinder brauchen besondere Eltern

Behindert oder chronisch krank: Wie Sie Ihr Kind beschützen und es unterstützen können

Aus dem Amerikanischen übertragen
von Ingrid Hoffmann

OBERSTEBRINK
ELTERN-BIBLIOTHEK

1. Auflage 2004

Titel der amerikanischen Originalausgabe:
Special Kids Need Special Parents

Zuerst veröffentlicht in den USA
durch Berkley Books, ein Mitglied der Penguin Putnam Inc.

Aus dem Amerikanischen übertragen
von Ingrid Hoffmann

Herausgegeben von Claudia Sproedt
in der Oberstebrink Eltern-Bibliothek

Titelfoto:	Kunterbunt
Gestaltung:	Oberstebrink
Satz und Herstellung:	MOHN Media · Mohndruck GmbH
	Printed in Germany
Verlag:	Oberstebrink Verlag GmbH
	Bahnstr. 44, 40878 Ratingen
	Tel. 0 21 02 / 771 770-0
	Fax 0 21 02 / 771 770-21
	e-mail: verlag@oberstebrink.de
	www.oberstebrink.de

ISBN: 3-934333-14-1

Die Oberstebrink Eltern-Bibliothek

Die Oberstebrink Eltern-Bibliothek bietet Lösungen für die wichtigsten Eltern-Probleme und gibt Antworten auf die häufigsten Eltern-Fragen. Von Experten, die in ihrem Fachgebiet auf dem neuesten Wissensstand sind und in ihrer Praxis täglich Eltern beraten und Kinder behandeln.
Die Bücher der Oberstebrink Eltern-Bibliothek werden von Kinderärzten, Hebammen, ErzieherInnen, LehrerInnen und Familien-TherapeutInnen laufend eingesetzt und empfohlen. Eltern schätzen diese Ratgeber besonders, weil sie leicht verständlich sind und sich alle Ratschläge einfach und erfolgreich in die Tat umsetzen lassen.
Eine Übersicht über alle Titel finden Sie auf den letzten Seiten dieses Buches.

Stattdessen

Anstatt mit dir zu gehen,
werde ich mit dir kriechen.
Anstatt mit dir zu reden,
werde ich andere Wege finden,
um mit dir zu kommunizieren.
Anstatt mich darauf zu konzentrieren,
was du nicht kannst,
werde ich dich für das, was du kannst,
mit Liebe belohnen.
Anstatt dich zu isolieren,
werde ich Abenteuer für dich erschaffen.
Anstatt dich zu bemitleiden,
werde ich dich achten.

Huygen Hilling

Zu diesem Buch

Das Leben von Familien mit einem behinderten oder chronisch kranken Kind wird immer wieder durch medizinisch notwendige Untersuchungen und Operationen unterbrochen – kein Prozess verläuft geradlinig. Für alle, auch für das betroffene Kind selbst, ist vielleicht das Schwierigste herauszubekommen, wie genau sich eine Krankheit auswirkt. Ständig fragt man sich: *„Ist diese Entwicklung normal, altersentsprechend? Ist diese Reaktion krankheitsbedingt?"* und *„Was ist eigentlich ‚normal'?"*

Was kann meine Tochter denn wirklich? Manipuliert mein Sohn andere, um bestimmte Situationen zu vermeiden? Schätzt der Lehrer das Verhalten meines Kindes auch richtig ein? Ist sich die Lehrerin der Fähigkeiten meines Kindes nicht bewusst – oder gibt sie ihm einfach nicht die gleiche Chance wie anderen Kindern? Deutet der Arzt an, wir hätten unserem Kind gegenüber einen übersteigerten Beschützer-Instinkt – und sollte er da etwa Recht haben? Es ist ein ständiger Kampf, bei dem dieses Buch Unterstützung bieten soll. Ich habe es als Nachschlagewerk verfasst, jedes Kapitel ist in sich abgeschlossen und enthält Ratschläge zu einem bestimmten Aspekt. Vor dem Lesen des Buches möchten Sie es vielleicht durchblättern, um eine Vorstellung von seinem Inhalt zu erhalten. Es enthält Kapitel über Trauer, Gott, psychologische und Familien-Fragen, Schulen, Rechtsbeistände, Rollstühle, Perücken, Prothesen, Schminke und vieles mehr. Am Ende finden Sie Adressen von Organisationen, bei denen Sie noch mehr Unterstützung finden können.

Ich habe Jahre gebraucht, um dieses Buch zu schreiben, weil ich alle wichtigen Fragen behandeln wollte. Ich habe Psychologen, Psychiater, Ärzte, Anwälte, Sozialarbeiter, Rechtsbeistände, Schulleiter und Lehrer aus allen Teilen der Vereinigten Staaten befragt. Darüber hinaus habe ich mit Menschen gesprochen, die als „behindert" gelten, sich jedoch als äußerst lebenstüchtig erwiesen haben.

In diesem Buch kommen Mütter, Väter, Großeltern und gesunde Geschwister von behinderten Kindern zu Wort – außerdem behinderte Menschen, die trotz ihres Handicaps großartige Leistungen vollbracht haben.

Nicht alles, was ich in dem Buch schreibe, wird sich auf jede spezielle Situation anwenden lassen. Einige Kapitel passen vielleicht zu den verschiedenen Phasen Ihres elterlichen Weges. So ist die Zeit, in der Sie von der Krankheit Ihres Kindes erfahren, in dem Kapitel über das Trauern behandelt. Ist Ihr Kind herangewachsen und geht in die Schule, dann interessieren Sie möglicherweise Fragen zur Ausbildung am meisten.

Selbstverständlich gibt es keine Formel für das perfekte Elternsein, keine vollkommenen Familien, keine Zauberworte, keine Absoluta. Dafür ist das Leben viel zu unvorhersehbar und komplex. Doch vielleicht tragen die in diesem Buch aufgeführten Erkenntnisse und Ratschläge von Menschen, die – wie wir – eine so schwierige Situation meistern müssen, dazu bei, uns stärker zu machen.

Judith Loseff Lavin
Autorin der amerikanischen Originalausgabe

Liebe Eltern

Dieses Buch ist von Eltern für Eltern geschrieben. So wie die Autorin Judith Loseff Lavin für die amerikanische Ausgabe haben auch wir für die deutsche Ausgabe dieses Ratgebers ein Redaktions-Team von Eltern behinderter oder chronisch kranker Kinder zusammengestellt – verstärkt durch Fachleute, die täglich mit behinderten oder kranken Kindern arbeiten.

Wir wollen Ihnen für viele verschiedene Probleme im Leben mit Ihrem chronisch kranken oder behinderten Kind Lösungswege zeigen – alle Anregungen sind „aus der Praxis für die Praxis". Unser Ziel muss sein, die Krankheit oder Behinderung unserer Kinder in unser Leben einzupassen.

Alle Kapitel des Buches sind für Sie geschrieben – also genau den deutschen Verhältnissen angepasst. Dabei sind viele konkrete Hinweise zum Gesundheitssystem oder zum Schulwesen ganz anders ausgefallen als in der amerikanischen Ausgabe, weil eben die Verhältnisse hier anders sind. Viele Hinweise gelten auch für Österreich und die Schweiz. Über zusätzliche Besonderheiten können Sie sich bei den in Kapitel 8 angegebenen Adressen informieren.

Dort finden Sie auch ein Glossar mit Kurzbeschreibungen der Krankheiten und Behinderungen, die in diesem Buch erwähnt werden. Das hilft Ihnen sicher, sich in die Situationen, von denen berichtet wird, hineinzuversetzen.

Damit Sie sich für Ihre ganz speziellen Probleme Hilfe suchen können, haben wir viele Adressen von Behinderten-Verbänden und Selbsthilfe-Gruppen aufgenommen. Ein umfassendes Netzwerk wartet nur darauf, Ihre Fragen zu beantworten. Natürlich konnten wir nicht alle Gruppen berücksichtigen, die es gibt – aber Sie finden Hinweise, wie Sie auch *Ihren* persönlichen Ansprechpartner finden können.

Nun wünschen wir Ihnen viel Freude mit diesem Buch. Sicher werden Sie beim Lesen häufig sagen: *„Genau! So war das bei uns auch!"* Und hoffentlich denken Sie genauso oft: *„Das könnte auch für uns eine Lösung sein!"* Dann hätten wir unser Ziel erreicht.

Claudia Sproedt
Herausgeberin der deutschen Ausgabe

Grußwort

Durch den Fortschritt der Medizin sind in den letzten 50 Jahren mehrere tausend erblich bedingte Erkrankungen entdeckt und ihre Ursache aufgeklärt worden. Für die Menschheit sind die einzelnen Erkrankungen glücklicherweise selten oder sogar sehr selten. Für den Betroffenen allerdings ist seine Erkrankung immer die wichtigste und häufigste der Welt.

Leben mit einer seltenen, chronischen Erkrankung ist eine tägliche und immerwährende Herausforderung für die Patienten und ihre Familien. Angesichts der Vielfalt der Erkrankungen kann nicht jeder Arzt oder Therapeut über Kenntnisse oder Erfahrungen für jede Krankheit verfügen. Betroffene fühlen sich deshalb oft allein gelassen und auf sich selbst gestellt. Einen kenntnisreichen Arzt und Verständnis bei den Kostenträgern zu finden, Anerkennung und Hilfe in Schule und Familie zu bekommen – all das sind Hürden, die für einen Einzelkämpfer nur schwer zu überwinden sind.

Um so bedeutsamer sind für Patienten mit seltenen Erkrankungen Selbsthilfe-Gruppen, in denen die besonderen medizinischen Belange, insbesondere aber auch die Probleme des täglichen Lebens untereinander ausgetauscht werden können. Ein solcher Zusammenschluss schafft Gemeinsamkeit und kann die Anliegen der Betroffenen und ihrer Familien viel besser in der Öffentlichkeit zur Geltung bringen. Das ist wirkliche Hilfe durch Selbsthilfe.

Das vorliegende Buch soll den Eltern eine Orientierungshilfe sein, um sich in schwierigen Situationen besser zurechtzufinden und durch problematische Zeiten zu helfen. Ich wünsche dem Buch viele Leser, die beruflich mit chronisch kranken Kindern arbeiten, um sie daran zu erinnern, über dem „Fall" nicht die Familien und ihre spezielle Lebens-Situation aus den Augen zu verlieren. Die Autorin zeigt, dass wirksame Hilfe für chronisch kranke und behinderte Kinder nur in einer vertrauensvollen Zusammenarbeit zwischen Eltern, Ärzten, Kindergarten und Schule zu erreichen ist. Und das ist das Beste, was ein solcher Ratgeber vermitteln kann.

Prof. Dr. Erik Harms
Präsident der Deutschen Gesellschaft
für Kinderheilkunde und Jugendmedizin (DGKJ)

Es tat mir in der Seele weh

In meiner Jugend dachte ich, die meisten Kinder wüchsen relativ gesund auf. Manchmal fragte ich mich tatsächlich, warum es überhaupt Kinderkrankenhäuser gab. Jahre später wurde ich schwanger und brachte meine älteste Tochter zur Welt – sie hatte eine Lippen- und eine Gaumenspalte. Überglücklich über mein neugeborenes Baby, tat es mir doch auch in der Seele weh, wenn ich daran dachte, wie viele Operationen sie schon in ihrem ersten Lebensjahr würde durchmachen müssen. Und ich machte mir Sorgen, dass das Trauma einer Operation die emotionale und psychische Entwicklung meiner Tochter beeinflussen könnte. Am meisten aber hatte ich Angst, mein so lange ersehntes Baby könne sterben. Es wog nur fünf Pfund, als es zum ersten Mal operiert wurde.

Schließlich war da noch die Vorstellung, dass meine süße winzige Tochter auf ihrem kleinen, weichen Körper Narben haben würde. Warum nur musste ein so unschuldiges kleines Wesen so etwas durchmachen? Wie ungerecht! Wieso passierte gerade uns das? War es genetisch bedingt? Lieber Gott, wo bist du? Fragen über Fragen quälten mich, und ich war am Boden zerstört.

Während ich versuchte, für meine Tochter die beste Behandlung zu finden, lernte ich die unterschiedlichsten Kinder-Krankenhäuser in verschiedenen Teilen des Landes kennen, lief durch zahlreiche Krankenhaus-Korridore und traf Kinder mit den vielfältigsten Krankheiten und deren Eltern. Dabei fiel mir auf, dass diese Kinder offensichtlich gut versorgt wurden, sich um ihre Eltern aber anscheinend niemand kümmerte. Sie sahen so sorgenvoll, so wütend, traurig, nervös aus. Und manche von ihnen waren sogar völlig geistesabwesend.

Also begann ich nach neuen Erkenntnissen und Wegen zu suchen, fing an, diese Eltern zu fragen, wie sie damit zurecht kamen, ein krankes Kind zu haben. Ich wollte herausfinden, wer sich um sie und ihren Schmerz kümmerte und woher sie die Kraft nahmen weiterzumachen. Die Familien hatten unterschiedliche Krankheitsgeschichten, aber alle fühlten ähnlich wie ich zu dieser Zeit. Ganz gleich welche Krankheit die Kinder hatten – das Leid, das wir empfanden, war dasselbe.

Eltern von kranken Kindern empfinden sehr intensiv. Sie führen einen ständigen Überlebenskampf und empfinden die Schmerzen ihrer Kinder mit. Ihr Leben ist erfüllt von Sorgen, Diskussionen, Höhen und Tiefen. Hat das Kind eine Hürde genommen, sind die Eltern überglücklich. Widerfährt ihm ein Leid, dann tut das auch ihnen entsetzlich weh. Besonders die ersten Jahre des Lebens mit einem kranken Kind, in denen die Eltern sich noch in ihrer neuen Aufgabe zurechtfinden müssen, sind schwierig. Ihre Gefühle fahren Achterbahn. Oft müssen sie mit ihren Kindern schwierige Operationen durchstehen, sie zu verschiedenen Therapien begleiten, mit unterschiedlichsten Therapeuten umgehen.

Im Gesundheitswesen und im Schulbereich gibt es Mitarbeiter, die nur mit ihren Paragraphen beschäftigt sind. Sie machen den Familien das Leben genauso schwer wie Menschen, die ihre Situation und das, was sie zu erreichen suchen, nicht verstehen. Die Eltern sind wütend auf solche Leute, ärgern sich über unkooperative Krankenkassen, sind verletzt durch unbeabsichtigte

Bemerkungen. Und dann noch ihre eigene Wut, Sorge, Enttäuschung, Trauer und Verwirrung. Wie schaffen diese Eltern das?
Sie versuchen, sich auf die Tatsache zu konzentrieren, dass ein Mensch, der als „behindert“ bezeichnet wird, nicht „unfähig“ ist. Sie konzentrieren sich auf die Stärken ihrer Kindern statt auf die Schwächen. Sie sind für ihr Kind da, gönnen sich aber auch zwischendurch einmal einen gewissen Freiraum. Sie bemühen sich von Anfang an um Unterstützung durch andere – und genau durch diese Hilfe schlagen sie dann oft den richtigen Weg ein. Sie lernen, wie sie mit Ämtern und Institutionen umgehen müssen, um das zu erreichen, was sie brauchen. Vielleicht ist es gerade diese Haltung der Eltern, die dazu führt, dass einige als „behindert“ geltende Kinder sich als äußerst selbständig erweisen.
Eltern eines behinderten Kindes zu sein, ist auf keinen Fall eine leichte Aufgabe. Ein Kind großzuziehen, das mehr Aufmerksamkeit, Disziplin, Liebe und Verständnis braucht als andere, ist eine riesige Herausforderung – besonders dann, wenn andere sich über das Kind lustig machen oder es ablehnen. Fühlt ein Kind sich aus der Gesellschaft ausgestoßen, ruft das bei ihm entsprechende Reaktionen hervor. Oft fühlen sich die Kinder als Opfer und versuchen, andere abzuwehren, sich selbst zu schützen oder Mitgefühl zu bekommen. Manchmal benutzen sie ihre Symptome, um ihre Welt zu manipulieren und zu beherrschen, um vielleicht eine für sie schwierige Situation – wie das Besuchen der Schule oder die Teilnahme an einer anderen Gruppenaktivität – zu umgehen. Oft ist es Eltern und Therapeuten aufgrund der vielen emotionalen Probleme des Kindes unmöglich, den tatsächlichen körperlichen Zustand zu bestimmen. Auch das ist sehr frustrierend.
Sich in so eine Aufgabe hineinzufinden, erfordert enorme Entschlossenheit. Gelegentlich bleibt dabei auch eine Ehe oder die Familie auf der Strecke. Als ich diesen Prozess durchmachte, wurde mir klar, wie wichtig es ist, für mich selbst auch Rat und Hilfe zu bekommen. Ich beschloss, mir ein Buch zu besorgen, dass mir solche Hinweise geben konnte. Nach der Geburt meiner Tochter war ich zu erschöpft, um an den Treffen einer Selbsthilfe-Gruppe teilzunehmen. Ich wollte nicht noch die Probleme der anderen hören, war ich doch genug damit beschäftigt, meine eigenen irgendwie in den Griff zu bekommen. Für eine langwierige Therapie blieb mir keine Zeit. Ich musste weiterkommen,

mein Leben mit all den neuen Herausforderungen und Problemen meistern. Aber ein Buch, das mir helfen konnte – ja, das wollte ich lesen.
Im Krankenhaus bekam ich Broschüren, die mir zu deprimierend waren. In Büchereien und Buchläden suchte ich nach einer leicht lesbaren Lektüre über Familien mit kranken oder behinderten Kindern. Das Wenige, was ich fand, war viel zu fachspezifisch, schwerfällig und alles andere als motivierend. Ich wollte ein Buch mit praktischen Vorschlägen, mit Anleitungen, Adressen von Orten und Menschen, die einer Familie in einer solchen Situation halfen.
Nach jahrelanger Suche beschloss ich, selbst ein Buch zu schreiben – ein Buch mit Einblicken, Anregungen und praktischen Ratschläge für die betroffenen Familien, aber auch für Lehrer, Ärzte und andere, die sich mit besonderen Kindern befassen. Ein Buch, das diesen Familien Hilfestellung sein konnte, das andere über das Leben einer solchen Familie informierte, damit sie mitfühlender und geduldiger mit den Betroffenen umgingen. In meinem Buch sollten außerdem Ärzte, Lehrer und andere Menschen, die mit kranken Kindern arbeiten, zu Wort kommen, damit die Familien der Kinder den Standpunkt dieser Leute besser verstehen und ihre Bedürfnisse ihnen gegenüber besser artikulieren könnten.
Zudem sollte mein Buch unbedingt noch all die „Ausnahme-Situationen" zur Sprache bringen, die in diesen Familien zur Normalität gehören. Die Menschen, die von Berufs wegen mit behinderten Kindern zu tun haben, müssen sich bewusst werden, wie groß die psychischen Belastungen und Entwicklungs-Probleme in den betroffenen Familien tatsächlich sind. Dadurch können die Probleme vielleicht schon im Ansatz erkannt und früher behandelt werden.

1

„Wie konnte das nur passieren?“

„Unser ganzes Leben lang lassen wir alte Träume los – und erschaffen neue. Niemand würde je behaupten, das sei einfach. Aber – auch wenn es noch so merkwürdig klingt – es gibt einem eine gewisse Befriedigung. Man wächst über sich hinaus, man entdeckt in sich eine Stärke, von deren Existenz man nichts ahnte: die Kraft, für andere wirklich da zu sein. Diesen Weg hätten wir vielleicht freiwillig nie gewählt – aber der Ausflug hat wirklich einen Sinn.“

Aus: *Susan Hawkins Sager:*
Relationships – What Do You Do When the Dream Dies?

Trauern

Meine Freundin *Susan Hawkins Sager* hat als Trauertherapeutin gearbeitet. Wir sprachen häufig über verschiedene Arten des Trauerns und darüber, was geschieht, wenn jemand trauert. Schon bald drehte sich die Unterhaltung um den Verlust, den Eltern durchmachen, wenn ihr Kind behindert auf die Welt kommt oder krank wird.

- *„Kurz nach der Geburt meiner Tochter wurde ich von schrecklichen Ängsten verfolgt. Ich konnte nicht schlafen, bevor ich nicht mehrmals nachgesehen hatte, ob der Ofen auch aus war. Wenn ich das Haus verließ, hatte ich ständig Angst, unsere Wohnung würde in meiner Abwesenheit abbrennen. Ich konnte mich nicht konzentrieren, nicht lesen, war nervös. Ich lachte nicht mehr, vergaß dauernd etwas, verlegte Sachen oder verlor sie ganz. Ich dachte, dass ich jeden Moment durchdrehen würde – und das genau in dem Moment, in dem ich meinen Verstand am dringendsten brauchte.“*

Jill Hoff.
Ihre Tochter leidet unter einer ektodermalen Dysplasie,
einer sehr seltenen Krankheit, die Haar-, Zahn-, Haut- und Nagel-Anomalien,
verkümmerte Schweißdrüsen, Allergien und anderes hervorruft.

Ich erzählte *Susan*, dass ich früher immer gedacht hatte, die Menschen trauerten nur, wenn jemand gestorben sei. Es war neu für mich, dass Eltern, die ein krankes oder behindertes Kind bekommen oder bei deren Kind sich mit der Zeit eine chronische Krankheit entwickelt, darum trauern, dass ihr Kind nicht gesund geboren wurde oder gesund bleiben konnte.
Dieses Trauern kann sehr beängstigend sein, wenn einem die verschiedenen Empfindungen und Phasen des Trauerns nicht vertraut sind. Die plötzlich auftretenden, starken Emotionen sind sehr beunruhigend.
Anfangs fragt man sich vielleicht manchmal: *„Hört das denn nie auf? Wieso bin ich so aufgedreht? Warum bin ich so empfindlich?“*

Einer der Gründe dafür ist, dass die Welt total erschüttert wurde. Die Nachricht, ein krankes oder behindertes Kind zu haben, schlägt emotional bei Eltern und Familie ein wie ein Erdbeben. Alles bricht zusammen, das Unterste wird zuoberst gekehrt. Man traut nicht einmal mehr den selbstverständlichsten Dingen der Welt. Man ist verunsichert, weil alle Erwartungen einen Schlag versetzt bekommen haben.
Auch *Jill Hoff* wusste nicht, dass ihre Ängste eine normale und angemessene Reaktion auf ihre neue Lebenserfahrung waren. Wie *Jill* sind sich viele Menschen nicht bewusst, was Trauer in ihnen alles in Bewegung setzen kann. Und wenn die Trauer dann ausbricht, meinen sie oft, sie seien kurz davor, den Verstand zu verlieren. Es ist gut, wenn man weiß, was alles mit einem geschehen kann, wenn man trauert.

Erwartungen

Werdende Eltern sind erfüllt mit Hoffnungen und Plänen für ihr Baby. Sie wünschen sich aus den unterschiedlichsten Beweggründen ein Kind: Manche wollen einfach Eltern sein – andere hoffen, das Baby werde ihre Ehe retten. Wieder andere sehnen sich einfach nur nach einem süßen, niedlichen Baby, von dem sie die Liebe bekommen, die sie sich schon immer gewünscht haben.
Von *Ken Moses*, einem Psychologen, der auf Trauertherapie spezialisiert ist, erfuhr ich, dass uns auch unsere Hoffnungen und Pläne für unsere Kinder an sie binden. Häufig wünschen wir uns für unsere Kinder etwas, was wir selbst immer wollten, aber nie erhielten oder erreichten. Der sportliche Vater mag sich im Geiste schon mit seinem Sohn oder seiner Tochter auf dem Sportplatz sehen. Die Mutter, die immer ein Filmstar werden wollte, träumt davon, ihre Tochter eines Tages auf der Bühne als Schauspielerin zu erleben.
In dem Moment jedoch, in dem wir die Nachricht von der Behinderung unseres Kindes bekommen, zerbrechen all diese Träume. Wissen die Eltern des Babys schon vor dessen Geburt, ob es ein Junge oder ein Mädchen wird, so fallen ihre Träume für ihr Kind meistens noch detaillierter und intensiver aus. Umso schlimmer ist der Verlust, den sie wegen der Krankheit ihres Babys erleiden.

- *Robert* und *Karla* sind Eltern zweier Kinder, die von Geburt an Diabetes haben: „*Wir kannten das Ausmaß der Krankheit nicht und wussten nicht, wie sie sich weiter entwickeln würde. Wir waren fürchterlich enttäuscht, denn all unsere Träume für unser künftiges Leben waren wie Seifenblasen zerplatzt.*“
- *Huygen Hilling*, dessen zweiter Sohn unter dem Angelman-Syndrom leidet – einer Störung, die sich auf Beweglichkeit, Denk- und Sprachfähigkeiten auswirkt –, schildert das so: „*Als mein ältester, nicht behinderter Sohn geboren wurde, hatte ich für ihn alle möglichen Träume und Vorstellungen. Er würde Sportler werden, dessen war ich mir sicher; er würde mit Mädchen ausgehen, würde heiraten. Als unser zweiter Sohn dann auf die Welt kam, lösten sich all diese Träume in nichts auf.*“

Wenn ein solcher Traum zerbricht, fällt man in ein tiefes Loch. Fragen wie „*Was nun?*“ oder „*Wie soll das denn nur weitergehen?*“ schießen einem durch den Kopf. Panik kommt auf und ein Gefühl tiefer Enttäuschung. Dieses Gefühl der Enttäuschung ist ganz normal. Es ist ein Zeichen dafür, dass Sie der Realität ins Auge sehen, dass Sie bereits dabei sind, Ihr Leben den neuen Umständen anzupassen. In gewisser Hinsicht bringt es Sie wieder auf den Boden der Tatsachen zurück. Sie werden zwar mit Ihrem Kind nie Sport treiben können, aber vielleicht wird Ihr Kind etwas schaffen, was von Ärzten und Spezialisten niemals für möglich gehalten wurde. Und dann werden Sie so überglücklich sein, wie Eltern eines gesunden Kindes, das Sportler wird, niemals sein könnten.

Die Stadien der Trauer

Sie müssen Ihre ursprünglichen Vorstellungen loslassen und sich realistischere Ziele setzen. Nur so können Sie weitermachen. *„Wenn Sie nicht trauern, gehen Sie an dem Verlust Ihres ursprünglichen Traumes zugrunde"*, so *Ken Moses*, auch Vater eines behinderten Kindes. *„Sie müssen sich der neuen Situation stellen und neue Träume erschaffen."*

Trauer ist ein vorübergehendes Stadium. Es kommt von allein und geht auch wieder von allein.

Zuerst einmal hat man nie gelernt zu trauern, man plant es auch nicht. Trauer überfällt einen plötzlich und unerwartet.
Lassen Sie diesen natürlichen Prozess mit all den fürchterlichen Empfindungen zu – dadurch versetzen Sie sich eher in die Lage, das vor Ihnen liegende Leben zu meistern.
Wenn Sie sich Ihre Trauer nicht zugestehen, fällt es Ihnen später schwerer, mit Ihrer Situation zurecht zu kommen und Ihrem Kind und Ihrer Familie eine Stütze zu sein. Ist man mit den verschiedenen Trauerstadien vertraut, dann versteht man besser, warum man sich so fühlt, wie man sich fühlt.

- Das erste Trauerstadium ist normalerweise das **Verleugnen**. In dieser Phase wollen wir die Tatsachen nicht wahrhaben, weigern uns zu akzeptieren, was passiert ist. Das Leugnen verschafft uns Zeit, unserer neuen Situation Stück für Stück ins Auge zu sehen. Das verhindert, dass uns unsere Gedanken und Gefühle auffressen. Ein Mensch in dieser Phase fühlt sich manchmal wie benebelt. Das ist völlig normal. Man sollte jedoch nicht im Stadium des Verleugnens hängen bleiben. Sonst könnte es passieren, dass man die Verantwortung für seine Situation nicht übernimmt und deshalb wichtige Schritte nicht macht. Und das kann verheerende Folgen haben.
  Jim Covert, früherer Footballer bei den Chicago Bears, dessen Tochter seit ihrer Geburt eine Spina bifida (eine Fehlbildung der Wirbelsäule) hat: *„Meine Frau machte sich auf einmal Vorwürfe. ‚Warum passiert das gerade uns?' fragten wir uns. Wir hatten immer geglaubt, gute Menschen zu sein. Wäh-*

rend der Schwangerschaft hatte meine Frau nicht einmal ein einziges Aspirin genommen. Und plötzlich steht man dann da und versteht die Welt nicht mehr.“

- Eine weiteres Stadium der Trauer ist **Sorge**. Man macht sich über alles Sorgen – auch über Dinge, um die man sich nicht sorgen müsste. Diese Sorge und die damit verbundenen bizarren Gedanken sind für uns ein Zeichen, dass wir uns den neuen Gegebenheiten stellen müssen. Sorge ist eine unbewusste Schutzmaßnahme, die uns auf das vor uns Liegende vorbereitet.
- **Schuldgefühle** gehören auch zum Trauern. Das beginnt mit der Frage *„Wieso gerade ich?“*. Automatisch denkt man, dass man zu dem schrecklichen Unglück selbst beigetragen habe. Die Trauer ruft immer wieder negative Gedanken und Gefühle in uns hervor. Dabei können die Eltern kranker Kinder meistens überhaupt nichts für die Krankheit ihres Babys. Niemand wollte dieses Unglück, es ist einfach passiert. Schuldgefühle können einen Menschen lähmen. Manchmal jedoch motivieren sie uns auch, die Situation aus einem neuen Blickwinkel zu betrachten.
- Das Stadium der **Wut**. reicht von Streiten und Schreien bis hin zu absolutem Schweigen. Anfangs sind wir empört, später verletzt. Wird jemandem beispielsweise von einem anderen sehr fest auf die Zehen getreten, dann spürt er zuerst den körperlichen Schmerz und wird dann von Wut gepackt. Wut ist eine Form des Verletztseins. Manchmal hilft sie uns, unser Leben zu verändern.
- Und schließlich sind da noch die **Depressionen**. Sie treten auf, wenn wir tief trauern. Depressionen sind nach innen gekehrte Wut. Dieses Stadium signalisiert uns, dass wir allmählich die Situation begreifen.

  Ist eine geliebte Person gestorben, glaubt man manchmal, dieser geliebten Person näher zu sein, indem man um sie trauert. Man hat Angst, sie für immer zu verlieren, wenn man aufhört zu trauern.

Das Akzeptieren der Situation beginnt in dem Moment, in dem wir uns bewusst werden, wie wir unseren Verlust erleben. Wut, Schuldgefühle oder Traurigkeit verschwinden dadurch nicht etwa – aber wir beginnen, die Umstände als Realität anzunehmen. In dieser Phase nimmt man allmählich sein Leben wieder in die Hand, kommt auf neue Ideen, übernimmt mehr Verantwortung für seine Situation, auch wenn es weh tut. *„Diese Phase spricht das Bewusstsein an – es wird einem klar, was man verloren hat und wie man damit umgeht"*, so *Ken Moses*. *„Man sieht den Tatsachen ins Auge, was aber nicht bedeutet, dass man keinen Schmerz mehr empfindet."*

- *„Sich mit der Behinderung seines Kindes abzufinden, ist ein langer Prozess."* *Kathy Schaeffer*, die das sagt, ist Mutter der Schauspielerin *Tarah Lynne* aus der Sendung *Sesamstraße,* die seit ihrer Geburt an der Glasknochenkrankheit leidet. *„Erst als ich mich dem Ende dieses Prozesses näherte, hatte ich das Gefühl, wieder zu leben."*
- *Huygen Hilling* beschreibt das so: *„Nachdem ich meinen zweiten Sohn so, wie er ist, akzeptiert hatte, konnte ich schließlich für meine beiden Söhne neue, realistische Pläne schmieden. Auch weiß ich jetzt die Fähigkeiten meines älteren Sohnes umso mehr zu schätzen."*

Folgendes sollten Sie zu diesem Thema noch wissen: Als Eltern eines behinderten Kindes trauert man während seines Lebens immer wieder einmal. Beispielsweise dann, wenn jemand gleichen Alters wie der eigene Sohn oder die eigene Tochter heiratet, wo er oder sie doch nie heiraten wird. Jedes Mal, wenn in unserem Umfeld jemand einen Meilenstein des

Fünf Stadien der Trauer

So schlimm Trauer auch ist, sie erfüllt doch einen ganz bestimmten Zweck. *Elisabeth Kübler-Ross* beschrieb fünf Stadien der Trauer. Andere überarbeiteten dieses Modell noch – unter ihnen auch *Ken Moses*. Die fünf Stadien:

- Verleugnen
- Sorge
- Schuldgefühle
- Wut
- Depression

Nicht alle Menschen machen jede dieser Trauerphasen durch, und auch nicht jeder erlebt die hier beschriebene Reihenfolge. Oft überspringt man eine der Phasen, erlebt dieselbe Phase mehrmals oder wird von mehreren Trauergefühlen gleichzeitig erfasst. Es gibt nicht nur eine Art zu trauern.

Lebens erreicht, erinnert uns das daran, dass unser Kind ihn nie erreichen wird. Dann setzt wieder die Trauer über unseren Verlust ein, und wir ordnen unsere Gedanken wieder neu.

Sie müssen den Trauerprozess nicht allein durchstehen. Es kann durchaus helfen, Ihre Gefühle mit einem Freund oder einer Freundin, einem Berater oder einem anderen Ihnen nahestehenden Menschen zu teilen. Manchmal kann man mit seinem Partner nicht über seine schmerzlichen Gefühle sprechen. Dann muss man jemand anderen finden, der einem zuhört. Ihr Partner kann Ihnen jetzt vielleicht nicht zuhören, weil er selbst ja genau die gleichen Qualen erleidet wie Sie. Ideal ist es natürlich, wenn eine Familie – mit oder ohne Unterstützung durch einen Therapeuten – ihr Leid gemeinsam erlebt und den Schmerz teilt. Dadurch wird die Beziehung der Familienmitglieder untereinander nur noch gestärkt.

Lassen Sie Ihre Gefühle, Ihre Gedanken, Ihre natürliche Trauer zu.

Sie sollten auf keinen Fall Angst vor der Trauer haben. Denken Sie daran: Das Trauern ist ein vorübergehender Zustand. Manchmal denkt jemand, es sei egoistisch zu trauern. Das stimmt nicht. *„Man kann nur wachsen, wenn man sich auf sich selbst konzentriert“*, schreibt *Ken Moses*. Lassen Sie Ihre Gefühle, Ihre Gedanken, Ihre natürliche Trauer zu. Sie werden sich dadurch leichter den Problemen des Lebens stellen können.

Woran Sie denken sollten

- Eltern hegen Träume für ihr ungeborenes Kind. Dadurch binden sie sich innerlich an ihr Kind.
- Ihre Erwartungen an Ihre Kinder sind genauso individuell wie Sie. Oft wünschen wir uns für unser Kind genau das, was wir selbst immer wollten, jedoch nie erhielten oder erreichten.
- Wenn unser Kind behindert zur Welt kommt oder chronisch krank ist, zerbrechen einige unserer Träume.
- Trauer ist der Prozess, durch den Sie lernen, der Realität, dass Ihr Kind in mancher Hinsicht eingeschränkt ist, ins Auge zu sehen und neue Träume für Ihr Kind zu erschaffen.
- Eltern behinderter Kinder machen immer wieder einmal Trauerphasen durch.
- Wir trauern nicht in einer festgelegten Folge von Trauerstadien und machen auch nicht unbedingt jede Phase des Trauerns durch.
- Seine Gefühle mit jemand Nahestehendem oder noch besser der eigenen Familie zu teilen, lindert den Schmerz.
- Eltern und Familien, die offen miteinander über ihren Schmerz reden und ihn teilen, wachsen stärker zusammen.
- Trauern ist eine natürliche Sache und geht vorüber.
- Auch wenn uns die Trauer völlig unerwartet ergreift und sehr schmerzt, hilft sie uns doch, unsere neue Lebens-Situation zu akzeptieren und anzupacken.

„Wo ist Gott?“ – ein Versuch, dem Ganzen einen Sinn zu geben

- *Marcia* erinnert sich: *„Wir hatten schon so viel mit unserem Sohn durchgemacht. Er hat eine sehr seltene Krankheit, und die Ärzte konnten mit den immer wieder eintretenden Krisen nicht umgehen. Als er dann noch eine extrem schmerzhafte Krankheit dazu bekam, die nicht behandelt werden konnte, weil er auf die einzige wirksame Medizin allergisch reagierte, war ich völlig fertig. Alles was ich denken konnte, war: Warum geht das immer so weiter? Wo bist du, Gott?“*

In der Trauerphase kann es vorkommen, dass die Gläubigen unter uns an Gott zweifeln: *„Wo war er, als wir ihn am meisten gebraucht hätten?“* Wir grübeln über unseren Glauben nach und darüber, welche Rolle Gott eigentlich in unserem Leben spielt. Oft sind wir wütend auf ihn, fühlen uns betrogen, begreifen nicht, wie er uns das antun konnte.

Eltern eines behinderten Kindes zweifeln manchmal an Gott, das ist nur natürlich. Angesichts der Schicksalsschläge des Lebens kämpfen wir darum, in dem offenbar Sinnlosen einen Sinn zu erkennen. An Gott zu zweifeln, ist zwar schmerzlich, aber ich denke, es hilft uns. Hinterfragt man seine Beziehung zu Gott, dann fängt man ein Zwiegespräch mit ihm an und kommt ihm näher. Das lässt einen mit der Zeit neue Kraft schöpfen.

Ich habe zwar immer an Gott geglaubt, aber mein Glaube wurde manchmal auf eine harte Probe gestellt. Ich war wütend. Manchmal konnte ich nicht einmal mehr beten. Ich war nachdenklich, las Bücher über Religion, las die Bibel. Nichts schien zu helfen. Ich fühlte mich allein, hatte Angst. Aber ich fuhr damit fort, zu grübeln und nach innen zu schauen. Irgendwie tauchte ich dann wieder aus der inneren Versenkung auf und fühlte mich auf einmal freier. Ich hatte Gottes Rolle in meinem Leben neu definiert. Und plötzlich war ich stärker und sicherer geworden.

Einer der Menschen, der mir sehr geholfen hat, ist *Harold Kushner* – durch sein Buch *„Wenn guten Menschen Böses widerfährt“*. *Kushners* Sohn starb im

Teenager-Alter an der seltenen Krankheit Progerie, die zu vorzeitiger Alterung führt – eine Tragödie, die *Kushners* Leben veränderte. Er ist überzeugt, dass es wichtiger ist, wie man mit einem Unglück umgeht, als zu analysieren, warum es geschah.
Im Leben eines jeden Menschen treten irgendwann einmal Probleme auf. Man wird wütend und sucht jemanden, den man dafür verantwortlich machen kann. Für ein medizinisches Problem gibt man vielleicht den Ärzten oder Krankenschwestern die Schuld, die aber in Wirklichkeit vermutlich alles getan haben, um zu helfen. Manche Menschen geben Gott die Schuld. Es ist offenbar leichter, Wut zu empfinden als Trauer. Glaubt man jedoch an Gott, sucht man nicht nach einem Schuldigen, sondern beschließt, die neue Lebens-Situation irgendwie in den Griff zu kriegen – und empfindet Gott dabei als Hilfe.

Beten für ein Wunder?

Hadert man mit Gott, dann kann auch das Beten schwierig werden. Man neigt dazu, sich nur auf Negatives zu konzentrieren. Betet man gezielt für ein Wunder, dann merkt man manchmal nicht, dass ein anderes Wunder geschieht. Man ist nur enttäuscht, dass das, was man erbeten hat, nicht eingetroffen ist.
Möglicherweise wird Ihr Kind nicht gesund, aber vielleicht lernen Sie sich damit abzufinden – und auch das ist ein Wunder. Vielleicht gelingt es Ihnen und Ihrem Partner, Ihre Probleme gemeinsam zu meistern, anstatt die Dinge unterschiedlich anzugehen und sich darüber zu streiten – auch das ist ein Wunder.
Kushner sagt den Menschen: *„Beten Sie dafür, dass Ihr Kind gesund wird. Aber glauben Sie nicht, Gott habe sich gegen Sie gewandt, wenn Ihr Kind nicht geheilt wird. Beten Sie, weil es wichtig ist zu hoffen und weil Sie darin eine Chance sehen. Das Gebet gibt Ihnen Stärke und weist Ihnen eine Richtung. Es hilft Ihnen, Ihre Gedanken zu ordnen, so dass Sie der nächsten Herausforderung, dem nächsten Tag besser ins Auge sehen können. Im Gebet spüren Sie Ihre Stärke, Ihren Glauben und Ihre Hoffnung, dass sich Ihr Schicksal doch noch wendet – dass Sie den Schmerz und das Leid eines Tages besiegen werden. Sie werden bestärkt in Ihrem Leben, Ihre Seele schöpft neue Kraft.“*

Wut

Ganz wichtig ist es, sich seine Wut zuzugestehen. *Kushner* sagt: *„Wenn ihr wütend auf Gott seid, dann geht und brüllt es hinaus! Wenn ihr euch diese Wut zugestanden und sie aus euch herausgebrüllt habt, dann lasst eure Wut wieder los, damit sie nicht zur Barriere wird.“*
Manchen Menschen fällt es schwer, ihre Wut loszulassen. Damit machen sie es für sich selbst noch schlimmer. Denn sie arbeiten damit den produktiven Bemühungen anderer entgegen.
Warum reagieren Menschen so? Manche haben nie das Gefühl bekommen, dass sie wütend sein dürfen. Nie hat jemand zu ihnen gesagt: *„Du hast vollkommen recht – das ist wirklich unglaublich gemein!“* Ein solcher Mensch schafft es manchmal nicht mehr, seine Wut je in den Griff zu bekommen. Und dann sind da noch diejenigen, die ihre Wut dazu benutzen, Aufmerksamkeit zu bekommen. Das gibt ihnen das Gefühl, geliebt zu werden, wichtig zu sein, weil die anderen sich um sie in ihrem unglücklichen Zustand sorgen und sich um sie bemühen.

Über den Verlust reden

Manchmal braucht man Hilfe, weil man allein nicht mit der Situation fertig wird. Man muss über seine Gefühle sprechen. Falls Ihre Freunde nicht imstande sind, Ihnen zuzuhören, weil es ihnen selbst zu nahe geht, wenden Sie sich an eine Selbsthilfe-Gruppe oder suchen Sie einen Therapeuten auf.
Viele Menschen finden in Selbsthilfe-Gruppen Trost, weil die Gruppenteilnehmer alle eine ähnliche Situation mit ähnlichen Gefühlen durchmachen oder durchgemacht haben. Manchmal genügt jemand, bei dem man seinen Gefühlen einfach freien Lauf lassen kann und der einem zu verstehen gibt, dass er mit einem fühlt.
Tragödien sind etwas sehr Schlimmes – aber wir können auch daraus lernen. Sie zwingen uns, Prioritäten in unserem Leben zu setzen. Innerlich wachsen wir dadurch.

Der Schmetterling

Eines Tages beobachtete ein Mann einen Schmetterling, der versuchte, sich aus seinem Kokon zu befreien. Im Kokon war ein winziges Loch, und der Mann schaute dem Schmetterling Stunden um Stunden dabei zu, wie er sich abmühte, durch das Loch zu schlüpfen. Nach einer Weile hörte der Schmetterling auf, sich gegen das Loch zu pressen, offenbar zu erschöpft, um weiterzumachen. Der Mann empfand Mitleid mit dem kleinen Geschöpf und machte das Loch mit seinem Taschenmesser etwas größer, damit der Schmetterling hindurch konnte. Sofort zwängte sich der hindurch. Doch sein Körper war aufgeschwollen, und seine Flügel waren noch nicht richtig geformt und verknittert. Der Mann beobachtete das winzige Geschöpf in der Annahme, seine Flügel würden wachsen, um seinen Körper tragen zu können, und sein Körper würde auf die passende Größe schrumpfen. Doch nichts geschah. Der Schmetterling kroch sein Leben lang am Boden umher, mit einem missgestalteten Körper und unfertigen Flügeln. Er konnte nie fliegen.
Der weichherzige Mann hatte nicht begriffen, dass die Natur das winzige Loch im Kokon und den Kampf des Schmetterlings um seinen Weg nach draußen dafür vorgesehen hat, Flüssigkeit aus dem Körper des Schmetterlings in seine Flügel zu pressen. Dann hätte der Schmetterling, einmal aus seinem Kokon befreit, fliegen können.

Sollten Sie einmal glauben, nicht länger kämpfen zu können oder nicht länger mit ansehen zu können, wie Ihr Kind kämpft, dann denken Sie an die Geschichte vom Schmetterling. Weil sie zeigt, dass jedes Unglück auch etwas Gutes und Bedeutendes beinhaltet. Es ist hart und schmerzhaft und unfair. Und manchmal glaubt man, dass manche Menschen viel öfter ein solches Unglück erleiden als andere. Haben Sie aber all dieses Leid und den Schmerz durchgestanden, dann stellen Sie im Laufe des Lebens fest, dass Sie das stärker und fähiger gemacht hat, Probleme zu meistern und die richtigen Dinge zu tun.

Und dann sind Sie an der Reihe, anderen zu helfen. Kaum etwas im Leben ist wichtiger als das. Ich glaube, dass wir an uns arbeiten müssen, um trotz unserer Probleme ein glückliches Leben zu führen.

Woran Sie denken sollten

- Menschen hadern manchmal mit Gott, besonders wenn sie etwas Schmerzliches erleiden.
- Der Kampf um den eigenen Glauben fördert die innere Stärke und Charakterfestigkeit.
- Menschen, denen ein Unglück widerfährt, sind oft wütend und vorwurfsvoll – gläubige Menschen werden dann auch manchmal wütend auf Gott.
- Es ist in Ordnung, wütend zu sein. Aber Sie müssen Ihre Wut auch wieder loslassen, damit sie nicht zur Barriere zwischen Ihnen und den anderen wird.
- Gelingt Ihnen dieses Loslassen Ihrer Wut nicht allein, sollten Sie an einer Selbsthilfe-Gruppe teilnehmen, mit Freunden darüber sprechen oder einen Therapeuten aufsuchen. Nur so können Sie allmählich wieder ein normaleres Leben führen.
- Gebete werden auf viele Arten erhört. Achten Sie auf Wunder, die in einer Unglückssituation geschehen, auch wenn es vielleicht nicht die Wunder sind, die Sie erbeten haben.
- Beten Sie, weil es wichtig ist zu hoffen, und weil es Ihnen Stärke, eine Richtung und innere Kraft gibt.
- Es ist nicht leicht, trotz Ihrer schwierigen Situation Glück zu finden, aber es lohnt sich, daran zu arbeiten.

2

Besondere Kinder – besondere Probleme

„Mein Mann und ich gehen an Dinge verschieden heran. Das war auch kein Problem, bis Jared auf die Welt kam. Larry war plötzlich total still und wollte kein Wort mit mir über Jareds Krankheit sprechen und mir auch nicht zuhören, wenn ich darüber sprach. Ich aber wollte reden, wollte, dass man mir zuhörte, wollte jeden Besuch beim Arzt, jedes Problem genau erörtern. Es ärgerte ihn, wenn ich so viel erzählte. Und mich machte es wahnsinnig, wenn er kein Wort hervorbrachte und mir auch nicht zuhörte. Eine Zeit lang hatten wir ein echtes Problem damit."

Peggy McMahons Sohn
ist geistig und körperlich behindert.

Ihre Partnerschaft unter besonderen Umständen

Experten behaupten, dass über 50 Prozent aller Ehen auseinandergehen, wenn die Partner ein behindertes Kind bekommen oder ihr Kind chronisch krank wird. Häufiger sind es Beziehungen, die ohnehin nicht mehr besonders gut liefen und die durch die zusätzliche immense Belastung endgültig zu Bruch gehen. Gelegentlich aber handelt es sich auch um glückliche Ehen, die dieser dauernden Anforderung nicht gewachsen sind. Eine Familie mit einem behinderten Kind macht Höhen und Tiefen durch. Immer wieder wird so vieles aufgewühlt – und mit solchen Extremen fertig zu werden, ist eine harte Probe.

Ein behindertes Kind ist auch für eine glückliche Ehe eine harte Probe.

Wir wissen alle, dass jeder Partner seine eigene Persönlichkeit und seine eigene Geschichte mitbringt. Bestenfalls ergänzen sich die Partner, manchmal allerdings tun sie das auch nicht. Große seelische Belastungen wie eine Krankheit oder der Tod eines geliebten Menschen oder auch Arbeitslosigkeit machen die Beziehung komplizierter. Ist ein Paar aber mit schwierigen Entscheidungen für ein behindertes Kind konfrontiert, dann überschlagen sich die Emotionen nur so.

Vielleicht tritt eine Krankheit gerade zu einem Zeitpunkt ein, wenn die Beziehung ohnehin ein schwieriges Stadium durchläuft. Bestenfalls ist die Beziehung zwischen den Eltern schon derart gefestigt, dass beide mit den schwachen Punkten des anderen vertraut sind und damit umzugehen wissen. Manchmal aber wird ein behindertes Kind geboren, noch ehe eine Beziehung gefestigt ist. Vielleicht ist die Ehe noch so frisch oder so von Problemen belastet, dass die beiden bisher keine Möglichkeit hatten, an ihrer Beziehung zu arbeiten. Wenn dann noch ein krankes Kind dazu kommt, wird es schwierig.

- *Mark*, dessen Sohn eine zerebrale Lähmung hat, sagt: *„Ich habe Ehen erlebt, die mit einem gesunden Kind vermutlich gehalten hätten, aber unter der Belastung eines behinderten Kindes zerbrachen. Ehepartner mit einem kranken Kind machen immer wieder physische und emotionale Krisen durch: Probleme untereinander, die von diesem Stress herrühren, Tagespläne, die fast nie eingehalten werden können, zusätzliche Kosten, die manche Familien in den finanziellen Ruin treiben."*

Mit den Anforderungen wachsen

Während einer Krise kann es passieren, dass man merkt, dass der Partner, den man für verlässlich hielt, der Situation nicht gewachsen ist. Vielleicht wird er oder sie deprimiert oder krank oder möchte am liebsten vor der Situation davonlaufen. Vielleicht versenkt sich ein Partner auch so in die Krankheit des Kindes, dass er darüber andere Verpflichtungen vernachlässigt.
Es gibt auch Beziehungen, in denen von Beginn an einer der Partner nicht weiß, wie er den anderen unterstützen soll. Das ist kein Problem, solange alles glatt läuft. Doch jetzt, da das Leben sehr schwierig geworden ist, stellt man vielleicht fest, dass man nicht alles allein bewältigen kann. Manche Menschen bekommen Unterstützung von Freunden und Verwandten. Aber wenn dieses Netz auch nicht mehr trägt, wird die Schwäche des Partners unerträglich.

- *„Ich denke, dass die Krankheit meiner Schwester Jenny zur Scheidung meiner Eltern beitrug. Mit Jenny ist es nicht wie mit meinen anderen – gesunden – Geschwistern. Sie braucht viel mehr Aufmerksamkeit. Mein Vater war wohl nicht so für Jenny da wie meine Mutter. Es war schwierig für ihre Ehe."*

Marion (17 Jahre alt).
Ihre jüngere Schwester leidet unter Epilepsie
und anderen, nicht genau diagnostizierbaren Störungen.

Finanzielle Probleme

Ein krankes Kind bringt auch finanzielle Belastungen mit sich. Natürlich kann niemand etwas dafür – aber plötzlich werden Sie von Kosten überhäuft, die nicht einkalkuliert waren. Allein die Verhandlungen mit der Krankenkasse sind manchmal ein Albtraum. Die Versicherung deckt oft nicht alle Kosten für die medizinische Behandlung, und Sie müssen einen enormen Schriftverkehr bewältigen, um das ausgelegte Geld zurückerstattet zu bekommen.
Weil einheitliche Kriterien fehlen, werden auch die Kosten etwa für Hörgeräte, Brillen, Perücken, Rollstühle nicht von allen Versicherungen übernommen. In vielen Fällen sind lange Diskussionen und Überzeugungsarbeit nötig. Das kann frustrierend, stressig und sehr zeitraubend sein.

Kontrollverlust

- *Leo*, dessen Sohn ein Aufmerksamkeits-Defizit-Syndrom und andere Probleme hat, beschreibt das so: *„Wir waren ständig auf der Suche nach einem passenden Therapeuten, einer geeigneten Therapie und anderen Dingen, die er brauchte. Wir gaben viel Geld für Behandlungen aus. Und das Allerschlimmste – wir bekamen keine Kinder mehr. Als unser Sohn geboren wurde, waren wir 36 Jahre alt. Bis wir wieder soweit waren, über ein zweites Kind nachzudenken, waren wir schon 40 und wollten in diesem Alter die Verantwortung für das Großziehen eines weiteren Kindes nicht mehr übernehmen."*

Das Leben mit einem behinderten Kind kann wie eine Kettenreaktion die weitere Lebensplanung beeinflussen. Oft kommt noch die Enttäuschung hinzu, nichts langfristig planen zu können – oder Gewissensbisse, nicht genug Zeit für den Partner zu haben. Viele Ehen halten zum Glück trotz dieser Probleme.

- *„Ich bedaure immer noch, dass meine Frau und ich kaum Zeit für uns hatten. Wir konnten nie allein verreisen. Das hat mich ziemlich genervt. Ich* *glaube, wir hätten unsere Probleme besser bewältigen können, wenn wir zwischendurch einmal hätten allein sein können, ohne diesen ständigen Druck wegen der Krankheit unserer Kinder. Ich habe mich nie selbst bedauert oder so, aber oft fing ich den Tag mit dem Gedanken an: ‚Und was passiert heute wieder?!' "*

Bob Carr ist Vater von zwei Kindern mit Diabetes.

Ein Schlag gegen das eigene Ego

Manchmal sieht einer der Partner die Krankheit des Kindes als Angriff auf seine Persönlichkeit an. Es kann passieren, dass sich solche Eltern bewusst oder unbewusst von ihren Kindern distanzieren. Jedes Mal, wenn sie ihr behindertes Kind ansehen, fühlen sie sich daran erinnert, dass sie es nicht „geschafft" haben, ein normales Kind zu zeugen. Natürlich sind solche Gefühle irrational. Aber leider treten sie häufig auf und wirken belastend.

- *„Randys geschiedener Mann war meiner Tochter keine Hilfe, als Patricia auf die Welt kam. Noch heute, neun Jahre nach Patricias Geburt, will ihr Vater nichts von ihr wissen. Er lebt zwar nur 20 Minuten entfernt, besucht sie aber kaum einmal. Und wenn, dann nur um ihre gesunde Schwester zu sehen. Das Fehlen einer Beziehung zu ihrem Vater macht Patricia allmählich zu schaffen."*

Pat Lima ist die Großmutter von *Patricia*, die mit einer CHARGE-Assoziation geboren wurde, die die Sehkraft und das Gehör beeinträchtigt, Herz- und Atemprobleme, eine Beeinträchtigung des Wachstums und Veränderungen der Genitalien verursacht.

Es gibt bessere Lösungen, als die Familie in einer schwierigen Situation zu verlassen und das Leid noch zu vergrößern. *Kushner* ist überzeugt, dass einige Männer ihre Frauen verlassen, weil sie es nicht ertragen, inmitten dieser Probleme zu leben und nichts dagegen tun zu können. Das sind Menschen, die immer für alles gleich eine Lösung brauchen – und weil sie dafür keine Lösung haben, beherrschen sie die Lage auch nicht und fühlen sich hilflos. Ein Therapeut oder Pfarrer kann eine große Hilfe dabei sein, mit derartigen Gefühlen zurechtzukommen. *„Ich vermittle so einem Menschen, dass er dieses Problem nicht lösen muss"*, sagt *Kushner*. *„Er kann einfach nur durch seine Anwesenheit zur Bewältigung des Problems beitragen."*

Vorwürfe

Schuldzuweisungen innerhalb einer Ehe sind pures Gift, trotzdem kommen sie immer wieder vor – wir sind alle nicht frei davon. Geht etwas schief, dann sind Beschuldigungen bei manchen Menschen die erste Reaktion. Unglücklicherweise schafft das eine Barriere zwischen dem, der die Schuld zuweist, und seinem Partner – und das zu einer Zeit, in der beide die Unterstützung des anderen am meisten brauchen. Macht das Kind eine Krise durch, haben die meisten Eltern sowohl das Bedürfnis, sich gegenseitig zu unterstützen, als auch den anderen zu kritisieren.

„Bei starken Paaren gewinnt die Hilfe die Oberhand. Bei Paaren, die dazu neigen, immer jemandem die Schuld zu geben, wird die Kritiksucht übermächtig und führt oft zum Ende der Beziehung", sagt *Henry Mangurten,* Leiter der Pädiatrie für Neugeborene am Lutheran General Hospital in Park Ride, Illinois. *John S. Rolland*, Psychiater in Chicago, schreibt in seinem Buch *Families, Illness and Disability*: *„Ehepaare fragen sich natürlich, warum gerade ihr Kind krank ist. Mütter geben häufig sich selbst zuerst die Schuld, weil sie das Kind ausgetragen haben. Die Selbstvorwürfe der Mutter machen sie in Verbindung mit einem Gefühl der Ausweglosigkeit zu einer wunderbaren Zielscheibe der Kritik."*

Bessert sich der Zustand des Kindes, wird dadurch die Ehe häufig gerettet. Aber immer wieder auftretende Krisen belasten eine Beziehung stark.

Selbstvorwürfe können lähmend sein. *Rolland* dazu: *„Gibt sich die Mutter eines lebensbedrohten Kindes fälschlicherweise die Schuld an der Krankheit ihres Babys, dann fühlt sie sich fast wie eine Mörderin, falls das Kind stirbt. Sie kann sich da so hineinsteigern, dass sie ihre Aufgaben als Ehefrau und Mutter nicht mehr richtig wahrnehmen kann."*

- *„Georgs Haltung mir gegenüber machte unsere Ehe kaputt. Er war wütend auf mich und fauchte mich an. Er hielt Johannes' Krankheit wohl für eine Art persönlichen Angriff gegen ihn. Er warf mir vor, Johannes' Nierenprobleme durch mein vieles Essen von Süßigkeiten während der Schwangerschaft verursacht zu haben, weil dadurch angeblich die chemische Zusammensetzung in meinem Körper gestört worden sei."*

Hildegard Schmidts Sohn
kam mit einem erblich bedingten Nierenschaden zur Welt.

Manchmal wirft ein Partner dem anderen vor, an der Krankheit des Kindes schuld zu sein, um seine eigenen Schuldgefühle zu verdrängen. Er fühlt sich vielleicht tief in seinem Innern selbst für die Krankheit seines Kindes verantwortlich. Doch er beschuldigt den anderen, um so seinen Schmerz und seine Gewissensbisse zu beruhigen. So ein Problem muss therapeutisch behandelt werden. Sonst kann die Ehe daran zerbrechen – und die gesamte Familien-Situation wird nur noch verschlimmert. Vorwürfe dienen niemandem.

Wenn ihr Kind Hilfe braucht, müssen Eltern sich gegenseitig unterstützen.

Konflikte

Konflikte können auch auftreten, wenn der Vater glaubt, seine Gefühle würden ignoriert.

- *„Es ist schrecklich. Aber als Alicia geboren wurde, bemühten sich alle, nur mich zu trösten"*, erzählt *Alice*, deren Tochter mit einer Spina bifida geboren wurde. *„Und ich gebe zu, ich war völlig fertig. Erst als wir alle wieder etwas zur Ruhe kamen und Andy und ich miteinander redeten, begriff ich, wie ignorant ich seinen Gefühlen gegenüber gewesen war. Irgendwie hatte ich vergessen – und das Gleiche gilt für unsere Verwandten –, dass auch er litt. Ich habe deswegen immer noch ein schlechtes Gewissen."*

Die Rolle des Vaters

„Alle kümmern sich um die Mutter, weil ja ganz offensichtlich sie diejenige ist, die Hilfe braucht. Man vergisst, dass der Vater nicht nur mit seinen Emotionen kämpft, sondern auch ständig hin- und herjagen muss zum Krankenhaus, um seine Familie zu besuchen, und wieder nach Hause."

Henry Mangurten,
Leiter der Neugeborenen-Pädiatrie am Lutheran General Hospital, Park Ride, Illinois

Denken Sie daran, dass sowohl die Mutter als auch der Vater eines kranken oder behinderten Kindes Hilfe brauchen. Manchmal muss die Mutter eine Weile im Krankenhaus bleiben und bekommt dort Hilfe, während der Vater dann alles gleichzeitig machen muss – arbeiten gehen, andere Kinder versorgen und seine Frau im Krankenhaus besuchen.

Aber es gilt auch noch andere Fallen zu umgehen. Es kann zum Beispiel Unfrieden entstehen, weil die Mutter ungewollt den Versuch des Vaters zu helfen kritisiert.

- *„Als meine Frau ohne bösen Hintergedanken Anweisungen gab, wie ich meine Kinder füttern und anziehen sollte, war ich entmutigt"*, sagt *Huygen Hilling*, der sich als Hausmann um Kinder und Haushalt kümmert. *„Ich fühlte mich kritisiert."* Deshalb bittet *Hilling* Mütter, sich mit Kritik zurück zu halten und den Vätern die Möglichkeit zu geben, aus ihren Fehlern zu lernen: *„Wenn Ihr Partner Dinge anders macht, als Sie es tun würden, führt das nicht automatisch zu einem Desaster. Vergessen Sie nicht – Sie können niemals alles wirklich ‚richtig' machen, ganz besonders dann, wenn Sie ein Kind mit einer chronischen Krankheit haben."*

Die Krankheit des Kindes ist gleich nervenaufreibend für beide Elternteile. Sie brauchen beide Unterstützung.

Emotionales Gleichgewicht

Denken Sie daran, dass Sie und Ihr Partner nicht immer zur selben Zeit im gleichen emotionalen Zustand sind. Manchmal ist der eine gerade dabei alles zu verleugnen, während der andere bereit ist, alles zu akzeptieren. Hat man zu wenig Verständnis für die emotionale Situation des anderen, kann man keine für beide Partner richtigen Entscheidungen treffen.

- *Denise: „Larry und ich sind uns oft nicht einig in der Frage, wie viel Fürsorge Adam benötigt. Entgegen dem Rat des Therapeuten ist Larry der Auffassung, dass Adam die Behinderung überwinden wird. Ich teile seine Meinung nicht. Wir streiten häufig deswegen."*

Wenn die Ehe in einen Konflikt gerät, schafft das zusätzliche Identitäts- und Selbstachtungs-Probleme für das Kind. Beschränken Sie die Konflikte auf ein Minimum, damit Sie Ihrem Kind eindeutig und konsequent gegenübertreten können. So ist es leichter für die Kinder, ihre eigenen chaotischen Gefühle sich selbst gegenüber zu sortieren.

Es kann auch passieren, dass ein Paar, das darum kämpft, seine Beziehung intakt zu halten, unbewusst seine meiste Aufmerksamkeit auf das kranke Kind richtet, um sich nicht mit ehelichen Konflikten befassen zu müssen. Leider macht das die Familienprobleme aber nur noch größer. Konzentrieren sich die Partner nur auf die Krankheit des Kindes, dann wird dadurch ihre Zweier-Beziehung umso unglücklicher.

Selbstwert-Probleme

„Behinderte Kinder haben stärker als andere Kinder mit Selbstwert- und Identitätsproblemen zu kämpfen. Sie fragen sich sowieso schon: ‚Wer bin ich? Bin ich wie alle anderen?' Der Konflikt zwischen den Eltern verstärkt diese Grübelei nur noch."

Bonnie Senner,
Therapeutin im Highlands Park Hospital in Illinois

- *Phyllis Brown* ist die Großmutter von *Allan*: *„Allan ist Bluter. Sie können sich vorstellen, welche Sorgen wir ständig hatten. Die Beziehung seiner Eltern war sehr angespannt. Wohl, um in dieser schlimmen Lage zusammen zu halten, waren sie zu Allan überfürsorglich. Und alle litten darunter – ihre drei anderen Kinder und Allan auch. Irgendwann ging dann ihre Ehe in die Brüche."*

Gefühle miteinander teilen

Konflikte müssen nicht das Ende einer Ehe bedeuten. Sie lassen sich oft auch bewältigen, entweder allein oder mit Hilfe eines Therapeuten. Grundsätzlich kann psychologische Hilfe, wenn sie früh genug in Anspruch genommen wird, eine Ehe retten. Eine solche Beratung gibt einem Paar nicht nur die Möglichkeit, die Krankheit ihres Sohnes oder ihrer Tochter verstehen zu lernen, sondern auch zu begreifen, wie diese Krankheit sich auf ihre Beziehung zueinander auswirkt. Die meisten Menschen schaffen es nur mit der Hilfe eines Therapeuten, die vielen plötzlich auftauchenden komplizierten Gefühle aufzuarbeiten.

Konflikte müssen nicht das Ende einer Ehe bedeuten.

- *„Meine Eltern ließen sich scheiden, weil meine Mutter nicht damit zurechtkam, dass meine Schwester und ich Mukoviszidose haben"*, berichtet *Mike Willis*, Psychologe. *„Sie sprach nie darüber. Sie behielt ihre Gefühle für sich und wurde nach und nach immer verbitterter. Ich besuche sie kaum, weil sie so launisch und schwierig ist. Ich wünschte, meine Mutter wäre damals zu einem Therapeuten gegangen oder hätte sich einer Selbsthilfe-Gruppe angeschlossen. Unser Leben wäre sicher ganz anders verlaufen, wenn sie damals mit jemandem über ihre Gefühle gesprochen hätte."*

Mit am schwierigsten zu akzeptieren ist, wenn Ihr Partner zwar Ihre qualvollen Gefühle teilt, Sie aber emotional zu einer Zeit, in der Sie seine Hilfe am meisten bräuchten, nicht unterstützen kann. So etwas passiert häufiger und liegt daran, dass es Ihren Partner zu sehr schmerzt, durch das Sprechen darüber an das eigene Leid erinnert zu werden.

- *Sheri Wolf*, die Mutter eines Sohnes mit Sprachstörungen und weiteren Entwicklungsstörungen, berichtet: *„Anfangs schluckte Bill all seine Gefühle wegen unseres Sohnes hinunter. Nach einer Weile wurden wir beide sehr gereizt. Da begannen wir, über die Probleme miteinander zu reden. Es tat sehr weh, aber wir haben unsere Ehe dadurch gerettet."*
- *Sally Rice*, deren Tochter Leukämie hatte, ergänzt diese Erfahrung: *„Ohne meinen Mann hätte ich das nie geschafft. Er war meine Stütze. Irgendwie haben wir uns aneinander angelehnt und dieses Leid durchgestanden."*

Nicht zu viel erwarten

„Man darf von seinem Partner in dieser Situation nicht erwarten, dass er einem den eigenen Schmerz wegnehmen kann. Dazu leidet er selbst zu sehr. Man kann den Schmerz nicht beseitigen. Man muss ihn anschauen, ihn bewusst spüren, dann wird er vielleicht mit der Zeit weniger."

Judy Macintosh,
deren Tochter einen bösartigen
Gehirntumor hatte

Es ist sehr wichtig, alle Probleme miteinander zu besprechen. Eltern sollten sich als Team betrachten, denn das Zusammenarbeiten ist unerlässlich. Teilen Sie sich die Aufgaben im Haushalt auf, wie Sie mögen – wichtig ist, dass Sie beide zusammenarbeiten.

Ein starkes Eltern-Team wird eher von anderen Familienmitgliedern unterstützt.

Religion in der Partnerschaft

Selten beachtet, aber für einige Familien sehr bedeutend, ist die Auseinandersetzung mit ihrem Glauben, ihrer Religion. Vor allem in interkonfessionellen Partnerschaften kann das eine Herausforderung sein, die besonders zu Tage tritt, wenn ein Kind krank wird oder behindert zur Welt kommt. Günstigenfalls haben sich die Paare bereits vorher mit ihrem jeweiligen Glauben auseinander gesetzt, und ihre Partnerschaft steht auf einer auch in religiösen Fragen soliden Grundlage.

Die Auffassung davon, wie man ein Kind großzieht, unterscheidet sich in den verschiedenen Religionen und den dazu gehörenden Kulturen oft sehr. Die einen empfinden es zum Beispiel als große Hilfe, wenn andere Familienmitglieder ständig anrufen oder vorbeikommen. Andere finden das eher aufdringlich und sehen darin eine Einmischung. So können die wohlmeinendsten Verwandten manchmal genau das Falsche tun.

Am besten sucht man Hilfe bei seinem jeweiligen Pfarrer, Priester, Geistlichen. Manche Menschen wenden sich dazu auch an den Pfarrer des Krankenhauses, weil sie diesen als neutral ansehen.

Selbst wenn Sie und Ihr Partner dieselbe Konfession haben, belastet die Krankheit Ihres Kindes Ihre Beziehung auf die eine oder andere Weise. Lassen Sie sich von einem Therapeuten helfen, das Problem in den Griff zu kriegen.

Religion ist kein Kampfplatz

„Haben Paare den gleichen religiösen Hintergrund, dann kann das trösten oder die Beziehung auch belasten – wenn nämlich ein Partner aus seinem Glauben Kraft schöpft, der andere aber zu zweifeln beginnt, weil er sich von Gott verlassen fühlt.

Meistens gelangen die Eltern eines behinderten Kindes durch dessen Geburt zu einem neuen Verständnis Gottes. Offene Kommunikation zwischen beiden ist sehr wichtig. Jeder kann seine Meinung dem anderen erläutern. Dadurch lassen sich oft emotionale Klüfte überwinden.

Die Religion ist nicht als Kampfplatz oder Waffe gedacht. In manchen, gefestigten interkonfessionellen Ehen stellen die Partner fest, dass sie an die Probleme auf dieselbe Weise herangehen. Und sie können später rückblickend sagen: ‚Wir haben das gemeistert, also schaffen wir auch alles weitere.‘ “

Pfarrerin *Kathrin Russell*

Woran Sie denken sollten

- Zögern Sie nicht, die Unterstützung eines Therapeuten zu suchen, der Ihnen hilft, sich über Ihre ganz persönlichen Gefühle über die Behinderung Ihres Kindes klar zu werden.
- Denken Sie daran: Eltern eines behinderten oder kranken Kindes machen immer wieder einmal emotionale Höhen und Tiefen durch.
- Auch der Vater eines behinderten Kindes braucht Unterstützung.
- Sich selbst oder dem Partner die Schuld für die Krankheit des Kindes zu geben, kann dazu führen, dass einer der Partner wie gelähmt ist. Es kann zur Folge haben, dass sich die Partner entfremden – zu einer Zeit, in der sie sich gegenseitig am meisten bräuchten. In starken Beziehungen gewinnt die gegenseitige Hilfe die Oberhand. Geben sich die Partner gegenseitig die Schuld an der Krankheit des Kindes, zerbricht eine Ehe oder Partnerschaft häufig daran.
- Sollten Sie das Gefühl haben, Ihre Familie verlassen zu müssen, weil Sie das Problem nicht handhaben können – tun Sie das bitte nicht. Versuchen Sie, bei Ihrer Familie zu bleiben, und suchen Sie sich „neutrale“ Hilfe.
- Versuchen Sie selbst nicht, alles „richtig“ zu machen, und kritisieren Sie nicht dauernd Ihren Partner bei seiner oder ihrer Art, die Probleme anzugehen. Lassen Sie ihn oder sie aus Fehlern lernen.
- Setzen Sie klare gemeinsame Maßstäbe und helfen Sie Ihrem Kind auf diese Weise sich zu orientieren.
- Vergessen Sie nicht: Es kann sein, dass Ihr Partner so verstört ist, dass er Ihnen momentan in Ihrem Schmerz nicht beistehen kann.
- Betrachten Sie sich als Team und besprechen Sie Ihre Probleme miteinander.
- Arbeiten Sie daran, eine solide Partnerschaft zu erschaffen. Ein starkes Team Mann – Frau bekommt eher Unterstützung durch Freunde und Familie.

Großeltern und ihre Probleme

- *„Als mein Mann und ich von der Krankheit unserer Enkelin erfuhren, waren wir entsetzt. Ich fragte mich, warum gerade Christine, meine Enkelin, mit dieser Behinderung auf die Welt kommen musste. Und wie würden meine Kinder nur mit der Krankheit ihrer Tochter zurechtkommen? Ich sorgte mich, dass sie gar nicht wüssten, was auf sie als Eltern da alles zukäme. Anfangs hatten wir Angst, Christine würde sterben. Als dann feststand, dass sie überleben würde, machten wir uns Sorgen über die bevorstehenden Operationen. Und später litten wir jedes Mal, wenn Christine wieder eine Krise durchmachte."*

  Helen, Mutter von sechs Kindern und Großmutter,
  deren Enkelin Christine das Crouzon-Syndrom hat.

- Der Sohn meiner Freundin *Ellen* kam mit einer Gehirnlähmung und einem erdbeerroten Muttermal im Gesicht auf die Welt. *Ellens* Eltern liefen, als sie das Baby zum ersten Mal sahen, weinend aus dem Zimmer, weil sie das Kind einfach nicht ansehen konnten. Diese Reaktion ist zwar nicht typisch, aber manche Großeltern reagieren so, wenn sie ihr krankes oder behindertes Enkelkind zum ersten Mal sehen.
- *„Die ganze Zeit hatte ich mich so auf dieses Kind gefreut, das ich mir vorstellte. Stattdessen bekamen wir etwas wie einen immer weitergehenden Verlust"*, erzählt *Arlene Day*, deren Enkelin *Tina* das Rett-Syndrom hat. An diesem Leiden erkrankte Kinder kommen klinisch gesund auf die Welt, doch dann verschlechtert sich ihr Gesundheitszustand bis zum Alter von zweieinhalb Jahren zusehends. *„Es war uns nicht vergönnt mit anzusehen, wie unsere Enkelin sich weiter und weiter entwickelte. Wir vergossen viele, viele Tränen. Doch meine größte Sorge galt meiner Tochter. Wie würden sie und ihr Mann damit zurechtkommen? Ich hatte mir für die beiden doch ein so schönes Familienleben erträumt. Und jetzt dachte ich immer nur: ‚Wie konnte das passieren?' In unserer Familie gab es noch nie so eine Krankheit. Wieder und wieder fragte ich mich, woher das kam. Und dann kam auch noch*

die Sorge wegen meiner anderen Töchter hinzu – wie es denn deren Kindern ergehen würde. Ich hatte große Angst, dass so etwas noch einmal passieren könnte. Sie waren beide verheiratet, hatten aber noch keine Kinder."

Die erste Reaktion von Großeltern auf die Behinderung ihres Enkels ist glücklicherweise sehr emotional und lässt noch lange keine Rückschlüsse darauf zu, wie sie langfristig damit zurecht kommen werden. Manche Großeltern, die im ersten Augenblick weinend aus dem Krankenhaus laufen, entpuppen sich später als großartige Hilfe. *„Gerade Großeltern, die anfangs ihre Gefühle nicht zeigen, haben später oft viel größere Probleme mit der Behinderung oder lebensbedrohlichen Situation ihres Enkels"*, so *Miriam Gutmann*, Psychiaterin im Zentrum für Familien in Chicago. *„Sie sprechen nicht über ihre Gefühle, sondern schlucken sie hinunter."*

- *Jane Tysons* Enkelin kam mit dem Down-Syndrom zur Welt. *Jane Tyson* durchlief sämtliche nur erdenklichen emotionalen Phasen, bis sie schließlich feststellte, dass sie ihr behindertes Enkelkind über alles liebt. *„Als Casey auf die Welt kam, war ich sehr traurig, und der Gedanke, dass meine Tochter eine trostlose Zukunft erwartete, ließ mich nicht los. Ich war so erzogen, dass Dinge wie Intelligenz und etwas im Leben zu erreichen ganz besonders wichtig seien. Und deshalb war es für mich besonders schwer, ein Enkelkind mit dem Down-Syndrom zu haben. Aber ich habe von Casey gelernt. Sie lehrte mich, dass man nicht hell im Kopf und ‚vollkommen' sein muss, um ein wertvoller Mensch zu sein. Sie so zu akzeptieren, wie sie ist, hat vieles für mich leichter gemacht. Ich bin sehr dankbar dafür, Casey zu haben."*

Großeltern leiden doppelt

„Für Großeltern ist es oft sehr schwer, wenn sie ein krankes oder behindertes Enkelkind bekommen, weil sie für ihr erwachsenes Kind und für ihr Enkelkind leiden. Sie empfinden einen tiefen Verlust darüber, dass ihr Enkelkind nicht ‚normal' ist. Auch ihr Traum ist zerbrochen."

Becky Pruitt,
Sozialarbeiterin am Lutheran General Hospital
in Park Ridge, Illinois

- *Arlene Day* machte einen ähnlichen Prozess durch. *„Als wir von Tinas Krankheit erfuhren, haben wir geweint und geweint"*, erzählt sie. *„Doch mittlerweile ist Tina ein Teil von uns geworden. Sie ist sehr wichtig für unsere Familie."*

Emotionale Hindernisse

Weil die meisten Großeltern nicht unmittelbar verantwortlich für das Aufziehen ihres Enkelkindes sind, sind sie emotional im Nachteil. Sie müssen hinter ihre Kinder zurücktreten, die ja in erster Linie für das Großziehen ihres behinderten oder kranken Kindes zuständig sind. Oft werden daher die Gefühle der Großeltern übersehen – und ihre Rolle in der Familie wird nicht richtig deutlich. Das kann bewirken, dass sie sich frustriert und ohnmächtig fühlen.

Schuldgefühle

Hinzu können noch Schuldgefühle kommen, falls das Enkelkind die Krankheit von einer der Familien der Großeltern geerbt hat. *Mary Smiths* Enkelsohn *Dave*, der unter einer ektodermalen Dysplasie leidet, hat diese Krankheit von ihrer Familie geerbt. Als *Mary Smith* das erfuhr, fühlte sie sich unwillkürlich für *Daves* Krankheit verantwortlich. Zu ihrer Trauer, kein gesundes Enkelkind bekommen zu haben, kamen also auch noch Selbstvorwürfe, dem Enkel die Krankheit vererbt zu haben.
Großeltern, deren erstes Enkelkind behindert auf die Welt kommt, leiden am meisten. Normalerweise verspüren Großeltern beim Anblick ihres ersten Enkelkindes pure Freude darüber, dass ihr Leben nun durch ihre Kinder fortgesetzt wird. Bekommen sie aber ein krankes Enkelkind, dann empfinden sie primär Schmerz und Sorge – noch zusätzlich dazu, dass sie in ihre neue Rolle als Großeltern erst hineinwachsen müssen.

Unreife

Alter und Reife gehen nicht immer Hand in Hand. Manche Großeltern möchten ihr Leben nur genießen, möchten mit glücklichen Menschen zusammen sein und Probleme ausschließen. Sicher, das klingt verlockend – ist aber nicht realistisch und hilft auch niemandem. Aus dem einen oder anderen Grund reagieren solche Großeltern unverantwortlich, wenn sie ein behindertes Enkelkind bekommen. Sie sind den Eltern des Kindes keine Unterstützung und verletzen deren Gefühle. Versuchen Sie, das möglichst nicht persönlich zu nehmen. Sehen Sie es als Schwäche Ihrer Eltern oder Schwiegereltern und gehen Sie entsprechend damit um.

Die Gesundheit der Großeltern

Auch eigene Krankheiten können die Beziehung der Großeltern zu ihrem Enkelkind belasten. Viele ältere Menschen haben chronische Krankheiten und empfinden vielleicht die Krankheit des Enkels nur als zusätzliche Belastung. Die ständigen Schmerzen des Kindes erinnern sie an ihre eigenen, früheren oder noch immer bestehenden Probleme und belasten sie zu sehr. Folglich weichen sie dem Kind aus.

- *Fred* ist Witwer und hatte nie leibliche Enkel. Seine beiden Kinder wurden mit einer so schweren Missbildung geboren, dass sie innerhalb von wenigen Wochen starben. Als seine adoptierte Tochter *Laurie* einen Sohn mit einem missgestalteten Gesicht zur Welt brachte, brachte der Anblick von *Steven*, dem Neugeborenen, für *Fred* so schreckliche Erinnerungen zurück, dass er sich von ihm und seiner Familie distanzierte. Erst nach sehr langer Zeit war er imstande, *Steven* so zu akzeptieren wie er war.
- Manche Großeltern werden mit ihrem Schmerz fertig, indem sie das Kind mit Fürsorge überhäufen. Die 75jährige *Christine Coop*, deren Enkelin *Eva* Epileptikerin ist, vertiefte sich so in das Leben ihrer Kinder und ihres Enkelkindes, dass sie darüber ihre eigene Krankheit, ein Lymphom, ver-

gessen konnte. *„Wenn ich so darüber nachdenke"*, so *Christine*, *„war es damals für mich leichter, mich auf Evas Krankheit zu konzentrieren als auf meine eigene."*

Schuldzuweisung

Manchmal fühlen sich Großeltern so verletzt, weil sie das Kind als unvollkommen ansehen, dass sie ihr Enkelkind zurückweisen oder den Eltern Vorwürfe machen. Solch ein Verhalten ist destruktiv und schadet nur. Um die Situation zu entschärfen, sollten die Eltern dieser Großmutter oder diesem Großvater sehr bestimmt sagen, dass ihr Kind, auch wenn es krank oder behindert ist, ein „normales" Verhältnis zu seinen Großeltern braucht. Das behinderte Kind wäre, genau wie jedes andere Kind auch, schockiert oder tief verletzt, würde es ungerecht behandelt. Eine Familie muss für ein Kind ein sicherer Hafen sein, und die Großeltern sind ein wichtiger Teil der Familie.

- Als *Susi Gablers* Sohn mit dem Down-Syndrom geboren wurde, fing *Susis* Schwiegermutter *Enid* plötzlich an, Bemerkungen darüber zu machen, aus was für einer intelligenten Familie sie doch stamme, womit sie andeuten wollte, dass *Susis* Sohn die Krankheit von deren Seite geerbt habe. Sie ignorierte *Susi* oder machte versteckte Andeutungen.

Schuldzuweisungen lösen das Problem nicht. Menschen, die anderen die Schuld geben, fühlen sich oft als der Schuldige. Indem sie den „Außenseiter" kritisieren und die Schuld für dessen Zustand jemand anderem geben, wollen sie sich und ihre Familie von einer eventuellen Schuld reinwaschen. Leider begreift ein solcher Mensch nicht, dass es ihm dadurch nicht besser gehen wird. Tatsächlich fühlt er sich dadurch sogar noch schlechter. Denn irgendwo weiß er ja, dass er einem anderen wehgetan hat. Die Probleme sind nicht weniger geworden, aber er ist zusätzlich noch verbittert, wenn er an die Krankheit des Kindes denkt. Man sollte stattdessen lieber an sich arbeiten, um sich mit der Situation abzufinden.

Isolation

Auch wenn Großeltern sich um ihr behindertes Enkelkind kümmern, kann es Probleme geben. Nicht allen Großeltern fällt es leicht, sich mit ihrem behinderten Enkelkind zu befassen. Außerdem möchten auch nicht alle Eltern die Hilfe ihrer Eltern oder Schwiegereltern. Es hilft aber den meisten Großeltern, sich um das behinderte Enkelkind zu kümmern, weil sie das Gefühl haben, etwas tun zu können und mit ihren Kindern und Enkeln zusammenzuwachsen.

Trotzdem kann es auch vorkommen, dass Großeltern, die sich um ihr Enkelkind kümmern, sich isoliert fühlen. Sie haben kein besonderes Mitspracherecht bei der Erziehung des Enkelkindes. Häufig haben sie auch keine Freunde oder Bekannten, mit denen sie über ihre Gefühle sprechen können.

Den Großeltern die Meinung sagen

„Beschuldigt die Großmutter oder der Großvater die Schwiegertochter oder den Schwiegersohn, an der Krankheit des Enkels schuld zu sein, dann müssen die Eltern dieses Kindes der Großmutter oder dem Großvater freundlich, aber bestimmt die Meinung sagen. Sollte auch das nichts nützen, dann muss ein Therapeut oder Arzt helfen."

Becky Pruitt, Sozialarbeiterin

- *Arlene Day* beschreibt das so: *„Zuerst konzentrierten mein Mann und ich uns darauf, unseren Kindern zu helfen. Selbstverständlich halfen wir uns gegenseitig auch. Aber irgendwie hatten wir den Eindruck, dass unsere Gefühle niemanden interessierten. Fragte dann doch einmal jemand nach, wie es uns dabei ginge, dann merkte ich erst, wie sehr ich eigentlich litt."*

Aus genau diesem Grunde gründeten einige Großeltern in den Vereinigten Staaten eine eigene Selbsthilfe-Gruppe. Dadurch, dass sie sich von anderen Großeltern, deren Enkel krank sind, verstanden fühlen, kommen sie mit ihren Gefühlen besser zurecht. In Deutschland gibt es eine solche Gruppe leider noch nicht.

Grenzen

Eltern müssen Großeltern auch Grenzen setzen. Diese Grenzen müssen zeigen, welchen Spielraum Großeltern ihren erwachsenen Kindern lassen müssen zu handeln, wie sie es für richtig halten, ohne dabei ihren Rat anzunehmen. Kulturelle Traditionen und individuelle Familien-Gepflogenheiten sind nirgendwo nachzulesen. Es kann also sein, dass Sie eine ganz andere Vorstellung als Ihre Schwiegereltern haben, wer zum engsten Familienkreis gehört. Wir sehen gewöhnlich Eltern und Kinder als Kern der Familie an. In anderen Kulturen gehören auch die Großeltern dazu. Daraus kann sich ein echtes Dilemma ergeben: Kümmern sich Großeltern zu intensiv um den Enkel, wirft man ihnen vor, sie versuchten die Eltern des Kindes zu übertrumpfen und die Kontrolle der Eltern und deren Vertrauen zu untergraben. Verhalten sich die Großeltern dagegen zu reserviert, wirft man ihnen vor, die Enkel seien ihnen gleichgültig.

Eltern müssen Großeltern auch Grenzen setzen.

Noch ein weiteres Problem kann auftreten: Stressgeplagte Menschen verhalten sich gelegentlich automatisch so, wie es für sie selbst am praktischsten ist. Zum Beispiel kann es sein, dass in einer Krise die Großmutter plötzlich das Zepter übernimmt, weil sie es früher auch so gemacht hat. Es kann passieren, dass sie damit die Grenzen ungewollt überschreitet und so ein Konflikt entsteht.

Großeltern sollten wissen, dass ihre erwachsenen Kinder mit einem behinderten Kind ohnehin schon das Gefühl haben, nicht mehr ganz Herr der Lage zu sein. Ein Überschreiten der Grenzen durch die Großeltern führt dann dazu, dass sie sich noch ohnmächtiger fühlen. Es ist ratsam, die erwachsenen Kinder zu fragen, wie man ihnen helfen kann, anstatt einfach die Dinge ungefragt in die Hand zu nehmen.

Sie als Eltern des behinderten Kindes sollten Ihren Eltern auf jeden Fall sagen, wie sie helfen können. Das verhindert schon im Vorfeld Spannungen oder Streit. Und Großeltern, die helfen möchten, aber nicht wissen wie, erhalten dadurch einen Anhaltspunkt.

- *Rolf Wade* leidet an Sichelzellenanämie, ebenso zwei seiner Kinder. Er ist sehr froh, dass seine Eltern und Schwiegereltern ihm helfen. *„Als meine älteste Tochter Cheri zum ersten Mal für acht Tage ins Krankenhaus musste, weil sie eine Krise durchmachte, war das für mich mit das Schlimmste, was ich jemals erlebt habe. Sie hatte entsetzliche Schmerzen, und ich begann, an der Medizin zu zweifeln. Glücklicherweise kümmerten sich unsere Eltern um unsere anderen Kinder, so dass wir bei Cheri im Krankenhaus sein konnten."*

Heikle Situationen können entstehen, wenn beide Großeltern-Paare in derselben Stadt wie die Eltern des Kindes leben. Es lässt sich nicht verhindern, dass man mal die einen Großeltern häufiger um Hilfe bittet als die anderen. In den meisten Familien fühlt sich die Mutter, der die größte Verantwortung für das Kind zukommt, ihren Eltern näher und wird sie deshalb öfter um Hilfe bitten. Und ohne es zu wollen, verletzt sie dabei manchmal ihre Schwiegereltern. Allerdings gibt es mehr als genug Dinge zu erledigen, wenn man ein behindertes Kind hat, so dass sowohl beide Großmütter als auch beide Großväter sinnvoll eingesetzt werden können.

Das fängt damit an, dass sich jemand der Nöte und Ängste der Geschwister des Neugeborenen annehmen muss, und hört damit auf, dass der Haushalt weitergeführt werden muss, auch wenn die Eltern des kranken Kindes im Krankenhaus sind. Man sollte die Pflichten so verteilen, dass niemand sich überlastet oder ausgeschlossen fühlt. Wenn *Helen Johnsons* Kinder wegfahren mussten, kümmerten sich Helen und ihr Mann und die Schwiegereltern abwechselnd um *Christine*. Beide Großelternpaare sprachen sich miteinander ab.

Die Belastungen können leicht dazu führen, dass man einmal „explodiert". Ein Weg, das zu vermeiden, ist

Konkurrenz-Kämpfe

„Bei Belastung können viele Leute nur schwer über ihre Gefühle reden und werden leicht böse auf Schwiegereltern oder Eltern. Alle sind nervös und besorgt – da kommt es schon einmal zu Konkurrenz-Kämpfen oder zu verletzten Gefühlen."

Miriam Gutmann, Psychiaterin

ein Mitteilen und Teilen der Gefühle. Ist allerdings schon ein unlösbar scheinender Konflikt entstanden, sollte man professionelle Hilfe in Anspruch nehmen. Meistens kommen Familien nur bei einer Krise auf die Idee, einen Therapeuten aufzusuchen, was die Therapie dann schwieriger macht.

Hilfe leisten

Großeltern denken häufig, sie müssten für ihre Kinder stark sein und ihre Gefühle unterdrücken. Doch seine Gefühle vor seinen Kindern zu verbergen, ist nicht gerade mutig. Haben Sie einen Elefanten in Ihrem Wohnzimmer sitzen, dann sitzt er da. Alle sehen ihn. Und es macht niemanden stärker zu leugnen, dass er da ist. Außerdem bringt es den Elefanten nicht zum Verschwinden. Wenn Sie Ihre Gefühle zu verbergen suchen, signalisieren Sie dadurch den anderen, dass Trauer nicht angebracht ist – und das in einem Moment, in dem alle sehr traurig sind. Teilen Sie lieber Ihre Gefühle mit den anderen. Weinen Sie alle zusammen, stehen Sie gemeinsam Ihre Gefühle durch. Das hilft und schweißt zusammen.

Sagen Sie den Großeltern, wie sie Ihnen helfen können.

- *„Alle unsere Kinder, Enkel, Brüder, Schwestern, Nichten und Neffen waren gesund. Daher war Patricias Krankheit ein entsetzlicher Schock für uns. Wir weinten und weinten, alle gemeinsam. Wenn ich meine Tochter weinen sah, musste ich ohnehin weinen. Ich glaube, dass man jedes Mal, wenn man seine Gefühlen freien Lauf gelassen hat, wieder klarer denken kann. Meiner Tochter half es, ihren Schmerz mit anderen teilen zu können."*

Pat Lima, Großmutter

Großeltern eines behinderten Kindes können ihren Kindern auch noch anders helfen. Kritisieren Sie nicht und geben Sie kein Urteil ab. Ermutigen Sie Ihre Kinder dazu, sich auf ihr Gefühl zu verlassen, wenn es um die Wahl der Ärzte, der Behandlungs-Methoden und um das Verhalten ihres Kindes geht. Be-

steht nicht gerade eine lebensbedrohliche Situation für das Kind, dann ist es gut davon auszugehen, dass die Eltern des Kindes schon wissen, was sie tun. Nicht erbetene Meinungen und Kritik münden häufig in Spannungen.
Es hilft Ihren Kindern auch, wenn Sie als Großeltern sich über die Krankheit Ihres Enkels gut informieren, beispielsweise durch das Lesen entsprechender Artikel oder Bücher. Dadurch verstehen Sie besser, was sich in der Familie Ihres Enkels abspielt – und es öffnen sich neue Kommunikations-Möglichkeiten. Außerdem stellen Sie sicher, dass Sie nicht aus Versehen ignorante oder verletzende Bemerkungen machen.
Auch wenn Sie von Ihren Kindern vielleicht nicht direkt um Hilfe gebeten wurden, sollten Sie auf jeden Fall mit ihnen Kontakt aufnehmen und halten. Dazu eignen sich auch Postkarten, Anrufe oder Geschenke für Ihre Enkel. Wichtig ist, in Verbindung zu bleiben. Und haben Sie keine Angst vor professioneller Beratung. Familienbindungen sind unbezahlbar. Lassen Sie also nicht zu, dass sie zerbrechen. Tun Sie alles in Ihrer Macht Stehende, um die Kommunikation mit Ihren Kindern am Laufen zu halten. Ein guter Therapeut kann Ihnen vielleicht helfen, Konflikte zu lösen.
Vergessen Sie nicht: Zuerst kommt das Kind, dann erst die Krankheit. Ihr Enkel ist kein Problem, er ist ein liebenswerter Mensch, der einige zusätzliche Herausforderungen bereithält. Halten Sie die Krankheit Ihres Enkels nicht für Ihren Enkel selbst. Viele Kinder mit einer Behinderung erreichen bemerkenswerte Dinge im Leben. Aber dazu bedarf es der Hilfe ihrer Eltern und Großeltern.

Woran Sie denken sollten

- Großeltern sind manchmal verwirrt, frustriert, hilflos. Sie trauern für ihre Kinder und für ihre Enkel.
- Großeltern behinderter Kinder müssen sich erst in ihre neue Rolle einfinden – eine ganz besonders schwierige Rolle für Großeltern, deren erstes Enkelkind behindert ist.
- Erste Reaktionen sind sehr emotional und lassen keinen Rückschluss auf langfristiges Verhalten zu.
- Die ältere Generation leidet manchmal selbst unter Krankheiten oder Verlusten, wodurch ihre Gefühle nur noch komplizierter werden.
- Nicht alle Großeltern fühlen sich imstande, für ihr behindertes Enkelkind zu sorgen.
- Die Eltern des behinderten Kindes sollten Ihren Eltern sagen, wie die ihnen helfen können. Teilen Sie die Verantwortlichkeiten zwischen beiden Großeltern-Paaren auf.
- Sprechen Sie mit Ihren Eltern über Ihre Ängste, anstatt sie in sich hineinzufressen und zu warten, bis Sie explodieren und Ihren Eltern vielleicht Unrecht tun.
- Sollte einer der Großeltern Ihr Kind zurückweisen oder Ihnen Vorwürfe wegen der Krankheit des Kindes machen, dann sagen Sie ihm oder ihr freundlich aber bestimmt, dass das nicht in Ordnung ist. Hilft das nichts, lassen Sie sich von einem Therapeuten beraten.
- Trauern und weinen Sie gemeinsam.

Gesunde Geschwister

„Ich fragte meine Mutter, warum sie und mein Vater Betsy hatten krank auf die Welt kommen lassen.“

Katie Larson,
deren Schwester blind ist und Entwicklungs-Störungen hat

Kürzlich schickte mir meine Schwester einen Artikel über die Beziehung zwischen Geschwistern. Darin stand, dass eine Schwester oder ein Bruder die Gefühle eines Menschen über sich selbst, seine Wahrnehmung anderer und sogar das, was er in seinem Leben erreicht, beeinflussen kann.
Natürlich habe ich mir auch Gedanken über die Beziehung zwischen gesunden und behinderten Geschwistern gemacht. Hat ein Kind eine Behinderung, dann beeinflusst das Schwestern oder Brüder. Studien zeigen, dass die gesunden Geschwister zwar einerseits ihre Schwester oder ihren Bruder lieben und sie oder ihn beschützen wollen, andererseits jedoch auch wütend sind, sich Vorwürfe machen und sich sogar schämen. Übersieht oder ignoriert man derartige Empfindungen der gesunden Geschwister, dann kann das in ihrem späteren Leben zu ernsthaften Problemen führen.

- *„Zum großen Teil bestand mein Schmerz aus Schuldgefühlen, die immer schlimmer wurden, weil ich viele Jahre lang dazu geschwiegen hatte. Die Schuldgefühle, die ich hatte, bezogen sich schon auf die gemeinsame Zeit im Mutterleib. Ich fragte mich, ob ich Stephanie vielleicht zuviel Nahrung weggenommen hatte oder ob ich ihr in unserer Kindheit mehr hätte helfen können. Ich verbrachte so viel Zeit damit, mir Sorgen wegen Stephanie zu machen, dass ich nur schwer mein eigenes Selbstwertgefühl aufbauen konnte. Es war ziemlich schwierig, das alles zu klären.“*

Emily Bruch,
deren Zwillingsschwester *Stephanie* eine zerebrale Lähmung hat,
litt als Erwachsene unter Depressionen, weil niemand
ihre Gefühle über *Stephanies* Zustand ernst genommen hatte.

- *Sandra Forst*, deren älterer Bruder unter verschiedenen, zum Teil nicht diagnostizierbaren Störungen litt, sprach ihre Gefühle nie aus. *„Ich glaubte viele Jahre lang, dass ich auch so krank werden würde wie mein Bruder, dass ich irgendwann auch nicht würde laufen oder mich richtig bewegen können."*

Kleine Kinder glauben manchmal sogar, dass ihre Mutter ihr Geschwisterchen absichtlich krank gemacht habe.

- *„Als ich klein war, dachte ich, meine Mutter hätte meine Schwester absichtlich krank gemacht"*, erzählt *Adele Lloyd*. *„Ich fragte sie, warum sie Rebecca krank gemacht hatte und ob ich auch krank würde."* Ihre ältere Schwester leidet an einer ektodermalen Dysplasie, die bei ihr eine schlimme Infektion am Kopf, viele Allergien, eine Lippen- und Gaumenspalte und weitere Symptome zur Folge hatte.

Es ist beängstigend für ein kleines Kind sich vorzustellen, die Mutter wollte, dass der Bruder oder die Schwester krank auf die Welt kämen. Wie soll man den Eltern dann noch vertrauen? Und wie können sie dann gute Menschen sein? Eltern, die die Fragen ihres Kindes ignorieren oder sich weigern, ihm aufrichtig zu antworten, erzeugen nur Wut und Verwirrung bei ihrem Kind. Und das führt zu noch mehr Albträumen und Sorgen. Mit der Zeit belastet es die Beziehung zwischen Eltern und Kind und untergräbt das Vertrauen des Kindes.

Gesunde Kinder haben oft Angst, die gleiche Krankheit zu bekommen.

Manche Kinder, besonders im Grundschulalter, haben auch Angst davor, selbst die Krankheit ihres Bruders oder ihrer Schwester zu bekommen. Es ist wichtig, ihnen immer wieder zu erklären, warum das nicht geschehen kann. Erklären Sie Ihrem gesunden Kind die Krankheit des Bruders oder der Schwester genau. Sagen Sie ihm, dass angeborene, genetisch bedingte Krankheiten nicht später erworben werden.

Mit gesunden Kindern sprechen

Manchmal schmerzt es die Eltern so sehr, die Krankheit ihres Kindes anzusprechen, dass sie am liebsten nicht einmal mit dessen Geschwistern darüber sprechen möchten. Besonders wenn das Kind unter einer Erbkrankheit leidet, die von einer Seite der Familie her bereits bekannt war, oder wenn Vater oder Mutter sich in irgendeiner Form mitschuldig an der Krankheit ihres Kindes fühlen, sind solche Gespräche schwierig. Es ist aber falsch, Informationen zurückzuhalten, weil das die gesunden Kinder ein ganzes Leben lang beeinträchtigen kann. Wird eine Krankheit vor Kindern als ein Tabu behandelt, dann wuchern in ihrem Innern ungehindert die irrationalsten und beunruhigendsten Gedanken und Selbstvorwürfe. Das kann zu schlimmen Ängsten führen.

- *Jessicas* zwei Jahre älterer Bruder hatte Leukämie. *„Er musste von einem Krankenhaus ins andere. Als ich fünf war, starb er. Ob Sie es glauben oder nicht: Meine Eltern erzählten mir, wohl um mir den Schmerz zu ersparen, er gehe jetzt auf eine Schule in einer anderen Stadt. Alle meine Verwandten verheimlichten mir die Wahrheit. Ich erfuhr sie erst viele, viele Jahre später. Können Sie sich vorstellen, wie es sein muss, ein solches Geheimnis zu hüten? Auf jeden Fall*

Gesunde Geschwister einbeziehen

Oft beschweren sich Kinder über das Verhalten ihres kranken Geschwisters. *Adele Faber*, die zusammen mit *Elaine Mazlish* das Buch *Hilfe, meine Kinder streiten – Ratschläge für erschöpfte Eltern* geschrieben hat, empfiehlt, das gesunde Kind mit einzubeziehen. Zum Beispiel so: *„Es ist unangenehm, wenn Jill sich so in der Öffentlichkeit benimmt, und es kann auch sehr peinlich für dich sein, auch wenn du weißt, warum. Das Problem ist, dass sie momentan einfach solche Dinge macht. Lass uns mal überlegen, wie wir ihr helfen können. Sollen wir mit Jill üben, bevor wir mit ihr einkaufen gehen? Vielleicht finden wir dann andere Wege, wie sie uns mitteilen kann, was sie möchte, statt lauthals im Laden loszuschreien.“*
Dadurch, dass auch die Kreativität des gesunden Geschwisters gefragt ist, wird die ganze Familie gestärkt.

hat das bei mir zu unzähligen Problemen geführt. Es war für mich in vieler Hinsicht verheerend."

Wenn Eltern ihren Kindern erklären, was geschehen ist, dann macht das die Schwestern oder Brüder vielleicht sehr traurig. Aber zumindest wissen sie ungefähr, was vor sich geht.

- *„Ich war vier oder fünf Jahre alt, als meine Mutter mir erzählte, dass Jennys Gehirnströme anders seien als die der meisten Menschen"*, so *Marion*. *„Meine Mutter zeichnete mir normale Gehirnströme auf, so dass ich sah, das sie zickzackartig verliefen. Und dann zeichnete sie Jennys Gehirnströme auf, die anders verliefen. Sie sagte mir, dass wir nicht wüssten, warum das so ist. Und sie erklärte mir, dass Jenny, wenn ihre Gehirnströme weit nach oben oder weit nach unten verliefen, einen Anfall bekam. So verstand ich wenigstens in etwa, was vor sich ging."*

Marion bewunderte ihre Mutter dafür, wie sie die schwierige Situation, ein Kind mit Lernproblemen und nicht genau diagnostizierbaren Anfällen großzuziehen, bewältigte. Geschwister, die über die Krankheit ihrer Schwester oder ihres Bruders Bescheid wissen, verstehen die Familiendynamik besser und bewundern letztendlich die Kraft und Fähigkeit ihrer Eltern.

Geschwister-Wut

„Was die Geschwister wirklich wütend macht, ist das hohe Maß an Aufmerksamkeit, die das behinderte Kind bekommt. Manchmal wünscht sich ein gesundes Kind, auch krank zu sein – nur, um so mehr Aufmerksamkeit von seinen Eltern zu bekommen."

Bonnie Senner, Therapeutin

Gibt es das „richtige" Fühlen?

Wenn Sie erst einmal Ihren anderen Kindern erklärt haben, woher die Behinderung kommt und wie sie sich auswirkt, dann ist es wichtig, ihnen begreiflich zu machen, dass all ihre Gefühle – Schuldgefühle, Scham,

Groll – real und akzeptabel sind. Denken Sie daran, dass die Situation sehr starke Gefühle auslösen kann. Und die fallen bei jedem anders aus.
Regelmäßige Gespräche in der Familie eignen sich gut, um über Gefühle zu sprechen. Diese Gesprächs-Runden lassen sich mit oder ohne therapeutische Hilfe durchführen. Jeder kann dabei seine Gedanken zum Ausdruck bringen. Die Eltern hören sich an, was ihre Kinder über den kranken Bruder oder die kranke Schwester zu sagen haben.
Die gesunden Geschwister können auch einmal ihre Wut darüber loswerden, dass zwischen den Eltern und dem kranken Kind eine so ganz besondere Bindung zu bestehen scheint.

Lassen Sie Ihr gesundes Kind spüren, dass Sie es genauso lieben wie Ihr krankes Kind.

In schwierigen Zeiten können Gefühle manchmal übersehen werden, wodurch sie sich noch mehr steigern – und so können kleine Verstimmungen leicht zu größeren Problemen werden. Daher versucht man am besten, alles in regelmäßigen Zeitabständen zu besprechen.
Eltern müssen sich mehr Zeit für ihr krankes Kind nehmen. Das lässt sich schon wegen der vielen Besuche bei Ärzten und Therapeuten nicht umgehen. Aber die anderen Kinder meinen deshalb manchmal, das kranke Kind werde vorgezogen. Häufig bemüht sich das gesunde Kind dann um die Liebe der Eltern, indem es vorgibt, krank zu sein – oder indem es sich tatsächlich verletzt, damit es auch mit den Eltern zum Arzt gehen darf. Das Kind sehnt sich nach Bestätigung – danach, von den Eltern genauso geliebt zu werden wie der kranke Bruder oder die kranke Schwester.
Diese Situation ist sehr schwierig für die Eltern, die ohnehin schon unter Druck stehen. Eine gute Möglichkeit, Ihr gesundes Kind spüren zu lassen, dass Sie es genauso lieben wie die kranke Schwester oder den kranken Bruder, ist, eine Weile mit ihm allein zu verbringen.

- *„Ich versuche immer, mir mindestens einmal die Woche zusätzliche Zeit für meine beiden anderen Kinder zu nehmen"*, erzählt *Kathrin Schaeffer*, deren Tochter *Tarah Lynne* unter der Glasknochenkrankheit leidet. *„Meine sechsjährige Tochter und ich gehen dann zusammen spazieren, reden miteinan-*

der, kaufen ein Eis. Ich glaube, das hilft. Dadurch hat sie das Gefühl, mit einbezogen zu werden, und ihre Eifersucht hält sich in Grenzen. Wir gehen einkaufen – nur wir beide. Ich sage zu ihr: ‚Wie wär's, wenn du mich begleitest? Ich würde mich sehr über deine Gesellschaft freuen.'"

- *„Wir verbrachten so viel Zeit wie nur möglich allein mit unserer gesunden Tochter. Ich habe mich immer bemüht, ihr als erstes Aufmerksamkeit zu schenken. Wenn ich abends aus dem Büro heimkam, kümmerte ich mich als erstes um sie. Nach fünf Minuten ungefähr war es dann für sie in Ordnung, wenn ich mich um andere Dinge kümmerte. So hatte sie immer das Gefühl, ernst genommen zu werden"*, berichtet auch *Harold Kushner*.

Negative Gefühle besänftigen

Negative Gefühle lassen sich besänftigen, indem man durch eine Extraportion Zuwendung zum Ausdruck bringt, wie sehr man sein Kind liebt und wie wunderbar man es findet. Werden Sie nicht müde zu wiederholen, dass Sie mit Ihrem kranken Kind nicht etwa mehr Zeit verbringen, weil Sie es mehr lieben, sondern einfach deswegen, weil dieses Kind andere Bedürfnisse hat. Sagen Sie Ihren anderen Kindern, dass Sie verstehen, wenn sie sich dadurch benachteiligt fühlen oder böse werden. Und sagen Sie ihnen, sie sollen immer, wenn sie sich ignoriert oder benachteiligt fühlen, zu Ihnen kommen, damit Sie sie spüren lassen können, wie sehr Sie sie lieben.

Setzen Sie bestimmte Zeiten fest, in denen Sie nur für Ihr gesundes Kind da sind. Und dann lassen Sie sich diese Zeit mit Ihrem Kind auf keinen Fall nehmen. Sollte das Telefon läuten, melden Sie sich und sagen Sie so etwas wie *„Kann ich Sie nachher wieder anrufen? Ich habe gerade ein Gespräch mit Jenny."*

Wut

Manche Kinder können nicht über ihre Wut sprechen – doch sie zeigen sie auf andere Weise. Sie können zum Beispiel aggressiv werden und ihr behindertes Geschwister erbarmungslos wegen dessen Schwächen aufziehen. Das aber führt dazu, dass sie von Gewissensbissen geplagt werden, die wieder andere Probleme zur Folge haben. Die Kinder benehmen sich aggressiv in der Schule oder ziehen sich ganz zurück. Oder sie sprechen sogar davon, sich etwas anzutun – manche tun das auch. Viele Kinder sind wütend auf ihre Eltern, weil sie sich vernachlässigt fühlen. Und diese Wut löst sich oft erst in der Pubertät oder im Erwachsenen-Alter.

Verlegenheit

Manchmal schämen sich Kinder wegen der Behinderung ihrer Schwester oder ihres Bruders. Das gehört zum Älterwerden. Jedem ist in einem bestimmten Alter irgendwas peinlich – also machen Sie keine große Sache daraus. Hat Ihr gesundes Kind das Bedürfnis, sich von dem kranken Geschwister zu distanzieren, dann ist es wohl das Beste, das einfach zuzulassen. Wenn man Kinder dazu zwingt, immer zusammen zu stehen, kann sich das später sehr nachteilig auswirken. Donald Meyer, Leiter des Projekts für Geschwister von behinderten Kindern im Medizinischen

Jeder braucht mal Hilfe

Adele Faber schlägt vor, dass wir unserem gesunden Kind, wenn es traurig ist, sagen: *„Momentan braucht Jeremy besonders viel Hilfe, und das ärgert dich vielleicht. Aber irgendwann brauchst du vielleicht auch mal viel Hilfe. Oder Papa wird mal krank und braucht Unterstützung – oder ich. Dann freuen wir uns, wenn wir auch so viel Aufmerksamkeit kriegen. Sicher ist man manchmal traurig oder entmutigt oder enttäuscht oder auch wirklich sauer auf den anderen. Dann müssen wir auf jeden Fall darüber sprechen. Aber das Wichtigste für unsere Familie ist, dass wir zusammen halten, auch in schwierigen Zeiten."* Wenn Ihr gesundes Kind mit dieser Situation überhaupt nicht zurecht kommt, sollten Sie darüber nachdenken, eventuell einen Therapeuten hinzuzuziehen.

Zentrum für Kinder in Seattle, vertritt die Meinung, dass Kinder, die den Spielraum bekommen, den sie brauchen, sich dadurch später oft wieder in die Familie integrieren.

- *„Phils Behinderung hat mich nie gestört, bis wir auf dieselbe (Ganztags-) Schule gingen"*, berichtet *Brad Kennedy*, dessen älterer Bruder *Phil* unter einer schweren zerebralen Lähmung leidet. *„Ich war in der Pubertät und wollte mit meinen Klassenkameraden alle möglichen Dinge unternehmen. Aber ich musste sehr viel Zeit mit meinen Bruder verbringen, ihm bei irgendwelchen Sachen helfen – sogar, wenn er auf die Toilette musste. Und das war mir damals plötzlich unangenehm. Meinem anderen älteren Bruder erging es ebenso. Nach dem Essen mussten wir Phil immer abwaschen, weil er nicht richtig essen konnte. Er war einfach peinlich. Wir gingen dann abends oft auch ohne Phil aus. Bestimmt war es sehr traurig für ihn, doch er hat uns das nur selten spüren lassen. Hätten meine Eltern uns damals dazu gedrängt, Phil überall hin mitzunehmen, wären wir bestimmt sauer gewesen. Heute habe ich oft das Gefühl, nicht genug für Phil zu tun und nicht genug Zeit mit ihm zu verbringen."*

Vor allem für Teenager ist es schwer, mit der Behinderung des Bruders oder der Schwester zurecht zu kommen. Teenager sind im allgemeinen sehr narzisstisch. In diesem Alter hat das Äußere absoluten Vorrang. Wie die anderen zu sein, ist oberste Priorität. Einen Bruder oder eine Schwester zu haben, die häufig durch ihre Beeinträchtigung auffallen, ist für einen Pubertierenden der blanke Horror. Dass das Kind vielleicht nicht richtig lesen oder schreiben kann, ist oft noch akzeptabel. Aber wenn es sich in der Öffentlichkeit daneben benimmt oder falsche Dinge zum falschen Zeitpunkt sagt, dann kommen sie damit kaum zurecht. Und falls ihre Freunde sich über ihren Bruder oder ihre Schwester lustig machen, dann schämen sie sich auch noch.

Akzeptieren Sie, wenn Ihrem gesunden Kind das Benehmen seines Geschwisters unangenehm ist.

Sie haben das Gefühl, „uncool" zu sein, und haben Angst, dass die Behinderung der Schwester oder des Bruders irgendwie auf sie zurückfällt. Sie als Eltern versuchen natürlich, mit dem behinderten Kind bessere Verhaltensmuster zu trainieren. Ganz besonders wichtig ist aber auch, den gesunden Kindern zu erklären, dass das behinderte Kind sein Verhalten in der Öffentlichkeit nicht immer kontrollieren kann. Das gibt dem gesunden Kind die Möglichkeit, seine kranke Schwester oder seinen kranken Bruder besser zu verstehen. Mit der Zeit müssen die Geschwister zusammen einen Weg finden, diese Situationen zu meistern.

Gefühle bestätigen

Adele Faber schlägt vor, die Gefühle eines Kindes, dem der Zustand des Bruders oder der Schwester peinlich ist, zu bestätigen: *„Ich verstehe, dass es dir peinlich ist. Und sicher ist es auch besonders schlimm für dich, weil du weißt, dass Jeff auch darunter leidet. Das ist für uns alle nicht leicht und es geht mir auch manchmal so. Ich sage mir dann: ‚Was ist wichtiger – Jeffrey zu helfen oder sich darüber Sorgen zu machen, was andere denken?' Wenn ich das tue, was Jeffrey hilft, fühle ich mich gleich viel besser. Und mit der Zeit merke ich, dass ich mehr Achtung vor mir selbst bekomme – und die anderen Leute auch."*

Schuldgefühle

Schuldgefühle treten unterschiedlich auf. Gesunde Geschwister haben manchmal das Gefühl, irgendwas getan zu haben, wodurch ihre Schwester oder ihr Bruder krank wurde. Sind sie zum Beispiel böse auf ihr Geschwister, kann das gleichzeitig mit Gewissensbissen verbunden sein. Manchmal machen sie sich auch Vorwürfe, weil sie im Sport oder in der Schule besser sind, oder werten ihren eigenen Erfolg herab, um nicht besser als die Schwester oder der Bruder dazustehen.

Kinder müssen lernen, sich von den Problemen ihrer behinderten Geschwister zu distanzieren. Eltern können das unterstützen, indem sie ihren gesunden Kindern immer wieder deutlich machen, dass deren Erfolge nichts mit dem kranken Kind zu tun haben.

Gewissensbisse

Hier ein Vorschlag von *Adele Faber*, wie Sie Ihrem Kind helfen können, mit seinen Gewissensbissen umzugehen: *„Mark, es ist völlig verständlich, dass du ein schlechtes Gewissen hast. Du kannst alles tun, was du möchtest – dein Bruder kann das nicht. Niemand hat das gewollt – er nicht, ich nicht, du nicht. Könnten wir zaubern, dann würden wir ihn sofort gesund machen. Leider geht das nicht. Aber sieh mal – letztes Jahr konnte Sam kaum auf einen Buchstaben auf der Tafel deuten, um uns zu zeigen, was er wollte. Jetzt kann er schon ganze Wörter buchstabieren und sogar Sätze formen. Er lernt täglich dazu. Was er von uns braucht, ist Anerkennung für das, was er tun kann – und unseren Glauben an ihn, dass er auch weiterhin Fortschritte macht."*

Beschreiben Sie Ihrem gesunden Kind die Krankheit Ihres anderen Kindes und deren Folgen so genau wie möglich. Geheimnisse führen nur zu Verwirrung und helfen nicht. Wenn Sie wissen, warum eines Ihrer Kinder krank ist, dann erklären Sie auch das Ihrem gesunden Kind.

Sich aufspielen

Verletzendes Verhalten zu stoppen, ist ganz wichtig. Eltern dürfen nicht zulassen, dass Geschwister sich über ein krankes Kind lustig machen oder es ungerecht behandeln. *„Ich bin zwar im Prinzip der Auffassung, dass Geschwister ihre Streitigkeiten untereinander ohne Einmischung der Eltern austragen sollten"*, sagt *Bonnie Senner*. *„Aber wenn ein gesundes Kind seinen behinderten Bruder oder seine behinderte Schwester verbal oder körperlich angreift, dann müssen die Eltern einschreiten."*

Auch in diesem Fall können Eltern ihren Kindern helfen, indem sie ihnen sehr gut zuhören, die Gefühle ihres Kindes bestätigen und sie verstehen. Das Kind muss begreifen, dass es sehr wohl in Ordnung ist, über die Behinderung wütend zu sein, dass es aber nicht auf den Bruder oder die Schwester böse sein darf, weil er oder sie behindert ist.

Rivalitäten zwischen Geschwistern

Rivalitäten zwischen Geschwistern lassen sich nicht verhindern. Aber wir können sie bis zu einem gewissen Grad einschränken. Vergleichen Sie nie ein Kind mit dem anderen. Wenn Sie beispielsweise zu Ihrer Tochter sagen: *„Kathrin, warum putzt du dir nicht die Zähne wie deine Schwester?"*, dann heißt das für *Kathrin* nur: *„Mama liebt meine Schwester mehr als mich. Sie denkt, sie sei perfekt und ich nicht. Ich hasse sie."* Alles, was Sie *Kathrin* sagen möchten, sollten Sie ihr ohne einen Bezug darauf, was ihre Schwester tut, sagen: *„Kathrin, du musst deine Zähne noch putzen."*

Man darf sein behindertes Kind, das vielleicht das älteste Kind der Familie ist, auf keinen Fall so behandeln, als sei es das jüngste. Dadurch nehmen Sie ihm einen Teil seiner Würde. Und außerdem wird Ihr jüngstes Kind um seine ihm zustehende Rolle in der Familie gebracht.

Kann Ihr Kind sein Bett nicht machen und braucht dabei Hilfe von einem anderen Kind, schlagen Sie beiden einen Tausch vor. Der eine kann zwar sein Bett nicht machen, aber er kann den Tisch decken, dafür soll der andere das Bettenmachen übernehmen. Das ist ein gerechter Tausch, und niemand wird dadurch abgewertet. Sie wollen Ihre Familien-Situation bestimmt nicht noch verkomplizieren, indem Sie Unterschiede zwischen Ihren Kindern schaffen.

Gesunde Geschwister können keine Verantwortung für die Pflege behinderter Geschwister übernehmen.

- *Tarah* braucht die Hilfe ihrer Schwestern, um an Dinge heranzukommen, an die sie wegen ihrer Größe allein nicht herankann. Wenn sie ihre Tasse auf die Küchentheke stellen möchte, dann macht eine ihrer Schwestern das für sie. Sie ist dafür aber die einzige, die lesen kann. Deshalb liest sie ihren Schwestern immer vor, wenn sie Zeit hat.

Eltern sollten vermeiden, ihren gesunden Kindern zu viel Verantwortung für den behinderten Bruder oder die behinderte Schwester aufzubürden.

- *Kay Stone* ist eine 75jährige Mutter zweier Töchter und Großmutter von zwei Enkelsöhnen. *Kays* jüngere Schwester *Josie* war körperlich behindert und saß im Rollstuhl. *„Als ich acht Jahre alt war, übertrugen meine Eltern mir die gesamte Verantwortung für Josie. Meine Mutter kümmerte sich kaum um sie. Kam ich einmal meiner Verantwortung nicht nach, dann wurde ich bestraft. Es war eine ‚wundervolle' Aufgabe – und ich hasste meine Familie dafür. Ich konnte überhaupt kein eigenes Leben führen. Ich durfte nichts tun, was mir Spaß machte, ich musste mich ja ständig um meine Schwester kümmern. Ohne diese Pflicht wäre mein Leben völlig anders verlaufen."*

Geschwister können zwar durchaus dabei helfen, das behinderte Kind zu versorgen. Es ist jedoch absolut unfair einem Kind gegenüber, ihm moralische und körperliche Pflichten für ein behindertes Kind aufzubürden. Dafür sind die Eltern zuständig.
Manchmal genügt das aber alles nicht, um einem gesunden Kind zu helfen, mit seinen negativen Gefühlen zurecht zu kommen. Es kann sein, dass so ein Kind sich für eine Weile von der Familie zurückziehen muss, um wieder eine eigene Perspektive und ein Gefühl für sich selbst zu bekommen.

- *Marion*, deren Eltern geschieden sind, zog, als sie das Gymnasium besuchte, zu ihrem Vater und ihrer Stiefmutter – und zwar in ersten Linie deshalb, weil es *„für mich extrem schwierig war, eine Balance zu finden zwischen dem Bedürfnis, ein ganz normaler Teenager zu sein und dem, Jenny zu helfen. Ich schwankte hin und her zwischen einem übertriebenen Beschützerinstinkt und Muttergefühlen ihr gegenüber und dem Drang, mich von ihr zurückzuziehen, um ein normales Leben zu führen. Ich litt unter entsetzlichen Schuldgefühlen. Meine Mutter konnte sich noch so sehr bemühen, auch Zeit für mich zu finden, es drehte sich doch fast alles immer nur um Jenny. Mir fehlte die Erfahrung, in einer Familie zu leben, in der sich nicht alles um ein behindertes Kind dreht. Und es war sehr wichtig für mich, einmal diese Erfahrung zu machen."*

Zwillinge und andere Mehrlinge

Es gibt kaum Literatur über Mehrlingsgeburten mit einem behinderten Kind. Bei Einzelgeburten kommt es darauf an, wie nahe die Geschwister altersmäßig sind und wie viele Kinder Sie haben, die die Probleme des behinderten Kindes erleben. Zwillinge jedoch stellen eine besondere Herausforderung dar. Experten sind sich einig, dass Geschwister-Gefühle bei Zwillingen, von denen einer behindert ist, intensiver sind, obwohl es sich um die gleiche Art von Emotionen handelt wie bei Geschwistern verschiedenen Alters.

Auf der einen Seite halten Zwillinge zusammen wie Pech und Schwefel – auf der anderen Seite sind sie manchmal enorm eifersüchtig oder wütend aufeinander.

Gelegentlich leidet auch ein gesunder Zwilling unter Gewissensbissen, weil sein Bruder oder seine Schwester krank auf die Welt kam und er oder sie selbst im Mutterleib gesund heranwuchs. Zwillinge träumen manchmal von einer idealen Beziehung zu dem anderen Zwilling und erleiden dadurch, dass das nicht möglich ist, einen Verlust und fühlen sich allein.

Eifersucht

„Einer der Zwillinge kann eifersüchtig sein auf das, was der andere kann, während sie oder er doch selbst so eingeschränkt ist. Der andere wiederum ist vielleicht eifersüchtig, weil sein Zwillingsbruder oder seine Zwillingsschwester soviel Aufmerksamkeit und Zeit von den Eltern bekommt."

Eileen M. Pearlman und *Jill Alison Ganon*,
Autorinnen eines Buches über Zwillinge

Zwillings-Beziehung

Pearlman und *Ganon* sind der Auffassung, dass man mit dem gesunden Zwilling unbedingt darüber sprechen muss, warum er niemals eine „perfekte" Zwillingsbeziehung haben wird. *„Als Eltern von Zwillingen mit unterschiedlichen Befähigungen befinden Sie sich in der außergewöhnlichen Situation, die Intensität der Beziehung Ihrer Zwillinge etwas abschwächen zu müssen. Sie sollten aber auf keinen Fall die Beziehung der beiden abwerten. Heben Sie die Individualität der Zwillinge hervor, um dadurch beide von der Last eines Vergleichens zu befreien."*

Selbsthilfe-Gruppen

Selbsthilfe-Gruppen können auch gesunden Geschwistern helfen.

- *Vince* und *Lily*, Eltern zweier Kinder, von denen eines unter dem Rett-Syndrom leidet, machten mit Hilfe des örtlichen Krankenhauses eine Selbsthilfe-Gruppe für ihren zwölfjährigen, gesunden Sohn ausfindig. *„Es hilft ihm, mit Kindern zu sprechen, die die gleichen Probleme haben wie er.“*
  Auch Kinder, die neben der behinderten Schwester oder dem behinderten Bruder noch gesunde Geschwister haben, profitieren manchmal von einer Selbsthilfe-Gruppe.
- *„Ich stamme zwar aus einer achtköpfigen Familie, aber es hätte mir trotzdem gut getan, an einer Selbsthilfe-Gruppe teilzunehmen“*, so *Ruth*, deren Bruder *Fred* unter dem Down-Syndrom leidet. *„Die Olympischen Spiele für Behinderte waren irgendwie auch für mich gut – ich sprach zwar dort mit niemandem über meine Probleme. Aber die positive Atmosphäre dort und die Tatsache, dass sich viele Leute in einer ähnlichen Situation befanden wie ich, taten mir gut.“*

Die Gabe, andere zu verstehen

Eltern, die sich um ihre gesunden Kinder sorgen, sollten wissen, dass viele Geschwister behinderter Kinder sagen, ihr Leben sei dadurch bereichert worden. Keins von ihnen hätte sich diese Umstände ausgesucht. Aber die positiven Erfahrungen, die sich daraus ergaben, haben ihr Leben geformt.

- *„Dadurch, dass ich mich um Josie kümmern musste, lernte ich einiges“*, erzählt *Kay Stone*. *„Ich liebte Josie und fühlte mit ihr. Als ich noch klein war, sparte ich mein Taschengeld, um Josie davon Kleidung zu kaufen. Ich war mir bewusst, dass ich jemandem half, sein Leben zu meistern. Ich entwickelte mit der Zeit auch mehr Mitgefühl für andere Menschen und achte nicht mehr so auf Äußerlichkeiten.“*

Geschwister von behinderten Kindern haben oft mehr Verständnis für andere. Sie sehen über jemandes Schwächen leichter hinweg und haben ganz allgemein Achtung vor den Menschen. Diese Kinder sind eher bereit, Unterschiede zwischen Menschen zu akzeptieren, als andere Kinder und auch Erwachsene.

- *„Phils Krankheit beeinflusste jeden in unserer Familie“*, berichtet *Maria Kennedy. „Wir sind alle sehr tolerant gegenüber Menschen, die sich anders verhalten als wir. Ich bin Lehrerin am Gymnasium und tue alles dafür, dass die schwer integrierbaren Kinder es in meiner Klasse möglichst gut haben.“*

Reifegrad

Die meisten Geschwister behinderter Kinder halten sich für reifer als gleichaltrige Freunde.
„Geschwister von Menschen mit einer Beeinträchtigung können sich meistens sehr schnell anpassen und haben ein höheres Verantwortungsgefühl als Gleichaltrige. Experten sind der Meinung, ihre Reife komme daher, dass sie immer Rücksicht nehmen müssen und mit Problemen konfrontiert sind, die andere Kinder ihres Alters nicht kennen.“

Donald Meyer,
der zu diesem Themenbereich viele Studien gemacht hat

Darüber hinaus wissen Geschwister von behinderten Kindern Gesundheit mehr zu schätzen als andere. Sie bewundern auch die Mühen ihrer Eltern, ihre Kinder großzuziehen, weil sie selbst erleben, wie hart die ganze Familie daran arbeitet, ihre gemeinsamen Ziele zu erreichen.

- *„Meine Eltern waren für uns ein Vorbild, weil sie Freddy nie zurückgewiesen haben“*, so *Ruth. „Sie haben uns nie Vorschriften gemacht, wie wir mit ihm umgehen sollten. Er war wie wir alle.“*
- *Marion* dazu: *„Ich habe mich wegen Jenny nie geschämt, habe sie nie weggewünscht. Das kam daher, dass meine Mutter so gut mit der Situation umging. Sie sagte uns, bei Jenny seien eben ein paar Dinge anders, und deshalb könne sie sich nicht wie wir verhalten, dass wir sie aber deshalb sogar noch umso mehr lieben müssen. Sie hat Jenny immer so geliebt, wie sie ist.“*

Viele Geschwister von behinderten Kindern ergreifen später einen Dienstleistungsberuf oder helfen anderen ehrenamtlich.

- *„Die Einstellung meines Vaters und der Tod meiner Schwester und mehrerer guter Freunde an Mukoviszidose haben mich dazu motiviert, anderen zu helfen, mit dieser Krankheit fertig zu werden"*, berichtet der Psychologe *Mike Willis*, der selbst unter Mukoviszidose leidet. *„Ich tue sehr viel für die Mukoviszidose-Stiftung."*

Das Leben mit Behinderten erzieht zu sozialer Verantwortung.

Oft ist die Krankheit des Bruders oder der Schwester für ein Kind auch eine Anregung, später ihr Leben in eine bestimmte Richtung zu lenken.

- *Lori Genovese*, Hals-, Nasen-, Ohren-Ärztin, dazu: *„Meine Schwester ist taub, und meine Mutter musste oft mit ihr zum Arzt gehen. Und eines Tages beschloss ich dann, auch Ärztin zu werden, um anderen zu helfen."*

Solche Geschwister konzentrieren sich auf die Talente ihres kranken Bruders oder ihrer kranken Schwester, statt auf die Dinge zu sehen, die sie nicht tun können.

- *„Phil hat einen großartigen Humor"*, so *Brad Kennedy*. *„Er ist ein wunderbarer Schriftsteller – er schreibt hervorragende Geschichten, weil er eine außergewöhnlich große Vorstellungskraft besitzt. Und er liebt Abenteuer und Reisen. Er ist verrückt nach Las Vegas und nach Pokerspielen. Er und mein Vater spielen am Computer Video-Poker, Phil gewinnt meistens. Sie machen sich über mich lustig, weil ich bei dem Spiel meistens verliere."*

Gesunde Geschwister nehmen ihre kranken Geschwister in Schutz, wenn jemand von Behinderten eine falsche Vorstellung hat. Sie bekämpfen Vorurteile.

- *„An der Schule hatte ich eine Lehrerin, die behauptete, mongoloide Kinder würden nur 18 Jahre alt"*, erzählt *Ruth*. *„Ich war wütend. Ich stand auf und sagte ihr, das seien die typischen Vorurteile. Ich sehe es als meine Pflicht an, falsche Vorstellungen über meinen Bruder oder Kritik an ihm richtig zu stellen – besonders dann, wenn sie von einem Erwachsenen geäußert werden. Man muss sich dagegen wehren, weil manche Leute wirklich sehr ignorant sind."*

Alles in allem sind Geschwister von behinderten Kindern wie auch deren Eltern der festen Überzeugung, dass das Leben in einer Familie mit einem behinderten Kind zwar oft mit Höhen und Tiefen verbunden ist, diese Erfahrungen ihr Leben aber positiv beeinflusst haben.

- *Marion* sagt: *„Obwohl ich dafür bin, dass eine Frau entscheiden kann, ob sie ihr Kind abtreiben möchte oder nicht, würde ich niemals selbst eine Abtreibung vornehmen. Das könnte ich nicht, wegen Jenny. Bei all dem Leid, den Komplikationen und den Sorgen, die Jennys Krankheit mit sich gebracht hat, gibt es doch so viele Dinge, für die es sich lohnt, Jenny bei uns zu haben. Es sind die kleinen Dinge, die bei ihr zählen. Dass sie zum Beispiel in ein Camp für Behinderte gefahren ist und dort ganz tolle Sachen gemacht hat – oder dass sie, als sie nach Hause kam, ihren Freund vom Camp mitgebracht hat. Diese Dinge machen für uns das Leben mit Jenny auch schön. Sicher ist es härter, weil wir uns mehr um sie kümmern müssen als andere um ihre Geschwister oder Tochter. Aber Jenny ist ein wunderbarer Mensch."*

Woran Sie denken sollten

- Erklären Sie Ihren gesunden Kindern die Krankheit des Geschwisters – und eventuell, wie es dazu kam. Es ist in Ordnung zu sagen: *„Ich habe keine Ahnung, wie das passiert ist."*
- Versichern Sie Ihren Kindern, dass sie die Krankheit des Bruders oder der Schwester nicht bekommen werden.
- Kommunizieren Sie miteinander. Halten Sie regelmäßige Familien-Gespräche ab, damit alle ihre Gefühle zeigen können.
- Geben Sie Ihren Kindern sehr viel Liebe.
- Bestätigen und akzeptieren Sie die Gefühle der gesunden Geschwister – auch wenn sie negativ sind. Machen Sie klar, dass Sie das alle zusammen durchstehen werden.
- Lassen Sie zu, dass sich Ihr gesundes Kind von seinem behinderten Bruder oder der behinderten Schwester zurückzieht.
- Unterbinden Sie, dass Geschwister sich gegenseitig verletzen.
- Verbringen Sie Extrazeit nur mit Ihrem gesunden Kind, ohne das behinderte Kind dabei zu haben.
- Erklären Sie Ihrem gesunden Kind, dass es Ihnen sagen soll, wenn es sich vernachlässigt fühlt.
- Finden Sie eine Selbsthilfe-Gruppe für Geschwister behinderter Kinder. Lassen Sie sich dabei von Ihrem Kinderarzt beraten.
- Beschränken Sie den Konkurrenzkampf zwischen den Kindern auf ein Minimum, indem Sie die Geschwister niemals vergleichen.
- Lassen Sie Ihr jüngstes Kind auch wirklich das jüngste sein. Ermutigen Sie Ihre Kinder dazu, ihre Pflichten zu tauschen.
- Haben Sie Zwillinge oder Mehrlinge, dann betonen Sie deren Individualität und helfen Sie ihnen zu begreifen, dass jeder von ihnen Stärken und Schwächen hat.
- Erklären Sie Ihren gesunden Kindern, dass Ihr behindertes Kind sein Verhalten in der Öffentlichkeit nicht immer kontrollieren kann.

3

Was auch besondere Kinder alles lernen können

„Man begegnet einem Menschen wertschätzender und anerkennender, wenn man ihn ernst nimmt und etwas von ihm verlangt und erwartet, wenn man seine Behinderung akzeptiert und trotzdem davon ausgeht, dass der Mensch etwas ‚leisten' kann. Mir stellt sich hier die Frage, ob ich den Kindern nicht gerade dadurch, dass ich ihnen etwas zutraue, sie ernstnehme, sie herausreiße aus ihrer Lethargie und sie fordere, zu weit mehr Wohlbefinden, Freiheit und Lebensqualität verhelfen kann als durch bloßes Pflegen und ‚Aufbewahren'."

Daniela Hamedinger,
Sonderschullehrerin in Langenstein, Österreich

„Wohlfühlpädagogik"?

Als Einführung in dieses Kapitel, das gewiss zu den wichtigsten dieses Buches gehört, möchten wir eine Sonderpädagogin aus Langenstein, Österreich, zu Wort kommen lassen: *Daniela Hamedinger*. Ihr liegen besonders schwerst mehrfach behinderte Kinder und Jugendliche am Herzen, denen viele Menschen kaum etwas zutrauen. Sie macht uns Hoffnung, dass alle Kinder in der Lage sind, etwas zu lernen und Fortschritte zu machen – wenn man bereit ist, liebevoll konsequent zu sein und sich auf die Fähigkeiten der Kinder einzulassen. Hier ihr Bericht:

„Im Umgang mit schwer behinderten Menschen kommt man oft in die Situation, seine Arbeit rechtfertigen zu müssen. Für Menschen, die nicht unmittelbar mit Behinderten zu tun haben, stellt sich oft die Frage nach dem Sinn, nach den Möglichkeiten der Beschäftigung. Und man wird immer wieder konfrontiert mit der Frage, ob die Schule nicht eine reine Aufbewahrungsstätte ist, bedingt durch den großen Anteil an Pflegemaßnahmen und die begrenzten Handlungsmöglichkeiten der schwer mehrfach behinderten Kinder. Dass ‚Lernen' mehr ist als das sich Aneignen von kognitiven Fähigkeiten, ist zwar jedem bewusst, wird aber nicht als ‚Lernen' im klassischen Sinne akzeptiert.

Mit Menschen, die schwer behindert sind, im Rollstuhl sitzen, sich nicht oder kaum willentlich bewegen können und noch dazu auf dem geistigen Entwicklungsstand eines wenige Monate alten Kleinkindes stehen, haben die meisten Menschen Mitleid, sie fordern von ihnen nichts, sie erwarten nichts von ihnen. Viele tendieren dazu, alles zu versuchen, damit diese Kinder sich ‚wenigstens' wohl fühlen, ernährt und gepflegt werden und ihr Leben in harmonischer Wohlfühlidylle verbringen.

Ist meine Aufgabe als Sonderschullehrerin dieser Kinder tatsächlich, einzig und allein für ihr permanentes Wohlfühlen zu sorgen? Von ihnen nichts zu erwarten? Sie in eine künstliche Harmonie zu betten, in der sie sich dann passiv *wohl fühlen können? Ist es nicht vielmehr meine Aufgabe, die Kinder als Persönlichkeit ernst zu nehmen, ihnen auch etwas zuzutrauen, sie als Menschen zu akzeptieren?*

Ich möchte die Kinder nicht resignierend aufgeben und in eine heile Welt hüllen, genauso wenig möchte ich mit Gewalt gegen die Behinderung ankämpfen. Ich möchte den Kindern ein Leben mit der Behinderung als einen Teil ihres Lebens ermöglichen. Ich arbeite mit der Behinderung und nicht gegen sie. Man begegnet einem Menschen wertschätzender und anerkennender, wenn man ihn ernst nimmt und etwas von ihm verlangt und erwartet, wenn man seine Behinderung akzeptiert und trotzdem davon ausgeht, dass er etwas ‚leisten‘ kann, gerade um sich wohl zu fühlen, um sich aktiv *wohl zu fühlen.*
So bedeutet es für den einen Schüler eine unglaubliche Freiheit und einen hohen Grad an dazu gewonnenem ‚Wohlfühlen‘, wenn er sich selbständig aufsetzen kann, für einen anderen, wenn er Unmut anders als in Autoaggression ausdrücken kann oder wieder für einen anderen, wenn er seinen Rollstuhl selbst lenken kann.
Der Weg dorthin ist lang und sicherlich beschwerlich, aber das oberste Ziel aller Bemühungen ist allein das Steigern des Wohlbefindens durch den Gewinn von Lebensqualität, durch das Erhöhen der persönlichen Möglichkeiten des Kindes, durch ein Stückchen Freiheit im Umgang mit seiner Behinderung.
Ich möchte das durch einige konkrete Beispiele noch verdeutlichen:

- *Ein Schüler akzeptierte als einzige Körperposition die Seiten- oder Rückenlage. Es war unmöglich, ihn in einen Rollstuhl zu setzen. Er wurde getragen und führte größtenteils ein liegendes Leben. Dann begann seine Betreuerin, ihn langsam an den Rollstuhl zu gewöhnen und brachte ihn minutenweise in Sitzposition. Natürlich reagierte er mit Schreien, Weinen und heftigem Protest. Er fühlte sich in dem Moment mit Sicherheit nicht wohl. Es war ein langer und harter Weg. Manchen Außenstehenden erschien es bestimmt als Qual oder sinnlose Strapaze. Heute sitzt dieser Junge problemlos im Rollstuhl, hat dadurch die Freiheit gewonnen, mühelos Ortswechsel durchführen zu können, etwa von den Eltern auf Ausflüge mitgenommen zu werden. Ihn erreichen viel mehr Sinneseindrücke, und sein Gesichtsfeld hat sich bei weitem vergrößert – ganz abgesehen von den weitaus höheren sozialen Möglichkeiten. Und das Wichtigste: Er sitzt gern im Rollstuhl, er fühlt sich wohl darin.*

- *Eine andere Schülerin saß in ihrem Rollstuhl und hatte noch nicht erkannt, dass sie motorisch dazu in der Lage wäre, den auch selbst zu bewegen. Das kann man einem schwer geistig behinderten Kind weder mit Worten erklären, noch auf Nachahmung hoffen. Wir ließen das Kind häufig bei geöffneter Tür in einem anderen Raum und stellten sein Frühstück in Sichtweite auf, holten es aber nicht zu uns. Oft genug muss das schlimm ausgesehen haben, wenn wir uns alle im Pausenraum versammelten und diese Schülerin im Klassenraum zurückließen, um sie erst nach einiger Zeit und mit Handführung ihrer Hände an den Reifen zu uns zu holen. Heute fährt dieses Mädchen gekonnt mit ihrem Rollstuhl, sie kann um Ecken fahren, umdrehen, gezielt dort hinfahren, wo sie hin möchte. Sie kann sich sogar durch geschicktes Manövrieren ihres Rollstuhls selbst Türen öffnen. Auch sie fühlte sich sicherlich nicht wohl, als sie hungrig allein im Nebenraum saß, hat aber jetzt ein unglaubliches Stück Freiheit gewonnen. Sie ist nicht mehr von anderen abhängig.*

Selbstverständlich kann ich jegliches Unwohlsein der Kinder vermeiden, indem ich dem einen sofort zu Hilfe eile, die andere im Rollstuhl chauffiere oder den nächsten liegend umsorge. Allerdings habe ich sie dann aufgegeben und gebe mich der Illusion hin, alles nur dafür zu tun, damit sie sich wohl fühlen. Mir stellt sich hier die Frage, ob ich den Kindern nicht gerade dadurch, dass ich ihnen etwas zutraue, sie ernstnehme, sie herausreiße aus ihrer Lethargie und sie fordere, zu weit mehr Wohlbefinden, Freiheit und Lebensqualität verhelfen kann als durch bloßes Pflegen und ‚Aufbewahren'.
Dass diese pädagogische Ansicht eine ständige Gratwanderung ist, ist mir vollkommen bewusst. Man schätzt täglich neu ein, wie weit man gehen kann, nimmt täglich aufs Neue Rücksicht auf die Tagesverfassung der Kinder, reflektiert permanent sein Handeln, spricht sich mit Kollegen und Therapeuten ab, berät sich mit den Eltern der Kinder, passt Förderziele an oder verfeinert sie und achtet vor allem stets darauf, dass jeglicher Umgang mit dem Kind liebevoll, achtvoll und wertschätzend ist.
Und selbstverständlich hat in dieser Pädagogik auch die rein passive Wohlfühlpädagogik mit all ihren Ausführungen von Massagen, Entspannungsme-

thoden, Ruhephasen, Duft- oder Klangerlebnissen und anderem ihren festen und berechtigten Platz. Sie ist eben nur eine weitere Facette der Arbeit und nicht die ausschließliche, allumfassende Definition einer dem Kind gerecht werdenden Sonderpädagogik.“

Daniela Hamedinger,
Sonderschullehrerin in Langenstein, Österreich

Dieser Artikel ist ein Ausschnitt aus einem Aufsatz für die Zeitschrift *Pädagogik Integrativ (Nr. 1/03/2002)*, herausgegeben vom pädagogischen Zentrum Perg, Österreich.

Wie Sie Ihrem Kind beim Einschlafen helfen können

„Ich war so müde, dass ich nicht einmal mehr wusste, dass ich müde war."

Jessa Wein, Mutter des sechsjährigen *Jeremy*,
dessen wiederholte Aufenthalte im Krankenhaus es schwierig machten,
ihm gleichmäßige Schlafgewohnheiten beizubringen.

Ich traf mich mit meiner Freundin *Sarah* zu einem kurzen Mittag-Imbiss in der Kantine des Kinderkrankenhauses. Ihr Sohn *Joey* hatte gerade wieder eine Reihe von Operationen hinter sich gebracht. Nachdem *Sarah* mir erzählt hatte, wie erfolgreich die Operationen verlaufen waren, klagte sie darüber, wie sehr sie sich nun vor der Genesungsphase zu Hause fürchtete: *„Früher blieben die Kinder nach einer solchen Operation zwei Wochen im Krankenhaus. Heutzutage sorgen die Krankenkassen dafür, dass die Kinder bald nach der Operation wieder nach Hause kommen. Joey ist noch sehr schwach. Im Krankenhaus hätte er sich besser erholen können. Jetzt wird er bestimmt noch nicht die Nacht durchschlafen. Und das wird uns alle wieder total fertig machen. Wieder so ein Albtraum!"* Sie tat mir leid – denn ich wusste genau, wovon sie sprach.

Schlaf. Wir brauchen ihn alle. Wenn Ihr Kind chronisch krank oder behindert ist und wiederholt operiert werden muss, bekommen Sie viel zu wenig Schlaf. Wir alle wissen, dass Schlafentzug Menschen verrückt machen kann. Bekommen Sie, Ihr Ehe-

Gewohnheiten

„Man reagiert schneller bei einem kranken Kind, das aber genauso wie gesunde Kinder seine Angewohnheiten und Erwartungen entwickelt. Wenn das Kind also aufwacht und offensichtlich keine großen Probleme hat, dann kann der Grund für seine Schlafstörung sein, dass seine Gewohnheiten ein Eigenleben entwickeln."

Richard Ferber,
Leiter des Zentrums für Schlafstörungen
bei Kindern im Kinderkrankenhaus in Boston

partner und Ihre Kinder nicht den notwendigen Schlaf, dann kann in Ihrem Haushalt das Chaos ausbrechen.
Experten zufolge können einen die Schlafprobleme eines kranken Kindes zwar mehr beanspruchen als die eines gesunden, doch es gibt für die meisten dieser Probleme auch bei einem kranken Kind eine Lösung – manchmal sogar eine ganz einfache. Allerdings kann es sehr schwierig sein, das Schlafproblem eines solchen Kindes genau zu bestimmen, weil man bei ihm auf so viele Dinge achten muss. Es kann körperliche Ursachen geben. Manchmal ist auch das Kind nur begrenzt in der Lage, sein Schlafproblem in den Griff zu bekommen. Atemprobleme können ein weiterer Grund für Schwierigkeiten beim Durchschlafen sein. Oder vielleicht bewirkt auch eines der neuen Medikamente, die es bekommt, das schlechte Schlafen.

Spezielle Schlafprobleme

Man reagiert anders, wenn ein behindertes oder ein krankes Kind Schlafstörungen hat, als wenn ein gesundes Kind nicht schlafen kann.

- *„Es war sehr schwierig für uns, Billys Problem genau zu bestimmen“,* berichtet *Lila Jones. „Billy leidet unter Morbus Crohn, einer Darmkrankheit, die fürchterliche Bauchschmerzen und manchmal auch Gelenkprobleme hervorruft. Wenn er nachts schrie, raste einer von uns in sein Zimmer, um zu sehen, was los war. Schließlich stellte sich heraus, dass er nur unsere Aufmerksamkeit wollte. Doch es dauerte lange, bis wir das begriffen hatten – und es kostete uns eine Menge Schlaf.“*

Es ist schwierig für Eltern und Ärzte zu entscheiden, ob akute Hilfe wirklich nötig ist.

- *„Charlie wurde mit sieben Jahren am offenen Herzen operiert“,* berichtet *Vicki Richards. „Er hatte starke postoperative Schmerzen und schlief außerdem nachts schlecht. Nach einigen Monaten, als es ihm tagsüber körperlich* *gut ging, stand er nachts immer noch auf, und wir wussten nicht, ob er dann Schmerzen hatte oder einfach nur unsere Aufmerksamkeit haben wollte.“* Also ließen die *Richards* ihren *Charlie* in ihrem Bett schlafen. Und tatsächlich schlief er in ihrem Bett immer gut, nur eben in seinem eigenen nicht. Er wollte einfach gern bei Mama und Papa schlafen.

Sollte Ihr Kind in Ihrem Schlafzimmer oder in irgendwelchen anderen bestimmten Räumen schnell einschlafen, können Sie normalerweise davon ausgehen, dass keine Schlafstörung vorliegt – es sei denn, Ihr Kind ist auf irgend etwas in seinem Schlafzimmer allergisch. *„Wenn Ihr Kind jedoch stundenlang am Stück wach liegt – ganz gleich, was Sie auch versuchen – dann stellt sich die Frage, ob es doch an Schlaflosigkeit leidet und ob das von seiner Krankheit oder seinen Schlafgewohnheiten herrührt“*, so *Richard Ferber*.

Normalerweise wird das Schlafverhalten des Kindes nur zum Problem, wenn es die Eltern stört.

Die meisten Menschen brauchen etwa acht Stunden Schlaf. Manche brauchen mehr, andere brauchen weniger. Wenn der Schlaf Ihres Kindes nicht zu Ihrem Schlaf-Rhythmus passt oder Ihr Kind nachts immer wieder aufwacht und nicht mehr einschlafen kann oder wenn es nach zwölf Stunden Schlaf immer noch nicht ausgeruht ist, dann könnte das ein Zeichen für ein Schlafproblem sein. Steht ein Kind mitten in der Nacht für kurze Zeit auf, schläft aber wieder von ganz allein ein, ist das nicht schlimm. Wacht es jedoch auf, steht auf und stört alle anderen, dann hat man ganz bestimmt ein Problem. Wenn Sie glauben, Ihr behindertes Kind habe eine Schlafstörung, dann machen Sie einen Spezialisten für Verhaltens-Störungen bei Kindern ausfindig, der außerdem Erfahrung mit behinderten Kindern hat, oder einen Verhaltens-Psychologen.

„Normale“ Schwierigkeiten

Schlafstörungen bei einem behinderten Kind hängen keinesfalls unbedingt mit der Behinderung zusammen. In 95 Prozent der Fälle hat auch ein solches Kind ein ganz einfaches Schlafproblem, obwohl Eltern und auch andere geneigt sind, einen Zusammenhang mit der Krankheit oder Behinderung herzustellen. *„Um sicher zu gehen, dass es kein rein körperliches Problem ist, lassen wir den Patienten zuerst einmal auf physische Störungen untersuchen, die eventuell als Ursache für das Schlafproblem in Frage kommen“*, beschreibt *Richard Ferber* seine Vorgehensweise. *„Wenn solche Gründe auszuschließen sind, arbeiten wir mit dem Kind an seinen Verhaltens-Problemen. Je stärker das Kind neurologisch belastet ist, desto mehr Zeit wird es brauchen, um sein Verhaltensmuster zu ändern. Beharrlich muss man immer sein. Doch bei behinderten Kindern ist das besonders wichtig.“*

Es gibt viele Möglichkeiten, eine Schlafstörung anzugehen. Zuerst einmal sollten die Eltern regelmäßige Aufzeichnungen über das Schlafverhalten ihres Kindes machen. Notieren Sie, wann es schlafen geht und wann es aufwacht (auch bei kleineren Nickerchen), und notieren Sie auch ungewöhnliche Verhaltensweisen wie Schnarchen, übermäßig starkes Gliederzucken, Spre-

Kulturelle Unterschiede

Viele Eltern, besonders amerikanische, aber auch westeuropäische Eltern sind der Meinung, dass es zu Schwierigkeiten führt, wenn ihr Kind in ihrem Bett oder ihrem Zimmer schläft. Das stimmt so nicht, es ist vielmehr eine kulturelle Frage.
In vielen Kulturen ist es üblich, dass Eltern ihre Kleinkinder in ihrem Zimmer schlafen lassen. *„In Korea beispielsweise schlafen Kinder oft bis zum Alter von vier oder fünf Jahren im Zimmer der Eltern“*, berichtet *Mark Durand*, Professor für Psychologie an der State University of New York in Albany. In solchen Kulturen *„gibt es kaum Berichte über Probleme, Kinder zum Einschlafen zu bewegen oder darüber, dass Kinder nachts aufwachen und nicht mehr einschlafen, weil alle zusammen zu Bett gehen und die Eltern direkt bei den Kindern sind.“* Westliche Eltern genießen zwar den Vorteil, ihr Schlafzimmer und Bett für sich allein zu haben, doch ist unsere kulturelle Norm nach *Durands* Ansicht nicht an den Bedürfnissen der Kinder ausgerichtet.

Ein paar einfache Dinge, die Sie tun können, damit Ihr Kind besser schläft

- Stellen Sie sicher, dass Ihr Kind das Bett mit dem Schlafen verbindet. Manchmal toben oder spielen Eltern mit ihren Kindern im Bett – unmittelbar bevor sie dann die Lichter ausmachen. Einige Kinder, besonders die leichten Schläfer, assoziieren dann möglicherweise das Bett mit Spielen. Dadurch kann es ihnen schwer fallen, zur Ruhe zu kommen.
- Gewöhnen Sie Ihr Kind an eine feste Routine vor dem Schlafengehen, die signalisiert, dass jetzt Schlafenszeit ist – beispielsweise waschen, Schlafanzug anziehen, lesen oder beten. Niemand kann einfach seinen Kopf auf das Kissen legen und sofort einschlafen, es sei denn, er ist völlig erschöpft. Bei autistischen Kindern oder Kindern, die zu irgendwelchen Ritualen neigen, ändern Sie jeden Abend die Reihenfolge der Schritte vor dem Schlafengehen, damit das Kind lernt, seine Angewohnheiten zu ändern.
- Halten Sie an der festgelegten Zeit für das Schlafengehen fest, auch an den Wochenenden. Besonders wichtig ist das für behinderte

chen oder Umhergehen im Schlaf, Albträume, nächtliche Panikattacken. Diese Aufzeichnungen sind enorm wichtig für den Arzt oder Therapeuten. *Mark Durand* dazu: *„Manche Familien stellen dadurch plötzlich fest, dass ihr Kind mehr schläft, als sie dachten. Spezialisten für Schlafstörungen können meistens erkennen, ob der Mittagschlaf des Kindes vielleicht seinen Nachtschlaf beeinträchtigt – oder ob die Eltern unrealistische Erwartungen haben, wie lange ihr Kind schlafen sollte. Manche Eltern stecken ihr Kind um sieben Uhr ins Bett und erwarten, dass es bis acht Uhr am nächsten Morgen schläft. Ab einem gewissen Alter tun das jedoch die wenigsten Kinder. Sie können einfach nicht soviel schlafen.“*

Der nächste Schritt

Sollten sich die Schlafstörungen Ihres Kindes nicht dadurch beheben lassen, dass Sie feste, beruhigende Schritte vor dem Zubettgehen einführen, können Sie weitergehende Methoden probieren.

Einige Methoden, die zwar im ersten Moment gut zu sein scheinen, können sich tatsächlich als schädlich erweisen. Eltern, die schon beim geringsten nächtlichen Weinen des Kindes in sein Zimmer rennen, sind zwar sehr aufmerksame Eltern – das Kind bekommt aber das Gefühl, seine Eltern verließen es jedes Mal, wenn es einschläft. *„Wenn es einschläft, sind sie da. Wacht es auf, sind sie fort“*, sagt *Ferber. „Also muss es schreien, um sie wieder zurück zu bekommen. Jedes Mal, wenn es einschläft, verlassen sie das Zimmer – und wenn es aufwacht, ist es allein. Deshalb muss das Kind lernen, allein einzuschlafen. Wenn es dann nachts wach wird, vermisst es die Eltern nicht. Denn beim Einschlafen waren sie auch nicht da.“* *Richard Ferber* empfiehlt eine Technik, die sich besonders bewährt hat, wenn Kinder nicht einschlafen können oder nachts oft aufwachen und die Eltern es nicht ertragen, sie schreien zu lassen. Bei diesem Training sollten die Eltern zwar ins Kinderzimmer gehen und nach ihrem Kind sehen, doch sollten sie weder mit ihm reden oder es auf den Arm nehmen. Die Eltern dürfen ihr Kind in der ersten Nacht alle fünf Minuten besuchen, bis es einschläft, in der nächsten Nacht alle sieben Minuten und so weiter.

Kinder, deren Mahlzeiten und andere Aktivitäten tagsüber oft von Behandlungen oder Arztbesuchen unterbrochen werden. Einen regelmäßigen Schlafplan einzuhalten, kann Schlafstörungen beseitigen. Auch wenn diese Routine sich vielleicht während Krankenhaus-Aufenthalten oder Ähnlichem nicht aufrecht erhalten lässt, sollten Sie Ihr Kind wieder an seinen ursprünglichen Zubettgeh-Rhythmus gewöhnen, sobald sich die Situation wieder stabilisiert.

- Beziehen Sie nichts in die Einschlaf-Prozedur mit ein, das das Einschlafen von Ihrer Anwesenheit abhängig macht. *„Ein Kind, das immer nur einschläft, wenn man ihm den Rücken streichelt oder es in den Armen wiegt, kann daraus eine feste Gewohnheit machen“*, erklärt *Richard Ferber*. *„Wenn die Eltern es dem Kind ermöglichen, von allein einzuschlafen, ohne es zu streicheln oder in den Armen zu halten, helfen sie ihm zu lernen, allein einzuschlafen.“*
- Erlauben Sie Ihrem Kind nicht, vor dem Schlafengehen herumzutoben oder irgendwelche Übungen zu machen, denn danach kommt es nur schwer zur Ruhe. Experten raten, Sport oder Gymnastik das letzte Mal vier oder fünf Stunden vor dem Schlafengehen zu

beenden, damit der Körper danach noch Zeit hat, sich zu entspannen.
- Sorgen Sie dafür, dass es nicht zu hell im Zimmer ist. Licht signalisiert uns, wach zu bleiben.
- Stellen Sie sicher, dass Ihr Kind vor dem Schlafengehen nicht zu viele Getränke oder Nahrungsmittel mit Koffein zu sich nimmt. Achtung: Auch Schokolade oder Schokoladendesserts enthalten Koffein.

Albträume – Nachtschreck

Albträume erscheinen einem ja sehr real und können sehr beunruhigend sein. Schreit das Kind nach seinen Eltern, dann ist es wach. Es lässt sich von den Eltern beruhigen und weiß meistens am nächsten Tag noch von dem Traum.
Eine erschreckendere Art der nächtlichen Unterbrechung, die für die Eltern schlimmer ist als für das Kind, ist der Nachtschreck.

- *„Als frischgebackene Mutter hatte ich keine Ahnung, was ein Nachtschreck ist“*, berichtet *Anne. „Dann eines nachts, ungefähr drei Stunden, nachdem wir Jason zu Bett gebracht hatten, hörten wir ein wildes Schlagen und Kreischen aus seinem Zimmer. Mein Mann und ich rasten voller Angst zu Jason ins Zimmer. Der saß in seinem Bett, von Panik ergriffen, sein Gesicht war puterrot, die Augen waren weit aufgerissen, er schlug und trat um sich. Und als wir versuchten, ihn hochzunehmen, kämpfte er als wolle man ihn umbringen. Es schien, als sei er wach, aber ich glaube, er war es nicht. Jedenfalls war nach ein paar Minuten alles vorbei und er wachte auf. Und, was soll ich Ihnen sagen – er hatte keine Ahnung, was passiert war und was er geträumt hatte. Wir konnten es nicht glauben.“*

Nächtliche Panikattacken sind anders als Albträume, sie treten im Tiefschlaf auf. Das Kind schreit, weint oder wandert umher und lässt sich nicht beruhigen. In solchen Momenten schiebt es oft die Eltern von sich weg. Aber am nächsten Tag kann es sich an nichts mehr erinnern.
So ein Nachtschreck hat normalerweise keine negativen Auswirkungen auf das Kind. Er ist nur sehr erschreckend für die Eltern. Man kann sein Kind in so einer Situation nicht beruhigen, sollte aber einfach da sein, um dafür zu sorgen,

dass es sich nicht verletzt, und um es wieder ins Bett zu bringen, falls es aufsteht. Derartige Panikattacken treten häufig dann auf, wenn das Kind übermüdet ist. Wenn Ihr Kind eine nächtliche Panikattacke hatte, sorgen Sie dafür, dass es tagsüber einen Mittagsschlaf hält.

Das Schlagen mit dem Kopf

Viele Kinder schlagen mit dem Kopf gegen irgendetwas um einzuschlafen. Aus irgendeinem Grund wirken die rhythmische Bewegung und die Geräusche beruhigend auf das Kind. Solange sie keinen Schaden an sich oder den Sachen um sie herum anrichten, kann man abwarten, bis sie mit der Zeit diese Gewohnheit wieder ablegen. Wacht das Kind jede Nacht zu einer bestimmten Zeit auf, dann rät Mark Durand den Eltern, es jede Nacht eine halbe Stunde, bevor es üblicherweise mit dem Kopfschlagen beginnt, aufzuwecken, wodurch sich häufig das Verhaltensmuster ändert und das nächtliche Aufwachen und Kopfschlagen aufhört.

- *„Alex schlug jede Nacht so heftig mit seinem Kopf gegen irgendwelche Dinge, dass wir Angst hatten, er würde eine Gehirnerschütterung bekommen"*, erzählt *Jill Rose*. *„Außerdem war das so laut, dass meine anderen Kinder nur schwer einschlafen konnten."*

„Es gibt allerdings auch Kinder, die immer wieder ihren Kopf gegen etwas schlagen", so *Richard Ferber*. *„Die meisten Kinder hören im Alter von ungefähr 18 Monaten mit dem Kopfschlagen auf. Mit etwa vier Jahren kommt das bei fast keinem Kind mehr vor."*

Auflehnung

Manche Kinder legen es grundsätzlich darauf an, ihre Grenzen auszuprobieren. Einige Probleme können sich auch einfach daraus ergeben.

- *„Ellas Schlafproblem hat mit ihrer starken Persönlichkeit zu tun"*, erzählt *Marissa. „Abgesehen von ihren körperlichen Problemen kann sie auch sehr rebellisch sein. Das kommt vielleicht daher, dass sie, seit sie ein kleines Kind war, sehr viele Therapien durchmachen musste. Ihre Auflehnung gegen alles, was sie tun soll, ist vielleicht eine automatische Reaktion auf diese vielen Therapien. Oft lässt sie sich auch durch nichts zum Schlafengehen bewegen, dabei kann sie noch so müde sein. Sie rebelliert gegen alles, was wir sagen."*

Diese Kinder sollten zuerst einmal genau getestet werden um sicherzugehen, dass die Eltern die Situation richtig einschätzen. Dann könnte man mit einer Art „Umkehr-Psychologie" versuchen zu erreichen, was man möchte. Statt Ihrem Kind zu sagen, was es tun soll, lassen Sie die Anweisung einfach weg. Sagen Sie ihm beispielsweise: *„Du musst von der und der Zeit bis zu der und der Zeit in deinem Zimmer sein. Ob du schläfst oder nicht, ist uns egal."*
„Das hilft vor allem Kindern, die sich wegen ihres Einschlafens solche Sorgen machen, dass sie wach bleiben, weil sie sich über die Tatsache, nicht einschlafen zu können, Gedanken machen", so *Mark Durand. „Sagen Sie zu Ihrem Kind: ‚Du kannst gern einfach mit geschlossenen Augen im Bett liegen und versuchen, möglichst nicht einzuschlafen.' Damit wird der Druck, unbedingt einschlafen zu müssen, ausgeschaltet. Manchen Kindern hilft das."*

Lichtreize

Lichtreize zeigen unserem Körper, wann Schlafenszeit und wann Wachzeit ist. Dunkelheit ist für unseren Körper der Auslöser, sich in einen Schlafzustand zu versetzen. Blinde Kinder bekommen diesen Lichtreiz nicht, so dass es sein kann, dass ihr Schlafrhythmus nicht wie bei anderen Menschen funktioniert. Um diesen Menschen zu helfen, muss man versuchen, sie in ein regelmäßiges Schlafmuster zu führen. Das erreicht man durch regelmäßige Tagesabläufe. Sorgen Sie dafür, dass Ihr Kind täglich zur gleichen Zeit Frühstück, Mittagessen und Abendessen zu sich nimmt, auch wenn es meint, keinen Hunger zu

haben. Außerdem sollte Ihr Kind sich täglich zur gleichen Zeit waschen und anziehen.
Auf diese Weise kann sich das Kind an einen 24-Stunden-Rhythmus gewöhnen. Manchmal verschreiben Spezialisten solchen Menschen das Hormon Melatonin, das man für kurze Zeit jeweils etwa eine halbe Stunde vor dem Schlafengehen einnehmen muss, um dadurch die „Körperuhr“ neu zu stellen.
Spezialisten für Schlafstörungen geben ihren Patienten aber nur dann Medikamente, wenn es dafür eine medizinische Indikation gibt. Denen, die Einschlafprobleme haben oder nachts immer wieder aufwachen, verschreiben die Ärzte nur für zwei bis vier Wochen Medikamente. Ein übermäßig langer Gebrauch dieser Medikamente kann nämlich dazu führen, dass die Schlafstörung sich sofort wieder einstellt, wenn man die Mittel absetzt – vielleicht sogar noch stärker als vorher. Das ist ein Teufelskreis, der zu einer echten Abhängigkeit führen kann.
Obwohl Schlafstörungen bei behinderten Kindern vielleicht häufiger als bei gesunden auftreten, lassen sich derartige Probleme fast immer erfolgreich beheben. Wenn man sich konsequent bemüht und die passende professionelle Beratung bekommt, kann jedem Mitglied Ihrer Familie zu einem gesunden Nachtschlaf verholfen werden.

(Ausführliche Informationen und Anleitungen zum Thema „Ein- und Durchschlafen“ finden Sie in dem Buch *Jedes Kind kann schlafen lernen* von Annette Kast-Zahn und Hartmut Morgenroth.)

Woran Sie denken sollten

- Behinderte Kinder können ganz gewöhnliche Schlafstörungen haben, die sich leicht beheben lassen.
- Ein Kind im Schlafzimmer der Eltern oder im Bett der Eltern schlafen zu lassen, muss sich nicht unbedingt nachteilig auf das Schlafverhalten des Kindes auswirken.
- Führen Sie Aufzeichnungen über das Schlafverhalten Ihres Kindes für den Fall, dass Sie einen Arzt oder Therapeuten hinzuziehen wollen.
- Stellen Sie sicher, dass Ihr Kind das Bett mit Schlafen assoziiert. Führen Sie vor dem Schlafengehen eine beruhigende Routine ein, lassen Sie Ihr Kind immer zur gleichen Zeit schlafen gehen und aufstehen.
- Gewöhnen Sie Ihrem Kind nichts an, was das Einschlafen von Ihrer Anwesenheit abhängig macht. Es muss lernen, allein einzuschlafen, damit es Sie nicht vermisst, wenn es nachts mal aufwacht.
- Nachtschreck wirkt auf die Eltern dramatischer als er für das Kind ist. Er schadet dem Kind nicht und ist oft, wie beispielsweise Schlafwandeln und im Schlaf sprechen, ein Zeichen von Schlafmangel.
- Führen Sie feste Regeln für das Schlafengehen ein und setzen Sie sie durch. Eltern haben die Verantwortung für die Familie.
- Wenn Sie ein Kind haben, das wegen seiner Blindheit nicht auf natürliche Lichtreize reagieren kann, halten Sie bei ihm genaue Stundenpläne für Tag und Nacht ein.
- Bei übermäßig ängstlichen oder trotzigen Kindern vermeiden Sie, das Einschlafen zum Diskussionsthema zu machen.
- Schlafmittel können, wenn sie falsch angewendet werden, Schlafstörungen noch verschlimmern.

Wie Sie Ihrem Kind beibringen, sich in der Öffentlichkeit angemessen zu verhalten

Ihr behindertes Kind macht aufgrund seiner Erfahrungen sicher eine andere Entwicklung durch als andere Kinder. Vielleicht ist es auf manchen Gebieten intuitiver, sensibler, einsichtiger und reifer als andere Gleichaltrige, in anderen Bereichen jedoch hinkt es nach. Abhängig von der Art und dem Grad seiner Behinderung macht ein solches Kind normalerweise eine ungleichmäßige emotionale Entwicklung durch. Es gibt unendlich viele Möglichkeiten.

Wie alt ist Ihr Kind? Welche Behinderung hat es? Wie stark ist die Behinderung? Wie wird sein Verhalten durch seine Krankheit beeinflusst? Wie kommen Sie – die Eltern – mit der Situation zurecht? Wie streng und wie beharrlich können Sie tatsächlich sein, gemessen am Zustand des Kindes?

Behinderte Kinder lernen bestimmte Verhaltensweisen manchmal später als andere – oder gar nicht.

Einem Kind beizubringen, sich richtig zu verhalten, ist ein wichtiger Teil des Elternseins. Häufig disziplinieren Eltern ihr behindertes Kind allerdings anders, als sie das bei einem gesunden Kind täten. Das ist nur natürlich. Sie sind besorgt wegen des Gesundheitszustandes ihres Kindes, sie sind erschöpft von der Belastung. Und da entschuldigen sie das schlechte Benehmen ihres Kindes vielleicht manchmal, anstatt es zu korrigieren. Das macht aber alles nur noch schwieriger.

Wenn Sie Ihr Kind bemitleiden, sich schuldig fühlen wegen seiner Krankheit oder emotional zu ausgelaugt sind, um es in die Schranken zu weisen, dann versäumen Sie es, klare Grenzen zu setzen.

Durch seine Behinderung lernt ein Kind manchmal bestimmte Verhaltensweisen nicht im selben Alter wie andere Kinder oder gar nicht – was sich wiederum darauf auswirkt, was Sie ihm wann und wie beibringen. Wenn die durchschnittlichen Dreijährigen lernen, *„Danke“* und *„Bitte“* zu sagen, Ihr Kind

aber in diesem Alter noch gar nicht sprechen kann, dann wird das Beibringen von Höflichkeit bestimmt nicht zu Ihren Prioritäten gehören.
Wenn Sie dann endlich den Punkt erreichen, an dem Sie Ihrem Kind ein solches Benehmen beibringen könnten, ist es vielleicht schon fünf oder acht Jahre alt und hat sich eventuell inzwischen andere Verhaltensweisen angeeignet, die nicht unbedingt der üblichen Etikette entsprechen. Also müssen Sie nun erst einmal korrigieren, was sich nicht gehört, bevor Sie anfangen können, Ihrem Kind beizubringen, was sich schickt. Und weil Ihr Kind schon etwas älter ist, könnte es sein, dass es diese neuen Dinge nicht so schnell lernt, wie andere Kinder sie im jüngeren Alter lernen.
Und vergessen wir nicht, wie das für die Kinder ist. Erst einmal sind viele Kinder unsicher. Sie haben das Gefühl, weder ihren Körper, noch ihren Stundenplan, noch ihr gesellschaftliches Verhalten im Griff zu haben. Sie sagen vielleicht manchmal Dinge, die andere beleidigen, weisen andere vielleicht „vorbeugend" zurück, bevor irgendjemand eine Chance hat, sie zurückzuweisen. Oder sie werden der Klassenclown, um akzeptiert zu werden. Möglicherweise schließen sie sich den falschen Freunden an und benehmen sich daneben, nur um zur Gruppe zu passen.
Oft haben behinderte Kinder Schwierigkeiten, nichtverbale gesellschaftliche Verhaltensmuster zu begreifen. Manche können sie aufgrund ihrer Beeinträchtigung nicht erlernen, andere verstehen sie aufgrund ihrer mangelnden Erfahrung im Umgang mit anderen nicht. Durch die vielen nicht provozierten, seltsamen und manchmal feindseligen Reaktionen, die diese Kinder von Erwachsenen und anderen Kindern erfahren, fehlt es ihnen an einer beständigen, positiven gesellschaftlichen Rückkopplung. Daher kann es passieren, dass sie niemals lernen, wie die nichtverbalen gesellschaftlichen Signale zu deuten sind – und demzufolge unpassend darauf reagieren.
Viele Kinder sind unzufrieden und deprimiert, weil sie nicht „wie alle anderen" sind. Sie haben Ängste, sorgen sich um ihre Zukunft, beneiden vielleicht andere, weil sie nicht diese Probleme haben. Bestimmte Kinder – wie die mit einem Aufmerksamkeits-Defizit-Syndrom (A·D·S) oder Autismus – sind oft sehr impulsiv und haben ihre Handlungen nicht unter Kontrolle. All das löst unangepasstes „schlechtes" Benehmen aus.

Ein durchorganisierter Tagesablauf macht das Leben leichter

Es ist also kompliziert. Trotzdem kann man es sich und dem Kind erleichtern, indem man zum Beispiel den Tagesablauf gut und überschaubar strukturiert. Aufgrund der Organisation von außen fühlt sich das Kind sicher und hat das Gefühl, alles im Griff zu haben. Hört sich leicht an, nicht wahr? Ist es aber nicht. Selbst die hingebungsvollste Mutter oder der bestorganisierte Vater wird irgendwann auf Schwierigkeiten stoßen, den Tagesplan strikt durchzusetzen. Trotzdem sollten Sie sich mit Ihrem Kind auch in Ausnahme-Situationen soweit wie möglich an die tägliche Routine halten. Gehen Sie dabei aber nicht zu hart mit sich selbst ins Gericht. Denn trotz aller Bemühungen läuft nicht immer alles genau nach Plan. Das ist einfach so.

Ein Tagesplan für die Woche

6:45 Uhr	Aufstehen und anziehen
7:30 Uhr	Frühstücken
7:45 Uhr	In die Schule gehen
13.30 Uhr	zu Mittag essen
15:00 Uhr	Hausaufgaben machen
16:00 Uhr	Entspannen (das schließt gelegentliche Besuche mit ein)
18:30 Uhr	zu Abend essen
19:00 Uhr	Hausaufgaben machen, eventuell fernsehen
20:00 Uhr	Kleidung für den nächsten Tag zurechtlegen
20:15 Uhr	Ausziehen, waschen
20:30 Uhr	zu Bett gehen

Schriftliche Stundenpläne, für die ganze Familie deutlich sichtbar aufgehängt, können helfen – besonders dann, wenn Ihr Kind unter einem Aufmerksamkeits-Defizit-Syndrom (A·D·S) oder unter Autismus leidet. Denn ein solches Kind ist immer irgendwie durcheinander. Sie, Ihre Familie und Ihr Kind können jederzeit alles, was auf dem Plan steht, ablesen. Die Wochenenden werden häufig weniger durchorganisiert als die Wochentage. Ein fester Stundenplan auch für das Wochenende kann aber verhindern, dass sich Ihr Kind unsicher fühlt. (Ausführliche Informationen und Anleitungen zum Thema A·D·S finden Sie in dem Buch *Das A·D·S-Buch* von Elisabeth Aust-Claus und Petra-Marina Hammer.)

Vertrauen aufbauen

Anderen vertrauen zu können, hilft dem eigenen Verhalten. Hat man kein Vertrauen, dann missversteht man manchmal eine Situation und reagiert falsch auf andere. Eltern können einem Kind, das immer wieder medizinische Eingriffe benötigt, Vertrauen beibringen, indem sie mit ihm ehrlich über diese Eingriffe reden. Es beruhigt Ihr Kind, wenn Sie seine Fragen beantworten oder ihm auf klare, einfache Weise erklären, was geschehen wird.
„Wird es weh tun?“ ist eine Frage, die ein Kind vor einem solchen medizinischen Eingriff oft stellt. Wenn Sie wissen, dass es weh tun wird, dann lügen Sie nicht. Sie können sagen: *„Es wird weh tun, aber es wird schnell vorbei sein“*. Kleineren Kindern medizinische Verfahren und Operationen zu erklären, kann schwierig sein. Ihr Vokabular ist noch sehr begrenzt und sie neigen dazu, die Welt schwarz-weiß zu sehen.

- *Bernd* berichtet, wie er seinem kleinen Sohn *Nathan* erzählte, dass er operiert werden müsse: *„Nathan wollte wissen, ob es weh tut. Also erklärte ich ihm, dass die Ärzte ihm eine besondere Medizin geben würden, damit es nicht weh tue. Dass er von dieser Medizin einschlafen und deshalb nichts von der Operation spüren würde. Ich sagte ihm auch, dass meine Frau und ich bei ihm im Krankenhaus bleiben würden, solange es nur erlaubt sei, und dass wir ihn im Aufwachraum besuchen würden. Das tröstete ihn.“*
- *Robert*, dessen Kinder Diabetiker sind, berichtet: *„Ich glaube, unsere Ehrlichkeit bezüglich der Krankheit unserer Kinder hat ihnen am meisten geholfen, Wir redeten nicht um den heißen Brei herum, sondern erzählten ihnen von ihren Problemen. Als sie klein waren, sagten wir: ‚Wenn du dich komisch fühlst oder deine Arme kribbeln, musst du uns das sofort sagen, denn dann ist vielleicht dein Blutzucker zu niedrig.‘ Wir wollten, dass unsere Kinder alles über Kinderdiabetes wussten. Wir taten nie so, als wäre das, was sie haben, nicht weiter schlimm. Aber wir sagten auch nicht zu ihnen, es sei etwas so Fürchterliches, dass sie niemals ein glückliches, normales Leben würden führen können.“*

Grenzen setzen

- *„Meine Tochter hat ein leichtes Aufmerksamkeits-Defizit-Syndrom, und sie muss immer bis an die Grenzen gehen"*, so *Janet. „Ich bemühe mich, sie in die Schranken zu weisen. Aber dabei bin ich, glaube ich, nicht beharrlich genug, weil ich so gestresst bin. Schließlich reißt mir dann irgendwann der Geduldsfaden, und dann verbiete ich gleich alles. Das Ergebnis ist, dass meine Tochter denkt, ich liebe sie nicht."*

Gerade behinderte Kinder brauchen klare Regeln, um sich sicher und geliebt zu fühlen.

Grenzen zu setzen ist eine weitere Art, Ihrem Kind zu helfen, sich sicher und geliebt zu fühlen. In keiner Familie werden immer alle Regeln eingehalten. Und es ist in einer Familie mit einem behinderten Kind, dessen Leben voller unvorhersehbarer Faktoren steckt, besonders schwer. Trotzdem ist es sehr wichtig, so beharrlich wie irgend möglich zu sein. Inkonsequente Regeln oder nicht eingehaltene Disziplin führen zu Verwirrung und Unsicherheit. Werden Worte nicht in Taten umgesetzt und nicht befolgt, dann bekommt das Kind den Eindruck, dass ohnehin alles egal ist. Dinge, die die Eltern sagen, werden dann durcheinander gebracht. Statt zu denken *„Das ist falsch, das darf ich nicht tun"*, denken die Kinder: *„Es ist sowieso alles egal, also kann ich machen, was ich will. Es spielt sowieso keine Rolle. Niemand liebt mich oder kümmert sich um mich."*

Noch schlimmer: Eltern, die übertrieben verständnisvoll oder widersprüchlich sind und wegen der Behinderung ihres Kindes immer Zugeständnisse machen, machen das Chaos nur noch größer.

Es geht darum, angemessene und realistische Regeln aufzustellen, die den Fähigkeiten Ihres Kindes entsprechen – und diese durchzusetzen. Jedes Mal, wenn eine Regel nicht durchgesetzt wird, steigert sich das negative Verhalten. Also wählen Sie sorgfältig aus, was für Sie wichtig ist, und bleiben Sie dabei. Der beste Weg, um das nicht gewollte Verhalten einzuschränken, ist es, Ihr Kind

Vorsicht mit Nachsicht

„Eine Mutter, die übertrieben nachsichtig mit ihrem Kind ist, wenn es sein Zimmer nicht aufräumt, weil die Kinder in der Schule auf ihm herumhacken, stößt irgendwann an ihre Grenzen – und dann schnauzt sie ihr Kind an: ‚Von jetzt an will ich kein Stäubchen mehr in deinem Zimmer sehen!' Die Reaktion der Mutter fällt übertrieben aus, weil sie ihre Gefühle zu lange unterdrückt hat. Und das Kind denkt dann, es sei nicht liebenswert, weil seine Mutter so böse auf es ist."

Bonnie Senner, Therapeutin

wissen zu lassen, was nicht akzeptabel und was akzeptabel ist. Sagen Sie ihm, was Sie nicht mögen – aber auch, was Sie möchten und was Sie von ihm erwarten: *„Hey, ich mag es nicht, wenn auf der Küchenplatte Mehl klebt. Ich hätte gern eine saubere Küche, wenn du mit Backen fertig bist."* Dann zeigen Sie ihm, wie man in der Küche aufräumt.

Gehen Sie Probleme dann an, wenn beide sich entspannt fühlen. Wenn also Ihr Kind Sie schier verrückt macht, weil es statt Hausaufgaben zu machen die ganze Zeit im Internet mit seinen Freunden chattet, können Sie sagen: *„Wir haben ein Problem. Jeden Tag kommst du von der Schule nach Hause und rennst sofort zum Computer. Das macht dir sicher viel Spaß. Aber ich überlege mir die ganze Zeit, wann du die Hausaufgaben erledigst. Müssen wir uns deswegen erst streiten? Das will ich nicht. Also lass uns mal einen Weg ausdenken, wie du deine Hausaufgaben machen und trotzdem noch am Computer sitzen kannst."*

Jetzt ist es an der Zeit, zusammen mit Ihrem Kind alles durchzugehen. Schreiben Sie *alle* Ideen auf – ob sie nun vernünftig erscheinen oder nicht – ohne darüber ein Urteil abzugeben. Wenn Ihr Kind vorschlägt, die Schule zu verlassen und den ganzen Tag am Computer im Internet zu verbringen, dann schreiben Sie das einfach auf. Nur wenn Sie alles, was Ihr Kind sagt, erst einmal ohne Wertung entgegennehmen, kann dieser Prozess etwas bringen. Sie können fragen: *„Wann bist du am ehesten bereit, die Hausaufgaben zu machen? Gleich nach der Schule? Oder möchtest du dich erst ausruhen und deine Hausaufgaben vor dem Abendessen machen?"* Ihr Ziel ist es, Ihr Kind zu befähigen, sein Leben selbst in die Hand zu nehmen und ihm das dafür notwendige Werkzeug zu geben. Drohungen und Strafen führen nur zu Widerspruch. Außerdem könnte Ihr Kind dann denken, es sei ein schlechter Mensch.

Und wenn Ihr Kind sich nicht an die Absprachen hält? Dann können Sie Ihre Gefühle zum Beispiel schriftlich zum Ausdruck bringen: *„Liebes Kind, gestern haben wir vereinbart, dass du deine Hausaufgaben nach einer Stunde am Computer machst. Ich erwarte von dir, dass du deine Verspechen einhältst, ohne dass ich dich daran erinnern muss. Alles Liebe, Deine Mama."*

Außer der Möglichkeit, darüber zu sprechen, gibt es natürlich noch weitere Wege, einem behinderten Kind zu helfen, mit seinen starken negativen Gefühlen umzugehen, die oft in schlechtes Benehmen ausarten. Geben Sie ihm Stift und Papier und sagen: *„Du bist so wütend, dass du gegen den Tisch trittst. Ich kann nicht zulassen, dass du die Möbel kaputtmachst, aber du kannst mir aufzeichnen, was du empfindest."* Seine wütenden, zackigen Linien helfen ihm, seine intensiven Emotionen kreativ auszudrücken.

Sie sollen zwar die Gefühle Ihres Kindes akzeptieren, aber auch konsequent bleiben: *„Ich weiß, du magst es überhaupt nicht, diesen Helm aufzusetzen, wenn du auf's Fahrrad steigst. Aber unsere Absprache ist: Ohne Helm kein Fahrradfahren"*. Weigert Ihr Kind sich immer noch, bieten Sie ihm an, zwischen zwei Möglichkeiten zu wählen: *„Du hast zwei Möglichkeiten: Entweder du fährst Rad mit dem Helm – oder du findest was anderes, das dir Spaß macht. Das musst du selbst entscheiden."*

Besprechen Sie Probleme in einem ruhigen Moment.

Was tun, wenn Ihr Kind anfängt, Dinge einfach von Ihnen zu verlangen, anstatt Sie darum zu bitten? *Adele Fabers* Vorschlag: *„Weißt du was? Ich höre nicht gern von dir: ‚Hol mir dies, hol mir das'. Wenn man mich herumkommandiert, werde ich sauer. Wenn ich aber höre: ‚Mama, kannst du bitte …', dann denke ich: ‚Klar, ich helfe dir doch gern!' So bringen Sie Ihrem Kind bei, wie es sich das, was es braucht, auf eine gesellschaftlich akzeptable Weise holen kann."*

Bei tauben Kindern rät *Kathy Snyder*, Lehrerin für Gehörlose: *„Es ist wichtig, sich auf die Höhe des Kindes zu begeben, damit es von Ihren Lippen lesen kann, wenn Sie ihm Anweisungen geben. Erst dann sagen Sie ihm, was Sie von ihm wollen."* Denken Sie daran, dass gehörlose Kinder einen kleineren Wortschatz

Explosionsgefahr

„Man könnte wegen einer Kleinigkeit an die Decke gehen – vielleicht wegen eines Papiertaschentuchs auf dem Boden, den Sie gerade gesaugt haben. Weil es zum Symbol für alles wird, das man nicht im Griff hat.
Und eins der Probleme von Eltern ist, dass man geduldig, geduldig und nochmal geduldig ist – und dann plötzlich explodiert. Man kann auf lange Sicht nur ein bisschen netter sein, als man sich fühlt, nicht viel. Deshalb sollte man sich verschiedene Arten aneignen, seinem Ärger Luft zu machen. Eine genügt nicht.
Sie können das Problem beschreiben: ‚Da liegt ein nasses Handtuch auf meinem Bett.' Sie können Ihrem Kind allgemeine Informationen übermitteln: ‚Nasse Handtücher gehören auf die Handtuchstange.' Sie können mit etwas Humor eine Auswahl anbieten: ‚Entweder du nimmst es mit deinen Händen oder mit deinen Füßen von meinem Bett.' Sie können zum Ausdruck bringen, was Sie empfinden: ‚Ich hasse die Vorstellung, abends in ein kaltes, nasses Bett zu steigen.' Oder Sie schreiben einen Zettel und hängen ihn an der Badezimmertür auf: ‚Handtücher dürfen ohne Erlaubnis nicht aus dem Badezimmer entfernt werden.' Sie können es aber auch in nur drei Worten

haben. Sie nehmen vieles wörtlich, also müssen Sie sicherstellen, dass Ihr Kind wirklich versteht, was Sie ihm sagen wollen.

Fleiß-Sternchen

Das Sammeln von Sternchen kann bei kleineren Kindern gut funktionieren. Trotzdem sollte man nicht versuchen, sein Kind durch Belohnungen zu erziehen. Ihr Ziel muss es sein, Ihr Kind zu ermutigen, sich selbst zu kontrollieren.
Hier ist *Adele Fabers* Meinung über das Sammeln von Sternchen: *„Statt Ihrem Sohn jedes Mal, wenn er etwas tut, was Sie von ihm verlangen, ein Sternchen zu geben und am Ende der Woche dann eine Belohnung, lassen Sie ihn sich selbst ein Sternchen geben, wenn er meint, dass er es verdient hat. Drücken Sie ihm eine ganze Schachtel mit Sternchen in die Hand und sagen Sie ihm: ‚Ich weiß, dass ich dich um etwas bitte, was schwer ist. Aber für jeden Tag, an dem du es schaffst, darfst du dir selbst ein Sternchen geben'."*
„Indem Sie die Verantwortung für die Verleihung von Sternchen von Mama und Papa wegnehmen", fährt *Faber*

fort, *„stärken Sie Ihr Kind und helfen ihm, seine Fortschritte mit seinen eigenen Augen zu sehen."*

ausdrücken: ‚Das Handtuch weg!'. Oder Sie brüllen aus vollen Halse: ‚DAS HANDTUCH WEG!' Wie böse Sie bei all diesen Möglichkeiten auch klingen mögen – Sie verletzen Ihre Lieben dadurch nicht."

Adele Faber

Statt ihm eine Belohnung beim Erreichen einer bestimmten Anzahl von Sternchen zu geben, können Sie beispielsweise mit ihm zusammen die Tafel ansehen und das, was er erreicht hat, im Detail mit ihm durchgehen: *„Sieh mal, am Montag hast du uns nachts nicht aufgeweckt und hast dir dadurch einen Stern für Wiedereinschlafen verdient. Am Dienstag hast du es wieder so gemacht – noch ein Sternchen … und dasselbe auch am Mittwoch, am Donnerstag, am Freitag – toll – eine ganze Woche lang! Du bist bestimmt sehr stolz auf dich."*

Jedes Mal, wenn Sie die Mühe oder die Errungenschaft eines Kindes beschreiben, schenken Sie ihm damit etwas, was es sein ganzes Leben lang nutzen kann. Es sagt sich selbst: *„Ich habe es einmal getan, also kann ich es wieder tun."* Und wenn Sie es noch mehr belohnen möchten, können sie ihm sagen: *„Weißt du was? Weil ich ja die Nacht durchschlafen konnte, habe ich heute noch eine Extraportion Energie. Damit können wir irgendwas machen, das Spaß macht! Also, was sollen wir machen – Plätzchen backen? Ein Spiel spielen?"* Ihr Kind soll den Zusammenhang zwischen seinen Bemühungen und einem vergnüglichen Resultat verstehen.

Welche Behinderung Ihr Kind auch haben mag – registrieren Sie, wenn es etwas Gutes macht, und loben Sie es dafür. Sieht Ihr Kind Ihr glückliches Gesicht, dann weiß es, dass es stolz auf sich sein kann.

Gönnen Sie sich eine Pause

Wir müssen alle irgendwann einmal Kraft nachtanken, besonders Eltern. Ihr gesellschaftliches Leben – ein Leben, in dem ausnahmsweise einmal nicht Ihre Kinder die Hauptrolle spielen – aufrecht zu erhalten, ist wichtig, damit Sie nicht

Möglichkeiten, Kindern die Bedeutung des Gesichtsausdrucks anderer Menschen beizubringen

- Nehmen Sie einen bestimmten Gesichtsausdruck Ihres Kindes mit der Videokamera oder dem Fotoapparat auf. Fragen Sie Ihr Kind, was dieser Ausdruck aussagt. Erörtern Sie mit ihm, wie sich seine Gesichtsmuskeln anfühlen, wenn es so ein Gesicht macht.
- Nehmen Sie Fernsehsendungen auf Video auf und sehen Sie sich die zusammen mit Ihrem Kind an, wobei der Ton ausgestellt sein muss. Halten Sie das Band zwischendurch immer wieder an und fragen Sie Ihr Kind, was eine der Personen gerade empfindet und woraus es das schließt.
- Schneiden Sie Bilder von Leuten aus Zeitschriften aus und fragen Sie Ihr Kind, was diese Leute seiner Meinung nach empfinden, wobei es das anhand des Gesichtsausdrucks bestimmen soll.
- Schreiben Sie Emotionen oder Gesichtsausdrücke auf Karten und spielen Sie mit Ihrem Kind das Spiel „Grimassen“. Sie können zum Beispiel nur die Gesichtsausdrücke herausgreifen und Ihr Kind auffordern, diese einer Anzahl

in Ihren Problemen ertrinken. Sonst kann jeder kleine Ärger bei Ihnen das Fass zum Überlaufen bringen.

Manchmal kommen Sie an einen Punkt, an dem Sie sich sagen müssen: *„Ich bin so wütend, ich kann jetzt nicht auch noch Rücksicht auf andere nehmen. Ich gehe jetzt in mein Zimmer, bis ich mich beruhigt habe und es mir wieder besser geht.“* Mit anderen Worten: Gönnen Sie sich eine Pause.

Sehen wir der Wahrheit ins Auge: Es ist für uns alle sehr schwer, das innere Gleichgewicht aufrecht zu erhalten und unseren Kindern in jedem Moment unseres Lebens die absolute Hilfe zu sein. Denken wir aber in großen Zeiträumen, dann können wir – auch wenn einmal etwas schiefgeht – sagen: *„Moment mal – was ich da eben gesagt habe, war nicht richtig. Ich glaube, ich habe dich verletzt. Was ich eigentlich sagen wollte, ist …“* Eine andere Möglichkeit, wenn alle böse und verstimmt sind, ist zu sagen: *„Mir gefällt nicht, wie das hier läuft. Lasst uns nochmal von vorn anfangen.“* Das gibt dem Kind die Möglichkeit, das, was Sie am liebsten nicht gesagt oder getan hätten, zu löschen und von vorn zu beginnen. Wir alle, ob Eltern oder Kinder, können immer noch dazu lernen.

(Ausführliche Informationen und Anleitungen zum Thema „Grenzen setzen“ finden Sie in dem Buch *Jedes Kind kann Regeln lernen* von Annette Kast-Zahn.)

von Haltungen oder Gefühlen zuzuordnen und das dann selbst vorzuführen.

- Beobachten Sie mit Ihrem Kind den Gesichtsausdruck anderer Menschen und fragen Sie Ihr Kind, was diese seiner Meinung nach empfinden.

Das Erlernen der Körpersprache

- *„Mein Mann und ich gehen gern mal mit der Familie aus“*, erzählt *Anne Elderhorn. „Aus irgendeinem Grund sagt oder tut unser Sohn, der im Teenageralter ist und Lernschwierigkeiten hat, dabei oft genau das Falsche. Er versteht die Körpersprache und die grundsätzlichen Gesellschaftsregeln nicht. Wir haben es mit Gesprächen versucht, mit Strafe, mit Belohnung – mit allem. Er begreift es einfach nicht. Merkwürdig ist, dass unsere beiden anderen Kinder sich in Gesellschaft sehr gut zurechtfinden. Wir wissen einfach nicht, was wir noch tun sollen.“*

Einem Kind, das nichtverbale Verhaltensweisen nicht deuten kann, gesellschaftlich richtiges Benehmen beizubringen, ist schwer. Die meisten von uns verstehen nichtverbale Verhaltensweisen automatisch. Wir haben es in einem sehr frühen Alter gelernt, indem wir die Reaktionen anderer Menschen auf unser Verhalten beobachteten, so dass wir uns nicht einmal mehr an diesen Vorgang erinnern können – einfach so. Wenn also unserem Kind die entsprechenden Fähigkeiten fehlen, können wir nicht einmal genau sagen, warum es sich so oder so verhält – geschweige denn, wie wir das korrigieren könnten.
Stephen Nowicki und sein Partner, *Marshall Duke* – beide Psychologen und Pioniere auf dem Gebiet des nichtverbalen Verhaltens – beschäftigen sich seit langem mit dieser Schwierigkeit, nichtverbale Zeichen oder Signale anzuwenden und zu interpretieren. Die nichtverbale Sprache lernt man normalerweise ganz nebenbei von Eltern, Freunden und Gleichaltrigen. *„Ich denke, dass in den meisten Fällen nur deshalb ein Problem entsteht, weil die Menschen das*

nichtverbale Verhalten nicht gelernt haben", so *Stephen Nowicki. „Sie kommen aus Familien oder einem Umfeld, in dem sie keine Gelegenheit hatten, alles über Konversation und gesellschaftliches Miteinander zu lernen. Oder sie haben derartige Erfahrungen nicht oft genug gemacht."*

Das kann für behinderte Kinder ein großes Problem darstellen. Viele – und ganz besonders die, die anders aussehen – bringen oft nichtverbale Signale der Gesellschaft durcheinander oder nehmen sie gar nicht auf. Warum? Man hat sie immer wieder scheinbar ohne Grund zurückgewiesen, daher wirkt der Gesichtausdruck anderer Menschen auf sie widersprüchlich und verwirrend. Sie missverstehen die Situationen häufig. John denkt vielleicht, sein Klassenkamerad Jim sei traurig, wenn er in Wirklichkeit böse ist. John geht zu Jim, um ihn zu fragen, was los ist, und bekommt dafür einen Schlag ins Gesicht oder wird angebrüllt. Man kann sich vorstellen, wie überrascht John ist.

So etwas braucht nur ein paar Mal zu passieren – und John zieht sich von seinen Mitmenschen zurück. Sein Selbstvertrauen lässt nach. Und manchmal sind die negativen Reaktionen der anderen so überwältigend für einen Jungen wie John, dass er schließlich Traurigkeit nicht mehr von Ärger oder Überraschung nicht mehr von Empörung unterscheiden kann. *„Er kann sogar damit Schwierigkeiten haben, einen glücklichen Gesichtsaudruck zu erkennen, weil er das nicht oft genug gesehen hat"*, erklärt *Stephen Nowicki. „Nur wenige Leute sind sich der Wichtigkeit nichtverbaler Kommunikation bewusst. Es wird gelegentlich erwähnt, aber niemand merkt, dass es der Schlüssel zu Beziehungen ist. Und obendrein merken Kinder und Erwachsene mit solchen Problemen selbst nicht, dass sie sie haben. Es ist wichtig, dass man ihnen das klarmacht."*

Haben Sie erst einmal festgestellt, dass Ihr Kind diese Probleme hat, dann können Sie sofort damit beginnen, ihm nichtverbale Verhaltensmuster beizubringen. Je nach dem Schweregrad der Störung kann es zwischen ein paar Wochen und vielen Jahren dauern, bis Ihr Kind die Signale gelernt hat – aber sie sind lernbar.

Manche Kinder wissen nicht, welchen Abstand sie zu anderen halten sollten, wenn sie mit ihnen sprechen. Das kann eine Unterhaltung ziemlich abrupt beenden. Ein 1,80 Meter großer Junge, der fünf Zentimeter vor Ihrem Gesicht steht, wenn er mit Ihnen spricht, kann etwas Bedrohliches haben.

Um Ihrem Kind die angemessene Entfernung für eine Unterhaltung mit anderen beizubringen, können Sie versuchen, ihm die **Entfernungs-Typen** für Gespräche zu erklären, die der Sozialanthropologe *Edward T. Hall* erforscht und kategorisiert hat:

- Zunächst gibt es den **privaten Abstand**, der bei Fastberühren beginnt und bis zu etwa 45 Zentimetern reicht. Das ist der Unterhaltungs-Abstand für Familie und enge Freunde.
- Der nächste, immer noch **persönliche Abstand** reicht von ungefähr 45 Zentimetern bis zu 1,20 Meter und eignet sich für die normale Unterhaltung mit Freunden und Bekannten.
- Dann ist da noch der **gesellschaftliche Abstand** von 1,20 Meter bis zu etwa 3,60 Meter, in dem man sich aus der Ferne mit jemandem unterhält, wobei in diesem Fall keine privaten Dinge besprochen werden.
- Der weiteste Abstand für eine Unterhaltung bezieht sich auf die **Öffentlichkeit** – eine Entfernung von 3,60 Meter bis unendlich. Das ist der Bereich, in dem wir normalerweise nicht verbal, sondern durch Gesten und Ausdruck miteinander kommunizieren.

Eine falsche Beurteilung des angemessenen Abstandes für eine Unterhaltung kann dazu führen, dass man ein falsches Signal sendet oder dass eine Person, zu der man freundlich sein möchte, sich unbehaglich fühlt.
Um Kindern das deutlich zu machen, benutzen manche Lehrer Hula-Hoop-Reifen. Die Kinder können dadurch den passenden Abstand zwischen sich und der Person, mit der sie kommunizieren, üben. *„Der Radius eines Hula-Hoop-Reifens ist ungefähr die Entfernung, die man von einem anderen haben sollte, wenn man sich mit ihm unterhält“*, so *Nowicki*. *„Eine der Schulen, die ich berate, führte sogenannte ‚Abstands-Tage‘ ein, an denen die Kindern mit Hula-Hoop-Reifen umherliefen. Niemand durfte den Hula-Hoop-Reifen des anderen berühren. Die Schüler lernten dadurch, wie weit voneinander entfernt sie in einer Reihe und bei Unterhaltungen stehen dürfen.“*

Nowicki und *Duke* raten Eltern und Lehrern auch, den Kindern den passenden Abstand beizubringen, indem sie mit dem Kind die Menschen auf der Straße bei Gesprächen beobachten und es dann fragen, wie weit diese voneinander entfernt stehen.

Vereinbaren Sie Zeichen, um sich in Gesellschaft zu verständigen.

Behinderte Kinder haben manchmal Probleme, die Regeln für das Berühren anderer Menschen zu begreifen. *„In unserer Gesellschaft herrschen sehr strenge Regeln, was das anbelangt"*, so *Stephen Nowicki. „Ab einem gewissen Alter wird erwartet, einander nur noch wie Erwachsene zu berühren – das heißt, so gut wie gar nicht. Deshalb ist auch das Händeschütteln für Erwachsene so wichtig – es ist die elementare Art, jemanden zu begrüßen."*

Viele in Gesellschaft unbeholfene Kinder können ihren Impuls, Dinge sofort auszusprechen, nicht gut kontrollieren. Sie reden einfach so drauflos, was ihnen gerade in den Sinn kommt. Solchen Kindern bringen manche Lehrer mit Hilfe von Spielen bei, erst zu denken und dann zu sprechen. Versuchen Sie Folgendes: Sagen Sie Ihrem Kind, es solle sich setzen, und erklären Sie ihm, dass Sie jetzt einen Gegenstand im Zimmer nennen werden. Wenn Ihr Kind den Gegenstand hochheben kann, soll es aufstehen. Wenn nicht, soll es sitzen bleiben. Vielleicht fangen Sie mit kleinen Dingen wie Stofftieren an und gehen dann zu größeren, für das Kind nicht zu bewegenden Gegenständen (wie das Bett Ihres Kindes) über. Auf diese Weise muss es erst nachdenken, bevor es aufsteht.

Auch vereinbarte Zeichen können einem Kind, das zu sehr drauflos redet, helfen. Sagen Sie Ihrem Kind beispielsweise, Sie werden sich die Nase reiben, wenn es über ein Thema spricht, das nicht angebracht und anderen peinlich ist. Auf diese Weise müssen Sie sein Verhalten nicht mit Wörtern wie *„Richtig"* oder *„Falsch"* bewerten. Stattdessen senden Sie ihm ein stilles, diskretes Signal, um ihm zu vermitteln, dass es das Thema beenden soll.

Gesellschaftliches Miteinander

- *„Mein Sohn Brian hat eine Lernstörung, und ich bin mir ziemlich sicher, dass sie sich auch auf seine Unterhaltung mit anderen auswirkt"*, berichtet *Nancy. „Er kann offensichtlich kein Gespräch beginnen. Wie bringt man ihm das bei?"*

Manche Kinder wissen nicht, wie man eine Unterhaltung beginnt. Daher wirken sie ungeschickt und stoßen andere Leute ungewollt ab. Sie können einem Kind beibringen, eine Unterhaltung anzufangen, indem es den Gesprächspartner zuerst einmal fragt, ob er sich mit ihm unterhalten möchte. Dann sagen Sie ihm, dass es Fragen vermeiden soll, auf die man nur mit einem Wort antwortet. Zeigen Sie ihm den Unterschied zwischen einer Unterhaltung, die sich immer um dasselbe Thema dreht, und einer Unterhaltung, bei der die Themen häufiger gewechselt werden. Bringen Sie ihm bei, den anderen zu fragen, wie es ihm geht, und Interesse an dem zu zeigen, was er sagt.

Erklären Sie Ihrem Kind unbedingt, dass es ungeschriebene gesellschaftliche Gesetze gibt, nach denen sich die Menschen verhalten. Und dass es sein kann, dass diese Gesetze ihm vielleicht nicht einleuchten und es sie auch nicht mag. Fügen sie hinzu, dass man jedoch, damit andere Menschen einen akzeptieren und mögen, diese Regeln befolgen muss. Beschreiben Sie die Regeln genau – zum Beispiel: freundlich zu anderen sein, anderen in die Augen sehen, wenn man mit ihnen spricht oder ihnen zuhört, oder auch verbal antworten, damit der andere weiß, dass man ihm zuhört.

Behinderte Kinder können sich häufig nicht selbst einschätzen, sie sehen ihre Stärken und Schwächen nicht. Ein Weg, Ihrem Kind dabei zu helfen, ist, sich auf seine Stärken zu konzentrieren. Helfen Sie ihm, etwas auf einem Gebiet zu erreichen, für das es wirklich ein Talent hat. Es kann sein, dass man sich Gelegenheiten ausdenken muss, bei denen das Kind Erfolg haben kann. Kann Ihr Kind zum Beispiel gut Einrad fahren, dann lassen Sie es das tun, wann immer es mag.

- *„Mein Sohn ist lernbehindert, aber er hat sich selbst beigebracht, Einrad zu fahren“*, berichtet *Suzanna Moss*. *„Er wollte unbedingt zu Weihnachten ein Einrad haben, also haben wir ihm eins geschenkt. Und wir nahmen es überall hin mit. Ihm gab es das Gefühl, etwas Besonderes zu sein, wenn er darauf fuhr.“*

Lassen Sie Ihr Kind das tun, was es gut kann. Machen Sie diese Sache zu einem wichtigen Teil seines Lebens, und loben und belohnen Sie Ihr Kind immer wieder dafür.
Ein besseres Selbstbild gibt vielen behinderten Kindern Auftrieb. Es hilft sogar einem Kind, das sich zum Klassenclown gemacht hat, um anderen, die es als dumm und anders hinstellen würden, vorzugreifen. Der Klassenclown verdrängt seine wahren Gefühle und benimmt sich lieber von sich aus lachhaft, damit sie *mit* ihm lachen und nicht *über* ihn. Sollte Ihr Kind das tun, dann finden Sie heraus, welches spezielle Talent es hat und ermutigen Sie es, dieses Talent auszuspielen. Auf diese Weise fördern Sie sein Selbstbild.

- *„Richard kam mit einer beidseitigen Lippenspalte auf die Welt“*, berichtet seine Mutter *Elaine*. *„Und weil er rothaarig ist und einen sehr hellen Teint hat, sind seine Narben sehr auffällig. Jedenfalls wurde er erbarmungslos verspottet, als er klein war. Aber ich dachte damals oft, dass ihn das wenigstens zu einem sehr sensiblen Menschen anderen gegenüber machen würde. Wie sehr ich mich doch täuschte! Jetzt hänselt er andere wegen ihrer Schwächen. Ich kann das kaum ertragen.“*

Konzentrieren Sie sich auf die Stärken Ihres Kindes.

Nur weil jemand einen Geburtsfehler hat oder behindert ist, heißt das noch lange nicht, dass er automatisch auch sehr sensibel ist. Kinder tun normalerweise anderen an, was ihnen angetan wurde. Warum? Einer der Gründe ist, dass sie zu den anderen passen wollen. Wird ein behindertes Kind gehänselt, dann hänselt es möglicherweise wiederum ein anderes Kind wegen dessen Schwäche. Manchmal tut es das, um zu zeigen, dass es wie alle anderen ist. Das Kind denkt, dass es sich selbst in ein besseres Licht rückt, indem es andere abwertet. Es kommt auch vor, dass so ein Kind durch ein anderes aufgrund dessen Makel oder Behinderung an seine eigene Beeinträchtigung erinnert wird und dann einfach auf das Kind losgeht.

Doch es gibt Möglichkeiten, Ihrem Kind Sensibilität beizubringen. Sollte Ihr Kind sich über ein anderes, vielleicht auch ein behindertes Kind lustig machen, dann gebieten Sie dem Einhalt. Tyrannisieren oder Verspotten verletzt nicht nur die Person, der das angetan wird, sondern auch denjenigen, der es tut. Später wird der Täter von Gewissensbissen wegen seines Verhaltens geplagt oder ist böse auf sich selbst – eine Situation, in der beide verlieren.

Wer behindert ist, ist deswegen nicht automatisch auch sensibel.

Hören Sie Ihrem Kind voller Anteilnahme zu, wenn es seine Gefühle beschreibt, aber teilen Sie auch Ihre Empfindungen mit den anderen Familienmitgliedern. Beim Essen lässt es sich beispielsweise gut über die Ereignisse des Tages sprechen. Hören Sie Ihrem Kind zu, wenn es erzählt, was es empfindet, und beschreiben Sie ihm danach, was Sie von seinem Benehmen halten. Lassen Sie Ihr Kind wissen, ob sein Verhalten richtig war oder nicht. Es hilft dem Kind, die Wirkung seiner Handlungen auf andere einzuschätzen.

Eine Studie der Harvard-Universität zeigt einen Zusammenhang zwischen dem Maß an Verantwortung, die man einem Kind überträgt, und seiner Neigung dazu, sich anderen gegenüber rücksichtsvoll zu verhalten. Kinder, die alles bekommen, aber nie selbst für etwas verantwortlich sind, werden so verwöhnt, dass sie ihren Sinn dafür, wie es anderen geht, verlieren. Wäsche legen, Einkäufe ausräumen, Aufräumen, Obst verlesen sind Arbeiten, bei denen man sehr viele Kinder einbeziehen kann, wenn man nicht zu perfektionistisch ist. Beginnen Sie mit kleinen Dingen und steigern nach und nach den Verantwortlichkeitsgrad.

Große Erwartungen

- *Huygen Hilling* berichtet: *„Ich tat das Unmögliche und erzielte Fortschritte. Ich wollte meinem Sohn beibringen, mir Dinge nachzumachen, obwohl Ärzte und Therapeuten mir gesagt hatten, dass er das niemals werde tun können und dass ich nur meine Zeit vergeudete. Ich imitierte Wesleys Bewegungen und eröffnete so eine neue Kommunikations-Möglichkeit mit ihm, von deren Existenz niemand etwas geahnt hatte. Das, was Eltern am Anfang mit ihren Kindern tun, legt den Grundstein für das spätere Verhalten des Kindes, davon bin ich überzeugt. Wir lasen Wesley beispielsweise vor, obwohl die Ärzte uns gesagt hatten, dass er nie werde lesen, sprechen oder verstehen können. Es war zuerst auch sehr schwierig, weil er sich nur ungefähr 15 Sekunden lang konzentrieren konnte. Dann beugte er den Kopf nach vorn und schlug mit den Armen um sich. Wir lasen ihm aber weiterhin vor, und nach einigen Wochen schlug Wesley die Seite im Buch plötzlich genau an der richtigen Stelle um. Er lernte auch, länger als 15 Sekunden stillzusitzen."*
  Später brachte *Huygen* seinem Sohn *Wesley* bei, einfache Anweisungen wie *„Komm her"* zu befolgen. Wochenlang spielte *Huygen* mit *Wesley*, indem er auf dem Boden umherkroch und dessen Gesten nachmachte. *„Eines Tages befanden wir uns auf den gegenüberliegenden Seiten des Raumes und Wesley starrte mich mit dem gewohnten leeren Blick an. Ich begab mich auf alle Viere und legte meinen Kopf auf den Boden, so dass er mein Gesicht zwischen meinen Beinen sehen konnte. Plötzlich kam Wesley zu mir gekrochen. Ich war außer mir vor Freude. Ich wiederholte das regelmäßig und Wesley wurde immer aktiver. Wenn ich jetzt ‚Komm her, Wesley' sage, kommt er zu mir. Er begreift auch Anweisungen von anderen Leuten."*
- Auch *Jack Ellery* arbeitete mit Erfolg am Verhalten seiner Tochter *Ally*, die unter schweren spastischen Anfällen litt. Die Ärzte hatten den *Ellerys* bei *Allys* Geburt geraten, sie in einem Heim unterzubringen. Sie beschlossen aber, mit ihr eine Therapie zu machen. Nach vielen erfolglosen Besuchen bei Ärzten und Anwendungen traditioneller Krankengymnastik stießen sie auf die *Feldenkrais*-Methode. Das ist eine mit den Händen durchgeführte Therapie, durch die neue Nervenbahnen entstehen. Diese Nervenbahnen ge-

ben dem Körper die Möglichkeit, besser zu funktionieren. Die Therapie war so erfolgreich, dass man *Ally* heute, im Alter von 19 Jahren, kaum ansieht, dass sie jemals behindert war. Sie besucht inzwischen das College.

Es ist ganz normal, dass man einem behinderten Kind helfen möchte, aber überbehütete Kinder bekommen mit der Zeit noch mehr Probleme. *„Auch an Kinder mit Behinderungen sollte man Anforderungen stellen"*, so *Bonnie Senner*.

- *Mike Willis*, Psychologe aus Michigan, der Mukoviszidose und Diabetes hat, wurde von seinen Eltern ganz normal behandelt, und dafür ist er heute sehr dankbar. Er ist 35 Jahre alt, verheiratet und arbeitet ehrenamtlich für die Mukoviszidose-Stiftung. Er sagt: *„Wenn jemand zu sehr behütet wird, tut er sich schwer, selbständig zu werden und lebt oft sehr zurückgezogen. Es liegt in der Verantwortung der Eltern, dem Kind die Fähigkeit zu vermitteln, es selbst zu sein. Zu sehr behütete Kinder bekommen keine Chance, sich mit der Realität auseinander zu setzen. Sie haben dadurch das unbehagliche Gefühl, dass ihre Eltern sie ‚anders' behandeln, weil irgend etwas bei ihnen ‚nicht stimmt'. Das führt zu einer unnötigen Verunsicherung."*

Erkennen, was Ihr Kind kann

Entscheidend ist zu erkennen, was Ihr behindertes Kind lernen kann – und was nicht.

- *Melissa Johnson*, die an einer zerebralen Lähmung leidet, sagt: *„Meine Eltern haben mir nie geholfen, den Unterschied zwischen ‚Kann nicht' und ‚Will nicht' zu begreifen. Was Tischmanieren anbelangt, so wollte ich ihrer Meinung nach die Gabel nicht richtig halten und war nur dickköpfig. Tatsächlich aber war es extrem schwierig für mich, die Gabel ‚richtig' zu halten. Meine Eltern sahen einige meiner ‚Kann nicht' als ‚Will nicht' an. Das Ergebnis ist, dass ich selbst als Erwachsene nur schwer auseinanderhalten konnte, wozu ich imstande war oder was tatsächlich zu gefährlich oder* *schwierig für mich war. Beispielsweise hatte ich, bis ich 37 war, Angst, den Führerschein zu machen. 20 Jahre lang kämpfte ich völlig unbegründet gegen diese Angst an, wo ich in der Zwischenzeit doch schon längst hätte Auto fahren können."*

- *Daniela Hamedinger*, Lehrerin an einer Schule für Sonderpädagogik in Langenstein, Österreich, berichtet: *„Eine Mutter war völlig verwundert, als sie bei einem Schulfest sah, dass ihr Sohn nach dem Frühstück seinen Teller selbst abwusch. Sie konnte es nicht fassen, weil er das zu Hause noch nie getan hatte – vielleicht weil sie es noch nie von ihm verlangt hatte oder weil sie es ihm nicht zutraute? Es kann ja sein, dass es wirklich schneller und gründlicher geht, wenn sie es selbst macht. Das ist häufig ein Argument der Eltern gegen die Aufforderung der Lehrer oder Therapeuten: ‚Bitte lassen Sie ihn das selber machen, er KANN das!' Sie vergessen dabei manchmal, dass man den Kindern durch das Abnehmen der ‚Arbeit' auch ein Stück Eigenverantwortung wegnimmt."*

Das Schwierigste für Eltern eines behinderten Kindes ist die Entscheidung, was sie realistischerweise von ihrem Kind erwarten sollten und was unrealistisch ist. Aufgrund der oft widersprüchlichen Ratschläge von Ärzten, Krankenschwestern, Lehrern, Helfern aus der Familie und anderen Verwandten sind sie verwirrt. Oft hört auch das Kind diese widersprüchlichen Aussagen – mit dem Ergebnis, dass es selbst auch Schwierigkeiten hat herauszufinden, was es tun kann und was nicht. Seine Einschätzung seines eigenen körperlichen Zustandes wird dadurch beeinträchtigt, und das kann zusätzlichen emotionalen Schmerz verursachen.
„Um sich das zu ersparen, müssen Eltern sich intensiv über die Schwierigkeiten ihres Kindes informieren", so *Bonnie Senner*. Das bedeutet, dass Sie die Verhaltensweisen Ihres Kindes sehr genau beobachten und viel über die Auswirkungen der Krankheit auf die Fähigkeiten Ihres Kindes lesen sollten. Der erste Schritt ist, die Krankheit und ihre Auswirkungen zu verstehen. Das hilft Ihnen festzustellen, ob das, was Sie da sehen, psychisch oder physisch bedingt ist. Außerdem ist es gut, mit Beschäftigungs-Therapeuten, Krankengymnasten und Psychotherapeuten oder auch mit Spezialisten für Lernstörungen zu-

sammenzuarbeiten. Auf diese Weise lernen Sie Ihr Kind besser kennen als irgend jemand anders. Der nächste Schritt ist dann, sich selbst zu vertrauen, so dass Sie, falls der Rat des Spezialisten für Sie keinen Sinn zu ergeben scheint, fest zu Ihrer Überzeugung stehen und einschreiten können, damit Ihr Kind keine falschen oder gegensätzlichen Informationen erhält.

Leidet Ihr Kind unter einer sehr seltenen Störung, ist es noch schwieriger. Wenn auch Ärzte und Therapeuten sich mit der Krankheit eines Kindes nicht auskennen, ist es Sache der Eltern, sich mit Eltern der wenigen anderen Kinder auf der ganzen Welt auszutauschen, die ähnliche Symptome wie ihr Kind haben. Via Internet, Post und Telefon kann man Kontakt zu dieser kleinen Gruppe von Eltern bekommen und Informationen austauschen. Das gibt Eltern die Möglichkeit, mit Ärzten oder Lehrern, die sich nicht so gut auskennen, zusammenzuarbeiten.

Fällt es einem Kind schwer, auseinander zu halten, was es kann und was nicht, und merkt es dann auch noch, dass auch seine Eltern damit Probleme haben, dann könnte es auf die Idee kommen, anderen mit Hilfe seiner Krankheit etwas vorzumachen. Dadurch wird alles nur noch komplizierter. Es dauert manchmal Jahre, bis Sie endlich abschätzen können, wo die Grenzen Ihres Kindes wirklich liegen.

Passt mein Kind zu den anderen?

Ein Mensch, der nicht „normal" kommunizieren kann, fühlt sich oft von der Umwelt abgeschnitten.

Viele Kinder werden von den anderen aus den unterschiedlichsten Gründen abgelehnt. Bei Kindern, die durch ihre Krankheit oder Behinderung anders sind als andere, kommt das häufig vor. Die Kinder sind zunächst einmal verletzt und frustriert. Manchmal erschaffen sie sich dann eine Art Fantasiewelt mit eingebildeten Menschen oder Puppen und hoffen tief in ihrem Innern, dass ihre Wünsche auf magische Weise in Erfüllung gehen. Ein Kind so zu erleben, zerreißt einem das Herz. Aber für ein Kind ist die Fanta-

Nicht provozieren lassen

„Je öfter ein Kind seine Empfindungen ausdrückt und versteht, desto weniger wird es sich schlecht benehmen“, so Bonnie Senner. *„Man sollte sich jedoch nicht zu sehr auf das negative Verhalten des Kindes konzentrieren. Das Kind ist böse auf sich selbst, also versucht es, eine böse Reaktion von anderen in seiner Umgebung zu bekommen. Dadurch will es sich seine eigenen Gefühle bestätigen, oder es will, dass andere sich genauso schlecht fühlen wie es selbst. Hält sich das Kind für unmöglich, wird es ungezogen sein und erwarten, dass Sie sich ihm gegenüber unmöglich verhalten. Wenn Sie das tun, dann bestärken Sie dadurch Ihr Kind in seinem Minderwertigkeitsgefühl. Wenn Ihr Kind seine Wut an Mama oder Papa auslässt, beziehen Sie es unbedingt in eine Aktivität mit ein, bei der seine Behinderung keine Rolle spielt, damit es anfängt, sein Selbstwertgefühl aufzubauen.“*

siewelt ein sicherer Ort, an dem es seine Gefühle und Situationen aus dem Leben durchspielen kann.

Es kann passieren, dass die Fantasiewelt extreme Ausmaße annimmt und eine Art Eigenleben entwickelt, das wiederum das ganze Leben des Kindes beeinflusst. In einem solchen Fall müssen die Eltern einschreiten und die Fantasien des Kindes in neue Bahnen lenken. Außerdem sollten sie die Zeit, in der das Kind allein spielt, einschränken. Man kann beispielsweise versuchen, Spielkameraden einzuladen oder auch sein Kind in seine eigenen Aktivitäten mit einbeziehen. Der Reiz der Fantasiewelt verblasst, wenn das Kind das Gefühl hat, sie nicht mehr zu brauchen. Wenn das allerdings über Monate und Jahre auf sich warten lässt, könnte es ratsam sein, einen Psychotherapeuten aufzusuchen.

Gehörlose Menschen zum Beispiel werden manchmal ziemlich missmutig. Es ist ermüdend und frustrierend, immer nur alles von den Lippen der anderen abzulesen. Sieht ein Kind, dass andere Dinge tun, die es selbst nicht kann, dann leidet sein Selbstwertgefühl darunter. Das lernbehinderte Kind, das nicht wie Gleichaltrige lesen kann, kommt mürrisch nach Hause, weil es unzufrieden mit sich selbst ist. Alles, was es von anderen unterscheidet, nagt an seiner Selbstachtung. Viele Kinder begreifen gar nicht, was sie da eigentlich fühlen, oder sie können es anderen nicht mitteilen. Sie fühlen sich einfach nur elend, also benehmen sie sich auch so.

Die Eltern glauben dann wegen dieses Verhaltens, dass sie etwas falsch machen bei der Erziehung ihres Kindes.
„Sehr häufig können die Eltern gar nichts für die Probleme ihres Kindes“, so *Bonnie Senner*. *„Sie hängen mit den Umständen zusammen.“* Solch ein frustriertes Kind richtet seinen Ärger dann meistens gegen die Person in der Familie, bei der es sich das am ehesten traut – die Mutter beispielsweise, weil sie so mitfühlend ist, oder eine jüngere Schwester oder einen jüngeren Bruder, weil die sich ja noch nicht so gut wehren können. So kann es geschehen, dass ein unglückliches Kind sich in der Schule, bei Verwandten oder bei Freunden unmöglich benimmt.
Der beste Weg, einem Kind in seiner Wut zu helfen, ist, es dazu zu bringen, über seine Gefühle zu sprechen. Widerstehen Sie dem Impuls, auf die Wut Ihres Kindes mit Wut oder Sarkasmus zu reagieren. Nehmen Sie es nicht persönlich und gehen Sie nicht darauf ein. Wird ein Kind unverschämt, dann können Sie darauf entweder mit Unverschämtheit reagieren – was das Kind in seinem schlechten Benehmen noch bestärken würde – oder aber zu ihm sagen: *„Ich höre an deinem Ton, wie wütend du bist, aber es gibt eine bessere Art, mir zu sagen, was du mir sagen möchtest.“* Bleibt Ihr Kind feindselig, dann können Sie hinzufügen: *„Ich kann dir nicht helfen, wenn du so mit mir sprichst. Kannst du mir das vielleicht etwas freundlicher sagen?“* Das Kind soll seine Wut nicht hinunterschlucken, aber Sie wollen seine Streitlust stoppen. So können Sie Ihrem Kind beibringen, sich passend zu benehmen, damit es andere nicht verletzt.
Vielleicht hilft es Ihnen, Ihre positive Einstellung zu bewahren, wenn Sie optimistische Gedanken auf Karteikarten schreiben. Wenn Sie verzweifelt sind, lesen Sie die Karten immer wieder durch, das gibt Ihnen Auftrieb.
Eltern behinderter Kinder müssen – wie alle Eltern – ihrem Kind beibringen, das Beste aus seinen Fähigkeiten zu machen. Sie sind mit den körperlichen und emotionalen Beeinträchtigungen ihres Kindes konfrontiert, und die Gesellschaft ist im allgemeinen nicht gerade eine große Hilfe. Mit viel Liebe und Geduld können Eltern ihr Kind aber dazu bringen, seine Fähigkeiten zu nutzen – und manchmal übertreffen die dann die kühnsten Erwartungen der Eltern noch um ein Vielfaches.

Woran Sie denken sollten

- Vergessen Sie nicht: Kranke oder behinderte Kinder sind oft unausgeglichen.
- Führen Sie feste Richtlinien in Ihrem Haushalt ein und setzen Sie sie durch, indem Sie Ihrem Kind beibringen, was akzeptabel ist und was nicht.
- Besprechen Sie Probleme, wenn alle guter Dinge sind, und hören Sie sich alle Vorschläge an, ehe Sie einen Plan zur Lösung der Probleme festlegen.
- Schreiben Sie Zettel, auf denen Sie erklären, was Sie von Ihrem Kind gern hätten und was Sie von ihm erwarten.
- Lassen Sie Ihr Kind seine starken negativen Gefühle zum Ausdruck bringen, indem es sie aufzeichnet oder malt, statt sie auszuleben.
- Schlagen Sie mögliche Alternativen zu nicht akzeptablen Verhaltensweisen vor.
- Falls Sie Sternchen vergeben, lassen Sie Ihr Kind sich selbst die Sterne geben. Gehen Sie später dann im Detail mit ihm seine Errungenschaften durch.
- Leben Sie auch Ihr eigenes Leben, nicht nur das Ihrer Kinder – das gibt Ihnen neue Kraft.
- Eignen Sie sich viele verschiedene Möglichkeiten an, Ihre negativen Gefühle zum Ausdruck zu bringen. Sprechen Sie über das Problem, schreiben Sie Zettel oder nehmen Sie sich einfach etwas Zeit für sich selbst. Andernfalls stauen sich Ärger oder Wut auf, bis Sie schließlich explodieren.
- Vergessen Sie nicht: Sie können jede Aussprache jederzeit noch einmal von vorn beginnen.
- Stoppen Sie verbale oder körperliche Angriffe und Abwertungen.
- Bringen Sie Ihrem Kind nichtverbales Verhalten mit Hilfe einer Vielzahl verschiedener Methoden bei.

- Informieren Sie sich ausführlich über die Krankheit Ihres Kindes, um sich gegen verwirrende oder widersprüchliche Aussagen zu wappnen.
- Übertragen Sie Ihrem Kind Verantwortung.
- Bemitleiden Sie Ihr Kind nicht und beschützen Sie es nicht übermäßig. Geben Sie ihm die Gelegenheit zu versuchen, selbst etwas zu erreichen.
- Lenken sie zwanghafte Fantasien in andere Bahnen, indem Sie die Zeit, die Ihr Kind allein spielt, einschränken.
- Sprechen Sie mit Ihrem Kind über seine negativen Gefühle, um ihm zu helfen, diese zu verstehen. Nach einer Weile wird sein Benehmen besser werden.
- Widerstehen Sie dem Impuls, auf die Wut Ihres Kindes mit Wut oder Sarkasmus zu reagieren. Fordern Sie es auf, einen freundlicheren Weg zu finden, mit Ihnen zu sprechen.
- Schreiben Sie positive Gedanken auf Karteikarten und lesen Sie sie, wenn Sie frustriert oder entmutigt sind.

Wie Sie die Entwicklungs-Phasen Ihres Kindes besser verstehen

„Ich versuche ständig herauszufinden, ob Johns Benehmen von seiner Krankheit kommt oder eine Folge der daraus resultierenden Ablehnung durch andere ist – oder vielleicht eine normale Entwicklungs-Phase."

Amy O'Brien

„Ist dieses Verhalten normal für sein Alter?" Diese Frage geht den Eltern eines kranken oder behinderten Kindes noch öfter als den Eltern gesunder Kinder durch den Kopf – besonders dann, wenn es sich um das älteste Kind handelt oder es das einzige ist. Nicht immer ist eine definitive Antwort auf diese Frage möglich. Bücher über Entwicklungs-Phasen bei Kindern beziehen sich meistens auf gesunde Kinder im Alter zwischen zwei und zehn Jahren. Wie sich ein Kind entwickeln wird, das zum Beispiel mehrere Operationen durchmachen muss, ist schwieriger einzuschätzen.
Abgesehen von den Verhaltens-Problemen ihres Kindes sorgen sich die Eltern auch darum, inwiefern die Operationen sich auf die emotionale Entwicklung ihres Kindes und auf sein weiteres Leben auswirken werden. Als Hilfe für Eltern mit derartigen Problemen haben der Psychiater *Robert Galetzer-Levy* aus Chicago, der mit behinderten Kindern und deren Familien arbeitet, und die Therapeutin *Bonnie Senner*, die sich ebenfalls mit solchen Kindern und deren Eltern befasst, eine kurze Übersicht über einige Verhaltensmuster geschrieben. Trotzdem sollten Sie nicht vergessen, dass jedes Kind einzigartig ist. Vielleicht erkennen Sie das Verhalten Ihres Kindes auf den folgenden Seiten wieder – vielleicht aber auch nicht.

Kleine Kinder

Kinder bis zu vier Jahren leiden unter ihrer Behinderung nicht so sehr wie ältere Kinder und Jugendliche. Das trifft besonders für Kinder mit Beeinträchtigungen zu, die äußerlich nicht sichtbar sind. *„Sieht man dem Kind seine Beeinträchtigung an, dann beginnt es schon früher darunter zu leiden"*, hat *Bonnie Senner beobachtet. „Das Kind versteht zwar seine Situation nicht recht, aber es hat den Eindruck, dass irgendetwas nicht in Ordnung ist, weil die Ärzte immer wieder versuchen, es gesund zu machen."*
Ein Kind macht keinen Unterschied zwischen Körper und Selbst. Das bedeutet, dass sein Selbstwertgefühl unmittelbar beeinträchtigt wird, wenn es Aufgaben, die gleichaltrige Kinder erledigen, nicht bewältigen kann. Es beobachtet andere Kinder und sieht, dass sie das können, was es selbst zu tun versucht. Schon zu diesem Zeitpunkt beginnt das Kind, eine gewisses Minderwertigkeitsgefühl zu entwickeln.
Kinder im Vorschulalter haben nur begrenzt die Fähigkeit, Situationen aus einer anderen als ihrer eigenen Perspektive zu sehen. Sie sehen die Dinge genau so, wie sie gerade passieren. In diesem Alter beobachtet ein Kind vielleicht ein verletztes Kind oder ein Kind, dass es für behindert hält, und denkt: *„Ich könnte wie der werden"* oder *„Ich könnte das bekommen, was der hat"*. Oft haben Kinder Angst, dass sie oder ihr Körper verletzt werden könnten.
Etwa in diesem Alter beginnt das behinderte Kind auch, eine klarere Vorstellung von seiner eigenen Beeinträchtigung zu bekommen. Allerdings sind die Dinge, die einem Kind im Vorschulalter als störend erscheinen, nicht unbedingt die gleichen, die Erwachsenen auffallen. Beispielsweise kann es sein, dass sich ein Kind im Vorschulalter durch das Schielen eines Menschen beunruhigt fühlt, aber eine Sprachstörung oder die Tatsache, dass jemand im Rollstuhl sitzt, es nicht stören.
Das behinderte Kind im Vorschulalter – oder sogar sein gesunder Bruder oder seine gesunde Schwester – macht manchmal vor lauter Wut auf seine Behinderung seine Eltern dafür verantwortlich.

Ihr Kind im Grundschulalter

Kinder im Grundschulalter wollen „normal“, das heißt wie die Gruppe, sein. Sie sehen Unterschiede meistens als schlecht an. Ein Kind mit abweichendem Aussehen, einer Behinderung oder einem anderen ethnischen Hintergrund – also jedes Kind, das anders als die Gruppe erscheint – wird ausgeschlossen und meistens sehr schlecht behandelt.
Ist die Behinderung nicht sichtbar, sieht sich das Kind meist nur selbst als Außenseiter, die anderen Kinder bemerken aber nichts. Mit fünf oder sechs Jahren weiß das behinderte Kind, dass es anders ist. Gleichaltrige sehen zum Beispiel einen Zweitklässler, der aus seiner Klasse genommen und in einen Sonderunterricht geschickt wird, nicht unbedingt als anders an. Aber er selbst weiß, dass er eine Sonderbehandlung erhält. *„Das sieben- oder achtjährige behinderte Kind versteht noch besser, dass irgendetwas mit ihm vor sich geht“*, sagt *Bonnie Senner*. *„Es ist oft wütend, traurig oder schämt sich und fragt sich möglicherweise ‚Warum ausgerechnet ich?‘“*
Gelöst wird dieses Problem erst in einem langen Prozess, der bis in das frühe Erwachsenen-Alter hineinreicht und in dem das Kind darum kämpft, sich selbst mit seiner Behinderung und all seinen Stärken und Schwächen anzunehmen. In dieser Zeit kommen und gehen unglückliche Gefühle und Gedanken. Und meistens müssen es die Eltern ausbaden, weil das Kind sich bei ihnen sicher fühlt.
Ein Kind kommt von der Schule nach Hause und ist vielleicht gereizt, weil man es dort gehänselt hat oder weil es ganz allgemein einen schlechten Tag hatte. In der Schule hat es sich mit aller Kraft zusammengenommen. Aber wenn es dann nach Hause kommt, wo es meint, sich gehen lassen zu können, wird sein Benehmen unmöglich. Vielleicht ist es weinerlich, vielleicht aggressiv, oder es jammert oder klammert sich an Sie. Das Familienleben kann darunter leiden.
Bezieht man sein Kind in Aktivitäten mit ein, bei denen es seine natürlichen Begabungen einsetzen kann, dann wird es ermutigt, sich selbst zu mögen. *„Oft stammt Selbstachtung nur von den eigenen Errungenschaften“*, so *Bonnie Senner*. Wenn Ihr Kind sehr unter seiner Situation leidet, beschreiben Sie ihm, wie Sie das sehen. So kann es seine eigenen Gefühle besser verstehen lernen.

In der Grundschule machen alle Kinder viele Veränderungen durch und lehnen vielleicht eigene Eigenschaften ab. Um sich vom Gefühl der eigenen Verlegenheit und Unsicherheit abzulenken, suchen sie nach Fehlern bei anderen und machen sich darüber lustig. Kurz gesagt: Sie werden frech. Im günstigen Fall beginnen Kinder im Alter von ungefähr zehn Jahren, anderen gegenüber einfühlender zu sein. Kinder, die mit ihrer körperlichen Entwicklung gut zurechtkommen, können sich eher in die Situation des anderen versetzen. *„Manchmal findet das behinderte Kind ein anderes, das mit ihm fühlt“*, sagt *Galetzer-Levy*. In dieser Lebensphase schließt ein Kind mit einer sichtbaren Beeinträchtigung oft Freundschaften mit Kindern, die es um seiner selbst willen mögen.

Doppelter Kampf

„Alle Kinder kämpfen mit ihren körperlichen Entwicklungs-Phasen – man hört Kinder durchaus oft sagen, dass sie ‚zu klein‘ oder ‚zu groß‘ seien oder ‚ihre Nasen hassen‘ “, so *Bonnie Senner*. *„Sie projizieren ihre eigene Unsicherheit auf andere. Manchen Kindern macht es sogar direkt Spaß zuzusehen, wie ein Kind einem anderen weh tut. Daran können Sie sehen, wie schmerzhaft dieses Stadium für ein Kind mit einer körperlichen Beeinträchtigung sein muss, das nicht nur darum kämpft, seine Behinderung zu akzeptieren – und mit dem Hänseln oder der Ablehnung durch Gleichaltrige zurechtzukommen – sondern auch noch seine ganz ‚normalen‘ Entwicklungs-Phasen durchmacht.“*

Die Pubertät

In der Pubertät sind die Kinder in erster Linie damit beschäftigt, ihre eigene Identität zu finden. Sie befassen sich häufig nur noch mit ihrem Äußeren und ihrer Wirkung auf das andere Geschlecht. *„In dieser Phase sind Kinder oft sehr eitel“*, so *Galetzer-Levy*. *„Doch für einige beinhaltet diese Eitelkeit auch das Streben danach, ein guter Mensch zu sein. Und dazu gehört auch, dass man zu Menschen mit Beeinträchtigungen nett ist. Im Alter von 14 bis 18 Jahren werden die meisten Kinder freundlicher anderen gegenüber.“*

Bei einem Kind in der Pubertät steht die eigene Persönlichkeit im Vordergrund. Der Teenager ist gegenüber anderen oft nicht so sensibel wie Erwachsene. Für ihn zählt nur, den Vorstellungen der Gleichaltrigen zu entsprechen. Ein Kind mit einem sichtbaren Problem, das nicht „genauso" sein kann, leidet in diesen Jahren manchmal sehr. Manches behinderte Mädchen hat in diesem Alter Freundinnen, aber die Jungs wollen sich mit ihr nicht verabreden. Oft hängt das Selbstvertrauen der Teenager nur davon ab, ob sie attraktiv sind oder nicht, und das kann hart sein.

Sollte Ihr Kind sich in dieser Phase unmöglich benehmen, denken Sie daran: Es ist noch nicht alles verloren. Dies ist eine Zeit, in der ein behindertes Kind sich mit seinen Problemen auseinandersetzen kann. Manchmal lernt es auch erst in dieser Phase andere Kinder kennen, die chronisch krank oder behindert sind, und wird dadurch getröstet. Diese Zeit kann zwar sehr turbulent sein, das Ergebnis aber ist, dass sich die Kinder neu einschätzen, um sich auf das Erwachsensein vorzubereiten. Das macht sie emotional offen und lässt sie manche Probleme dadurch lösen. Ganz wichtig in der Pubertät ist die Unterstützung der Familie und das offene Miteinanderumgehen.

In der Spätpubertät und während des frühen Erwachsenseins machen die Menschen in ihren Meinungen und Wertvorstellungen dramatische Veränderungen durch. Meistens akzeptieren sie dann Unterschiede leichter. Einige typische Merkmale von Heranwachsenden sind zwar noch vorhanden, doch fangen fast alle an, ihren Freundeskreis auszudehnen, so dass es für behinderte Kinder jetzt auch leichter wird, sich mit anderen zu treffen. Das kann eine große Unterstützung sein, denn es zeigt ihnen, dass sie jetzt oft von gesunden Gleichaltrigen akzeptiert werden, weil die nicht mehr nur auf Äußerlichkeiten achten.

Kinder mit Behinderungen, die früher einmal unter Vorurteilen und Feindseligkeit zu leiden hatten und dachten, das sei normal, begreifen plötzlich, dass es absolut nicht normal ist – und das kann für sie eine große Erleichterung sein. Das ist die Phase, in der behinderte Kinder sich endlich auch als ganzen Menschen annehmen können, einen Teil ihrer Wut loswerden und allmählich ihre eigenen Stärken begreifen und schätzen lernen.

Wiederholte Operationen – und wie Ihr Kind damit zurechtkommen kann

Die emotionale Entwicklung eines Kindes kann durch wiederholte Operationen – besonders im Alter von ein bis fünf Jahren – beeinträchtigt werden. Auch damit kann man lernen umzugehen.
„Grundsätzlich gibt es drei verschiedene Persönlichkeits-Typen: die Kämpfernatur, das passive Kind und das Kind, das ständig erwartet, gleich werde die Welt einstürzen“, so *Galetzer-Levy*.

Drei Persönlichkeits-Typen

- **Die Kämpfernatur:** Dieses Kind kämpft, weil es kämpfen muss. Es versucht, sich selbst zu behaupten und zu schützen, indem es die Situation in den Griff bekommen will. Zwar wachsen den Eltern dieser Kinder meistens graue Haare – aber am Ende kommen diese Kinder gut durchs Leben, weil sie ziemlich clever sind. Sie können das übertrieben bestimmte Auftreten Ihres Kindes kontrollieren, indem Sie ihm sagen, dass das, was es tut, nicht immer angebracht ist, aber dass Sie sehr wohl seinen Wunsch, alles im Griff zu haben, verstehen und anerkennen.
  Um diesem Kind – und sich selbst – zu helfen, arbeiten Sie am besten gemeinsam daran, sein Verhalten in ein Spiel umzuwandeln, bei dem es Kontrolle ausüben kann, so viel es will. Wenn Ihr Kind es zum Beispiel liebt, ständig den Telefonhörer abzunehmen und wieder aufzuknallen, dann schenken Sie ihm ein Spielzeugtelefon und lassen Sie es dessen Hörer so oft aufknallen, wie es nur will. Oder Sie erwischen Ihr Kind dabei, wenn es gerade etwas anstellt, dann fragen Sie es ganz ruhig: *„Warum tust du das?“* Warten Sie seine Antwort ab – und dann sprechen Sie mit ihm darüber. Seien Sie aber nicht überrascht, wenn Sie keine Antwort bekommen oder nur ein *„Ich weiß nicht.“*

Oft können Kinder nicht ausdrücken, warum sie etwas tun, oder sie wissen es auch gar nicht. Mit Ihrer Frage wollen Sie das Kind dazu bringen, aufzuhören und über seine Handlung nachzudenken. *„Normalerweise hört das Kind mit seinem schlechten Benehmen auf, sobald es erst einmal darüber nachdenkt."* berichtet *Galetzer-Levy*.

- **Das passive Kind**: Das passive Kind ist verschüchtert und nicht imstande, mit seiner Umgebung umzugehen. Sie als seine Eltern können mit ihm Verhaltensweisen üben, die ihm helfen, sich zu behaupten. Sollte Ihr Kind sich ständig weigern, an irgendeiner Art von Gruppenaktivität teilzunehmen, oder sich durch unbedeutende, nicht böse gemeinte Bemerkungen verspottet oder abgewertet fühlen, müssen Sie etwas dagegen tun. Nehmen Sie Ihr Kind mit zu Familienausflügen, lassen Sie es in der Schule einen Team-Sport betreiben, bei einer Laienschauspielgruppe mitmachen oder den Pfadfindern beitreten. Je mehr positive Reaktionen es in einer Gruppe erfährt, desto mehr Selbstvertrauen bekommt es.
- **Das traumatisierte Kind**: *„Das traumatisierte Kind spielt im Geiste immer wieder etwas durch, was seiner traumatischen Erfahrung ähnlich ist."* sagt *Galetzer-Levy*. Das Kind ist sichtlich verängstigt und verhält sich, als würde es jeden Moment wieder zu einer Operation oder einem anderen traumatischen Ereignis abgeholt. Dieses Kind muss eine Therapie machen. Nur so kann es von seinem Trauma geheilt werden.

Ihr Kind kann eine Kombination dieser Verhaltensweisen an den Tag legen oder zwischen den Merkmalen dieser drei Typen hin- und herspringen. Wenn Sie aber eine ungefähre Vorstellung davon haben, was mit Ihrem Kind los sein könnte, ist es leichter, ihm zu helfen.

Woran Sie denken sollten

- Ein Kind mit einer körperlichen Beeinträchtigung ist sich früher seiner selbst bewusst als andere Gleichaltrige. Es hat das Gefühl, dass etwas mit ihm nicht stimmt und die Ärzte versuchen, es zu reparieren.
- Für ein Kind sind der Körper und die Persönlichkeit eins. Gesunde Kinder im Vorschulalter fürchten manchmal, dass sie die Behinderung eines anderen Kindes auch bekommen könnten.
- Das behinderte Kind im Vorschulalter kann seine Wut über sein „Anderssein" gegen seine Eltern richten, weil es sich am ehesten traut, ihnen die Schuld zu geben. Indem man das Kind in eine Aktivität mit einbezieht, für die seine Behinderung keine Rolle spielt, kann man sein Selbstvertrauen stärken.
- Kindern im Kindergarten und in der Grundschule ist es sehr wichtig, zu den Gleichaltrigen zu passen. Für sie sind Unterschiede oft negativ. Ein behindertes Kind kann dann zwischendurch immer wieder sehr unglücklich werden. Es kann auch aggressiv sein, wenn es von der Schule nach Hause kommt, weil es dort vielleicht gehänselt wurde. Mitgefühl und Erklärungen helfen in diesem Fall.
- Kinder im Alter von etwa zehn Jahren fangen an, Dinge an sich selbst nicht zu mögen. Um ihre eigene Unsicherheit zu verdrängen, suchen sie manchmal bei anderen nach Schwächen. Alle Kinder in diesem Alter sind sehr mit ihrem Äußeren beschäftigt. Manche projizieren ihre Unsicherheit auf andere. Das kann für Kinder, die etwas anders sind, eine schmerzvolle Phase sein, doch finden sie in diesem Alter auch manchmal mitfühlende Freunde.
- In der Pubertät sind die Heranwachsenden damit beschäftigt, ihre eigene Identität zu entwickeln. Sie konzentrieren sich oft auf die körperlichen Veränderungen und ihre Attraktivität für das andere Geschlecht. Zu den anderen Gleichaltrigen zu passen, ist wichtig – und für ein Kind mit Beeinträchtigungen kann das ein Problem sein. Das

ist eine gute Zeit für Kinder, ihre Probleme als Vorbereitung für das Erwachsensein neu zu überdenken. Die Unterstützung durch die Familie ist sehr wichtig.

- Im spätpubertären Alter lernen Kinder, Unterschiede zu akzeptieren. Kinder, die einmal Gegenstand von Vorurteilen waren, werden endlich als gleichwertig angesehen. Die Kinder können andere mit ähnlichen Problemen kennen lernen und sich gegenseitig unterstützen. Da sie jetzt ihre eigenen Stärken besser einschätzen können, kann ein Teil ihrer Wut verfliegen.
- Wiederholte Operationen können die emotionale Entwicklung eines Kindes auf viele Weisen beeinträchtigen. Je nach Typ reagieren Kinder unterschiedlich darauf.
- Der Kämpfer hat das Gefühl, kämpfen zu müssen, um seine Welt im Griff zu haben – er versucht, sich zu schützen. Obwohl dieses Kind etwas gezügelt werden muss, wird es letztendlich im Leben zurechtkommen.
- Das passive Kind ist verschüchtert oder hat das Gefühl, nicht mit seiner Umgebung umgehen zu können. Es muss lernen, an Aktivitäten teilzunehmen und bestimmt aufzutreten.
- Das traumatisierte Kind, das seine Krisen immer wieder im Geiste durchspielt, benötigt therapeutische Hilfe, um von seinem Trauma geheilt zu werden.
- Kinder können alle diese Verhaltenstypen in sich vereinen oder zwischen ihnen hin- und herpendeln.

4

Wie Sie Ihr besonderes Kind unterstützen und stärken können

„Meine Eltern gaben mir viel Liebe und Ermutigung. Sie ließen es nie zu, dass ich mich wegen meiner Behinderung schlecht fühlte. Und was am wichtigsten war – sie sahen meine Behinderung völlig von meinen Fähigkeiten getrennt. Ihre Einstellung war: Das kannst du nicht tun – mal sehen, was du tun kannst! Sie konzentrierten sich auf das Positive, und genau das ist der Schlüssel zu einem erfolgreichen Leben.“

Star-Violinist *Itzhak Perlman*,
der als Kind Kinderlähmung hatte.

Wenn jemand sich über Ihr Kind lustig macht oder es auf andere Weise verletzt

„Dass andere sich über mich lustig machen, stört mich am meisten. Ein Kind aus unserer Klasse beschimpft mich manchmal. Dann sage ich ihm, dass es nicht nett ist, einen anderen mit solchen Wörtern zu bezeichnen und dass es mich in Ruhe lassen soll. Ich verteidige mich selbst."

Tarah Lynne Schaeffer

Rückblick: Zweite Klasse in der Grundschule. Es ist Pause. Ich gehe meinen Freundinnen entgegen, als mir plötzlich ein Junge auf die Schulter tippt und schreit: *„Dicke! Dicke! Du Dicke!"* Ich breche fast in Tränen aus. Ich und dick? Vielleicht ein bisschen rund, aber doch bestimmt nicht dick! Und jetzt brüllt dieses Kind vor allen anderen, ich sei dick!
Ich war entsetzt. Tatsächlich war ich so entsetzt, dass ich mich noch nach 38 Jahren daran erinnere. Die meisten von uns haben irgendwann mal in ihrer Kindheit ähnlich schmerzliche Kommentare über sich ergehen lassen müssen. Aber für ein behindertes oder beeinträchtigtes Kind – ganz besonders, wenn seine Probleme äußerlich sichtbar sind – ist eine derartige Erfahrung mehr als nur schmerzhaft. Sie ist ein Desaster. Und die Familie eines solchen Kindes ist außer sich vor Wut.

- *„Meine Enkelin Christine kam mit der seltenen Krankheit Crouzon-Syndrom auf die Welt, dadurch ist ihr Gesicht verzerrt"*, erzählt *Helen*. *„Eines Tages fuhren meine Schwiegertochter Sue und ich mit Christine und ihrem kleinen Bruder zum Einkaufen. Ich traf eine Bekannte. Sie spähte in den Wagen und machte sofort eine bewundernde Bemerkung über unseren hübschen Jungen. Dann sah sie Christine und meinte nur: ‚Oh – und ein kleines Mädchen.' Sue war sehr verletzt, und ich war so wütend, dass ich die Frau am liebsten umgebracht hätte."*

- *Emily Brooks'* Zwillingsschwester *Stephanie* leidet unter einer zerebralen Lähmung. *Emily* schaudert heute noch bei dem Gedanken an einen Vorfall, als sie beide 13 waren. *„Steph stotterte schrecklich. Eines Tages beim Schwimmen fingen ein paar Kinder an, sie zu bedrängen, dass sie ihren Namen sagen solle. Aber das konnte sie nicht. Als Steph sich bemühte, den Namen stammelnd hervorzubringen, lachten die Kinder über sie. Ich wusste nicht, was ich tun sollte, und schwamm davon. Später war ich wütend auf die Kinder, weil sie Stephanie wehgetan hatten, und auf mich selbst, weil ich meine Schwester allein gelassen hatte, als sie mich am meisten brauchte. Ich schämte mich dafür. Ich hatte aber niemanden, mit dem ich über meine Gefühle hätte sprechen können, und so wurde ich zur Gefangenen meiner eigenen Emotionen. Später, als ich erwachsen war, kamen diese schlimmen Gefühle wieder hoch und führten zu Depressionen."*

Warum sich jemand über andere lustig macht

- *„Als Kind hatte ich die meisten Probleme mit Erwachsenen"*, berichtet *Barbara Goldberg*, die im Alter von zehn Jahren durch eine Krankheit ihre Haare verlor. Heute betreibt sie eine Firma für Haarteile und Haarersatz. *„Einmal auf der Realschule lud mich meine Freundin zu einem Übernachtungsfest ein. Einige Tage darauf sagte sie, dass ich doch nicht zu der Party kommen solle. Ich verstand das nicht. Es stellte sich heraus, dass ihre Mutter ihr verboten hatte, mich einzuladen, weil sie nicht wollte, dass ich in ihren Betten schlief. Sie hatte Angst, mein Haarausfall könne ansteckend sein. Sogar als meine Freundin ihr erklärte, dass er nicht ansteckend sei, erlaubte sie nicht, dass ich zu der Party kam. Ich bin nie wieder zu denen gegangen."*

Warum machen sich Menschen über andere lustig, schikanieren sie, schließen sie aus? Warum geben sie dem Opfer die Schuld an allem? *„Die menschliche Seele will immer unbedingt einen Sinn im Leben sehen"*, sagt *Harold Kushner*.

„Wir können nicht mit der Vorstellung leben, die Welt sei chaotisch. Also sagen wir uns, dass es schon einen ‚Grund' haben muss, wenn jemand klein, groß, behindert ist oder eine andere Hautfarbe hat. Manchen Menschen machen Unterschiede Angst. Und deshalb werden sie abweisend oder aggressiv gegen die, die anders sind als sie selbst."

Manche Eltern erscheinen unreif und unsicher. Sie sind davon besessen, dass ihr Kind zu dem Kreis von Leuten gehören soll, die sich „in" nennen – und das um jedem Preis.

- *„Darla und Connie waren gute Freundinnen"*, erzählt *Connies* Mutter. *„Connie hat im Gesicht und am Körper Verbrennungsnarben von einem Unfall. Sie sieht etwas anders aus als andere Kinder und hört sich auch etwas anders an. Darlas Mutter gab eine Party für Darla und lud dazu nur die Kinder ein, die sie für ‚in' hielt. Connie wurde nicht eingeladen. Sie war verzweifelt. Das ist jetzt zwei Jahre her, aber diese Frau will ich immer noch nicht sehen."*

Ein Kind kann lange unter den Auswirkungen der Spötteleien und Beschimpfungen leiden, wenn man ihm nicht hilft.

- Die heute 45jährige *Jordan* kämpft immer noch mit den Auswirkungen der jahrelangen Demütigungen. *„Das Starren anderer Leute und die gemeinen Kommentare haben mich tief im Inneren verletzt"*, sagt sie. *„Deshalb habe ich heute noch immer ein so großes Bedürfnis nach Anerkennung."*
- *Mary Kaye*, Gründerin der Nationalen Stiftung für ektodermale Dysplasie in Mascoutah, Illinois, hat einen Sohn, *Karl*, der unter dieser Krankheit leidet. Sein Haar ist sehr dünn, er kann nicht schwitzen, und seine Zähne und Nägel sind entweder missgestaltet oder fehlen ganz. *Karl* wurde zwar als Junge nicht so häufig verspottet, aber als er einen Sommer in einem Feriencamp über Naturwissenschaften war, machten ihm einige Kinder dort das Leben zur Hölle. *Karl* kam nach Hause und sagte, dass er nie, nie wieder in ein Camp wolle. *Mary Kaye*: *„Da sagte ich ihm: ‚Karl, ich habe dich aus zwei Gründen in das Camp geschickt – damit du etwas über die Natur*

lernst und damit du etwas über die Menschen lernst. Wenn sich jemand über dich lustig macht – wegen deiner Haare, deiner Zähne oder weil du in der Hitze nichts Anstrengendes tun darfst, dann denke daran: Wir können gegen all das etwas unternehmen. Und deshalb tust du mir auch nicht leid. Aber mir tut der leid, der dich verspottet. Denn jemand, der sich über andere lustig macht, ist tief in seinem Inneren sehr unglücklich. Und unglückliche Herzen lassen sich viel schwerer reparieren.' „

Mit Spott umgehen

Bekommt ein Kind keine Hilfe von seinen Eltern, wird es immer schwerer, mit dem Spott zurecht zu kommen.

Glücklicherweise können Eltern einiges tun, um sich selbst und ihren Kindern zu helfen, mit Spott fertig zu werden. Zuerst einmal sollte man sich klar machen, dass fast jeder irgendwann einmal in seinem Leben gehänselt wird. Die Hänselei ist in erster Linie ein Problem des Grundschulalters. In dieser Entwicklungs-Phase wollen alle Kinder wie die anderen sein, und jeder noch so winzige Unterschied fällt auf. Die Kinder machen sich über alles lustig – von der Farbe und Stärke des Haares über die Kleidung bis hin zur Sprache des anderen. Manche Kinder machen sich über „Außenseiter" lustig, hacken auf ihnen herum und verstoßen sie, um sich selbst dadurch hervorzuheben.
Auch wenn Ihr Kind neu in eine Klasse kommt, kann es zunächst Probleme bekommen. Normalerweise aber verblassen die Unterschiede, die die Klassenkameraden machen, wenn sie erst einmal mit Ihrem Kind vertraut sind.

- *Jim Abott*, Baseball-Spieler in der Major League, dem die rechte Hand seit seiner Geburt fehlt: *„Klar wurde ich verspottet. Aber man darf nicht vergessen, dass Kinder sich manchmal über etwas lustig machen, weil sie es nicht verstehen. Hatten sie erst einmal begriffen, dass ich nicht anders war als sie, hörten sie auch wieder auf, mich zu hänseln."*

Sie können Ihr emotional verletztes Kind durch viele Dinge trösten, die Sie sagen oder tun. Hier einige Vorschläge dazu von Therapeuten und Eltern, die mit der Situation selbst vertraut sind:

Wie Sie und Ihr Kind am besten mit Spott umgehen

- **Sagen Sie Ihrem Kind, dass Menschen, die andere verspotten oder schikanieren, meistens selbst sehr unglücklich sind und das an anderen Leuten auslassen.** Manche Leute versuchen, andere fertig zu machen, um von ihrer eigenen Unsicherheit abzulenken. Menschen, die andere schikanieren, können keine guten Beziehungen mit anderen haben. Leider lernt so jemand nie, sein eigenes Unglück in den Griff zu kriegen und auf anständige Weise mit anderen umzugehen. Nach und nach gehen ihm alle aus dem Weg, und seine Beziehungen verlaufen im Sande oder werden sehr schwierig. Die meisten dieser Menschen ahnen nicht einmal, woran es liegt, dass ihre Freundschaften in die Brüche gehen. Sie haben oft eine negative Einstellung zum Leben und fühlen sich als Opfer. Und am Ende sind sie sehr allein.
- **Es lindert den Schmerz Ihres Kindes, wenn Sie mit ihm über seine verletzten Gefühle sprechen.** Achten Sie aber genau darauf, dass Sie Ihre Gefühle nicht mit denen Ihres Kindes vermischen. Ihr Kind fühlt sich nicht besser, wenn Sie vor Mitleid fast vergehen. Bringen Sie Ihr Kind dazu, gemeine Kommentare von anderen sachlich zu betrachten. Erinnern Sie es an seine Stärken. *„Bevor Cindy abends zu Bett geht, erinnere ich sie an mindestens drei Dinge, die sie an diesem Tag gut gemacht hat"*, erzählt *Marilyn Treacher*, deren Tochter unter einer Funktions-Störung des autonomen Nervensystems leidet.
- **Helfen Sie Ihrem Kind, über seine Gefühle zu sprechen, indem Sie die Realität nicht verleugnen.** Einige Eltern sagen ihrem Kind, es solle sich nicht ärgern – oder auch, die Person, die es verspottet hat, habe es nicht so gemeint. In Wahrheit jedoch verwirrt das das Kind, weil es

nicht der Realität entspricht. *Adele Faber* rät, die Gefühle des Kindes zu bestätigen, indem man etwas sagt wie: *„Ich weiß, es kann ganz schön weh tun, wenn einen jemand beschimpft. Niemand möchte das."* Merkt Ihr Kind, dass seine verletzten Gefühle respektiert und akzeptiert werden, kann es wieder frei denken und sich überlegen: *„Was tue ich jetzt? Wie kann ich reagieren, wenn sowas wieder passieren sollte?"*

- **Informieren Sie die Erzieherin oder Lehrerin Ihres Kindes.** Sollte der Spott besonders gemein ausfallen und andauern, brauchen Sie vielleicht Hilfe von anderen Erwachsenen, um dem Einhalt zu gebieten. Aber Vorsicht – das muss sehr umsichtig geschehen. Denn sonst könnten Sie die Situation für Ihr Kind noch unangenehmer machen.
- **Versuchen Sie mit Humor, den Schmerz zu lindern.** *„Wir versuchen zu Hause, über gemeine Kommentare gegenüber meinem Sohn Garrick zu lachen"*, so *Garricks* Vater *Steve Daniels. „Ich rate Garrick, der an Krämpfen leidet, humorvoll zu reagieren, wenn Kinder versuchen, ihn herabzusetzen. Wir üben sogar miteinander, wie er humorvoll oder bissig reagieren kann. Meine Frau und ich haben festgestellt, dass ihm das hilft – auch wenn wir nicht wissen, ob er es jemals anderen gegenüber anwendet."*
- ***„Sprechen Sie das aus, was Ihr Kind sich möglicherweise wünscht"***, so *Adele Faber. „Sagen Sie Ihrem Kind beispielsweise: ‚Du möchtest sicher gern mal erleben, wie die sich fühlen würden, wenn sie jemand so hänseln würde. Dann würden die vielleicht kapieren, wie es dir geht. Wahrscheinlich würden die dann damit aufhören'."*
- **Stärken Sie Ihr Kind, indem Sie ihm zu einer positiven Sicht seiner selbst verhelfen.** Zum Beispiel: *„Ich bin froh, dass du nicht andere verspotten würdest. Du würdest zu einem Kind gehen und ihm helfen – du würdest es nicht noch trauriger machen wollen."* Damit bestätigen Sie ihm, dass es zwar nur schwer mit dem Spott der anderen zurechtkommt, aber durchaus die innere Stärke besitzt, anderen zu helfen.

- **Ermutigen Sie Ihr Kind, sich nach netteren Spielgefährten umzusehen.** Die amerikanische Schauspielerin *Marlee Matlin* dazu: *„Da ich das einzige gehörlose Kind im ganzen Wohnblock war, wurde ich natürlich gehänselt. Meistens wandte ich mich an den, der das tat, und appellierte an seinen Sinn für Gerechtigkeit. Wenn er absolut nicht einsichtig war, dann ließ ich ihn einfach stehen."*
- **Bestätigen Sie Ihrem Kind, dass es sehr schwer ist, den zu ignorieren, der einen beleidigt.** Wir wissen alle, dass es das Beste ist, denjenigen, der so etwas tut, zu ignorieren. Aber das ist schwer, besonders dann, wenn wir sehr wütend und tief verletzt sind. Eine kürzlich durchgeführte Studie besagt, dass ein Teil unseres Gehirns unsere Fähigkeit zu denken blockiert, wenn wir traumatisiert werden oder sehr wütend sind. Wir reagieren dann sehr emotional, was oft wiederum zu neuem Hohn und Spott führt. Der Spötter will ja gerade eine Reaktion bei seinem Opfer erzeugen. Erklären Sie Ihrem Kind, dass es gut ist, den Täter zu ignorieren, dass Sie aber sehr wohl wissen, dass man das manchmal einfach nicht kann, wenn jemand eine gemeine Bemerkung macht. *Adele Faber* dazu: *„Sie könnten Ihr Kind fragen: ‚Glaubst du, es könnte dir vielleicht helfen, so zu tun, als würdest du ihn ignorieren?'."*
- **Die besten Antworten fallen einem immer erst hinterher ein.** Sollte so eine Situation sich wiederholen, dann kann man versuchen, genau so zu reagieren, wie es einem inzwischen eingefallen ist. *Faber* dazu: *„Das Gute daran, dass einem nach so einem Vorfall dann einfällt, wie man hätte reagieren sollen, ist, dass man beim nächsten Mal darauf vorbereitet ist und wirklich so reagieren kann."*
- **Verbessern Sie die Techniken Ihres Kindes, sich zu beruhigen.** *„Bringen Sie ihm bei, bis zehn zu zählen oder tief Luft zu holen, um sich zu entspannen"*, rät *Wendy Anker*, Psychotherapeutin am Highland Park Hospital in Illinois, die mit vielen Familien und deren behinderten Kindern arbeitet.

- ***„Bringen Sie ihm bei, sich zu behaupten"***, so *Adele Faber*. Sie schlägt vor, offen auf den Täter zuzugehen und zu sagen: *„Das finde ich aber gar nicht witzig. Hör gefälligst auf damit! Wenn du mal Lust hast, was wirklich Lustiges zu spielen, kannst du mich ja fragen."* Die beste Art, jemandem, der einen schikaniert, entgegenzutreten, ist häufig, ihn mit seiner Tat zu konfrontieren. Schlagen Sie Ihrem Kind vor, in so einem Fall zu fragen, warum er das tut. Meistens bringt ihn das dazu, über seine Worte oder Taten nachzudenken. Und oft führt es auch zu einer Waffenruhe.

Keine dieser Methoden funktioniert immer. Deshalb sollten Eltern mit ihren Kindern zusammen verschiedene Reaktions-Möglichkeiten ausprobieren.

Neugier

Nicht alle Bemerkungen von Kindern sind grausam gemeint. Einige Kinder sind neugierig, wenn sie eine Behinderung bei einem anderen Kind entdecken. Andere haben Angst, sich anzustecken – was natürlich richtiggestellt werden muss.

- Die Mutter von *Joey*, der mit einer Lippen- und Gaumenspalte geboren wurde, erzählt: *„Vor Beginn des Kindergartens sprach ich mit Joeys Kindergarten-Gruppe. Ich erklärte den Kindern, dass Joey Asiate ist, weil ich aus dem Kaukasus stamme. Als nächstes erzählte ich den Kindern, was Joey schon alles erlebt und erreicht hat: Dass er zum Beispiel selbst Plätzchen backt, schon einmal geflogen und schon mit dem Schiff gefahren ist und mit dem Bus und mit dem Zug. Nicht viele der Fünfjährigen haben das alles schon erlebt, und so fanden sie Joey super.*
  Ich erklärte ihnen dann, dass Joey bei seiner Geburt eine Lippenspalte gehabt hatte und dass seine Lippe wie zerrissen ausgesehen habe. Ich fügte

hinzu, dass sie zwar nicht wirklich zerrissen war, aber dass sie nicht richtig zusammenwuchs. Ich sagte ihnen, dass alle Kinder im Mutterleib solche Lippenspalten haben, die dann aber normalerweise auf natürliche Weise zusammenwachsen. Bei Joey, so erklärte ich, musste der Arzt die Lippe operieren, damit sie zusammenwuchs.
Ich fragte die Kinder: ‚Ist man wegen einer Lippenspalte ein schlechter Mensch oder dumm oder gemein?' Sie antworteten mit ‚Nein', und ich erzählte weiter: ‚Man muss sehr tapfer sein bei so einer Operation, denn das tut sehr weh. Joey ist sehr, sehr tapfer, denn er hat fünf solcher Operationen durchgemacht.' In diesem Moment sahen sie Joey mit einer großen Portion Respekt an. Nach ein paar Tagen backte Joey Plätzchen für die ganze Gruppe und gab ihnen auch sein Spezialrezept. Er freundete sich mit allen an."

Das Anstarren und freche Benehmen anderer ist auch für die betroffenen Familien unangenehm. Die meisten Menschen versuchen, das zu ignorieren.

- *„Als ich neun oder zehn Jahre alt war, litt ich sehr darunter, wenn andere Jenny anstarrten"*, erzählt *Marion*, deren jüngere Schwester *Jenny* Krampfanfälle bekommt. *„Obwohl ich Jenny liebte, wollte ich nicht, dass sie bei Familienausflügen dabei war, weil mir das Glotzen der Leute so peinlich war. Oft glotzte ich zurück oder schnitt eine Grimasse. Heutzutage erkläre ich den Leuten, was Jenny hat, um das Starren zu beenden. Ich beantworte immer bereitwillig Fragen über die Krankheit. Nur die Kommentare, die andere über Jenny geben, tun mir sehr weh."*

Manche Leute meinen es gar nicht böse, wenn sie jemanden anstarren. Manchmal haben sie selbst auch einen Verwandten, der „anders" aussieht und werden beim Anblick Ihres Kindes an diesen Menschen erinnert. Sollten Sie selbst einmal unbeabsichtigt jemanden anstarren, lächeln Sie oder sagen Sie *„Hallo"*. Dann ist das für diesen Menschen nicht so schlimm.

- *„Ich weiß noch genau, wie meine Familie und ich mit meinem Bruder, der eine zerebrale Lähmung hat und nur sehr schwer essen kann, zum Essen ausgingen"*, berichtet der Basketball-Coach *Brad Kennedy*. *„Manchmal setzten sich die Leute vom Nebentisch dann an einen anderen Tisch, weil sie Phil nicht beim Essen zusehen wollten. Das tat uns allen weh, doch meine Eltern blieben ganz ruhig. In unseren Augen sind solche Menschen sehr ignorant und unsensibel."*

Spott, Anstarren, Ausschließen und Gemeines sagen tut weh und ist destruktiv. Leider kann man nicht verhindern, dass es auch Menschen gibt, die so etwas tun. Es gibt unglückliche Menschen, die andere schikanieren, und es gibt oberflächliche Menschen, die ängstlich und unreif sind. Mit ihnen umzugehen ist schwer, aber mit der Hilfe der Familie ist es machbar.

Woran Sie denken sollten

- Fast jeder wird irgendwann einmal in seinem Leben verspottet.
- Nicht alle Bemerkungen sind böse gemeint; manche entspringen einfach der Neugier der Leute. Meistens ist es das Beste, den Neugierigen die Sache zu erklären.
- Probleme lassen sich oft vermeiden, indem man die Situation den Klassenkameraden oder Eltern schon vor Beginn des Kindergarten- oder Schuljahres – entweder mündlich oder in einem Brief – erläutert.
- Erinnern Sie Ihr Kind daran, dass Menschen, die andere ärgern oder beleidigen, unreif, unsicher oder mit sich selbst nicht im Reinen sind. Die Beziehungen eines solchen Menschen zu anderen sind schlecht, weil er keine Ahnung davon hat, wie man mit anderen richtig umgeht.
- Helfen Sie Ihrem Kind, indem Sie ihm zuhören. Aber vermischen Sie seine Gefühle nicht mit Ihren. Bestätigen Sie, dass so etwas schmerzt, und erinnern Sie Ihr Kind dann an seine Stärken.

- Raten Sie Ihrem Kind, den Täter einfach zu ignorieren. Aber sagen Sie ihm auch, dass Sie wissen, wie schwer das ist.
- Helfen Sie Ihrem Kind, seine Gefühle bestimmt zum Ausdruck zu bringen.
- Fassen Sie in Worte, was Ihr Kind sich vielleicht wünscht. Erinnern Sie es daran, dass es beim nächsten Hänseln das antworten kann, was ihm nach dem ersten Mal zu spät eingefallen ist.
- Bestärken Sie Ihr Kind, indem Sie ihm ein positives Selbstbild vermitteln und es wissen lassen, dass es fähig ist, jemand anderem, dem es schlecht geht, zu helfen.
- Mischen Sie sich nur vorsichtig ein, damit Ihr Kind nicht in noch größere Schwierigkeiten gerät. Manchmal ist es jedoch sinnvoll, Erzieherinnen oder Lehrer zu informieren.
- Üben Sie mit Ihrem Kind Methoden, sich selbst zu beruhigen, wie beispielsweise bis zehn zu zählen oder tief Luft zu holen.
- Versuchen Sie mit Humor, schlimme Erlebnisse abzuschwächen, und üben Sie mit Ihrem Kind, wie es mit einem Beleidiger am besten umgeht.
- Denken Sie daran – die Unterstützung durch die Familie kann viel Schmerz lindern.

Wie Sie Ihrem Kind helfen können, Selbstvertrauen aufzubauen

Kürzlich nahm ich an einer Fortbildung für Eltern teil, bei der man lernen sollte, das Selbstvertrauen seines etwas anderen Kindes zu stärken. Kindern mit Beeinträchtigungen fällt es schwer, Selbstvertrauen aufzubauen. Gesellschaftliche Vorurteile und ihre eigenen Schwierigkeiten verändern ihr Selbstbild auf negative Weise. Einem solchen Kind ein Selbstwertgefühl zu vermitteln, erfordert sehr intensive Arbeit der Eltern und manchmal auch anderer Verwandter.

Es gibt eine These, die Menschen, denen ein Kind mit solchen Problemen „geschenkt" wurde, seien fähiger als andere, mit derartigen Problemen umzugehen. Leider stimmt das nicht. Und es ist auch wenig hilfreich, daran zu glauben. Man denkt nämlich dann schnell, mit einem sei etwas nicht in Ordnung, wenn man nicht immer alle Probleme in den Griff bekommt.

Eltern behinderter Kinder haben nicht automatisch besondere Fähigkeiten, mit besonderen Problemen umzugehen.

Krankheit und Geburtsfehler sind Zufallsergebnisse der Natur. Nur weil eine Frau ein Kind mit einer Behinderung zur Welt bringt, ist sie noch lange nicht besser darauf vorbereitet, das Kind großzuziehen, als andere Frauen. Viele Eltern können überhaupt nicht damit umgehen. Andere verleugnen die Beeinträchtigung ihres Kindes und ignorieren dadurch seine Bedürfnisse. Wieder andere fassen die Krankheit ihres Kindes als grausamen Schlag gegen ihr eigenes Ego auf.

Um sich gut um ihr behindertes Kind kümmern zu können, müssen sich Eltern unbedingt ihrer eigenen Gefühle bezüglich der Krankheit des Kindes bewusst werden und damit ins Reine kommen. Sie müssen sich mit dem Gedanken von Unzulänglichkeit abfinden, mit ihrer eigenen Unvollkommenheit und der der Menschheit. Oft brauchen sie dazu professionelle Hilfe. Wenn Sie diesen Prozess jedoch erst hinter sich haben, erlangen Sie eine Stufe des Verstehens, die

Sie vielleicht nie erreicht hätten, wären Sie nicht gezwungen gewesen, sich mit den vielen Fragen und Problemen, die ein behindertes Kind mit sich bringt, auseinander zu setzen.
Zu Ihrer eigenen Reaktion auf die Behinderung Ihres Kindes kommt noch die soziale Diskriminierung hinzu, die sich erschreckend nachteilig auf die Entwicklung Ihres Kindes auswirken kann. Spott, Zurückweisung, verbale und nichtverbale Beleidigungen führen dazu, dass das Selbstwertgefühl eines Kindes nachlässt.

- Nehmen wir beispielsweise *Anna*, die mit einem entstellten Gesicht geboren wurde. Während die meisten Kinder von Erwachsenen angelächelt und bewundert werden, sah *Anna* immer nur betrübte, entsetzte oder fragende Blicke. Und häufig hörte sie dazu noch verletzende Bemerkungen. Sie war noch zu klein zum Sprechen. Aber die Ablehnung der Menschen spürte sie deutlich. Schon früh musste sie lernen, dass sie anders war und nicht von allen Menschen akzeptiert wurde. Das machte sie misstrauisch gegenüber Menschen und hinderte sie, nichtverbale Verhaltensweisen zu lernen.
  „Im Alter von 14 Jahren mühte Anna sich noch immer ab, einige nichtverbale Verhaltensweisen zu lernen, die ein Kind, das nicht abgelehnt wird, automatisch lernt – einfach durch Beobachtung, wie andere sich ihm gegenüber verhalten", berichtet ihre Großmutter.
- *„Viele Leute können mit einer Behinderung nicht umgehen"*, ist auch die Erfahrung von *Itzhak Perlman. „Manchmal haben sie Angst davor, mit einem behinderten Menschen zu reden. Jemand, der mich kennt, akzeptiert mich automatisch. Kennt er mich aber nicht, dann benimmt er sich nicht gerade großartig mir gegenüber. Am Flughafen zum Beispiel geht der Gepäckträger auf die Person zu, die meinen Rollstuhl schiebt, statt sich an mich zu wenden. ‚Wohin fliegt er?' fragt er. Oder man benimmt sich, als wäre ich der Rollstuhl, und sagt: ‚Ich habe hier schon ein paar Rollstühle' oder ‚Ich fahre die Rollstühle zum Schalter'. Manchmal, wenn sehr viel los ist, schiebt so ein Gepäckträger zwei Rollstühle gleichzeitig vor sich her, wie Gepäckstücke. Das ist wirklich sehr verletzend."*

Ihrem Kind zu helfen, solche diskriminierenden Verhaltensweisen zu verarbeiten, ist schwierig. Auf jeden Fall sollten Sie Ihr Kind aber daran erinnern, dass alle Menschen mit irgendeinem Problem auf die Welt kommen – ob es nun sichtbar ist oder nicht. *„Alle Menschen haben irgendein Problem zu bewältigen"*, so *Stacy Keach*, Ehrenvorsitzender der amerikanischen Stiftung für Menschen mit Lippen- und Gaumenspalten. *„Jeder hat sein Päckchen zu tragen. Das Schlimmste ist, über die Situation nicht zu reden. Fragt ein Kind: ‚Woher habe ich meine Lippenspalte?', dann müssen die Eltern ihm unbedingt antworten – auch wenn die Antwort nur lautet: ‚Ich weiß es nicht'."*
Lässt man sein Kind über seine Probleme sprechen und hört ihm zu, dann lernt es, dass es richtig ist, Gefühle zu haben und darüber zu sprechen.

„Was kann mein Kind erreichen?"

Um sein Ego aufzubauen, ist es besonders wichtig, dass Ihr Kind etwas erreicht. Einer der Gründe, warum sich Kinder mit Behinderungen unzulänglich fühlen, ist, dass sie sich mit Gleichaltrigen vergleichen und merken, dass sie nicht immer alles machen können, was die tun. Als Eltern sollten Sie Ihr Kind nur mit sich selbst vergleichen. So sehen Sie jeden Fortschritt, den es macht. Es ist auch gut, ein Gebiet zu finden, auf dem Ihr Kind sich hervortun kann.

- Die Eltern von *Jim Abbott*, dem die rechte Hand fehlt, bemerkten sein sportliches Talent und unterstützten seinen Wunsch, Baseball-Spieler zu werden.
- *Itzhak Perlmans* Eltern förderten ihn als Musiker.
- *Phil Kennedys* Eltern kauften ihm eine Spezialschreibmaschine für Menschen mit zerebraler Lähmung. Heute ist er professioneller Schriftsteller.
- *Bob* ist Legastheniker. Seine Mutter griff sein angeborenes Talent für Sport auf: *„Ich lief mit Bob, um ihn zu ermutigen. Mein Mann brachte ihm bei, einen Ball weiter zu werfen als irgend jemand anderes. Und wir drängten ihn dazu, Football zu spielen. Dadurch erhielt Bob die notwendige Anerkennung in der Schule und war mit sich selbst zufrieden."*

Einige Kinder möchten sich wegen ihrer Beeinträchtigung nicht vor vielen Leuten zeigen. Deshalb gibt es Veranstaltungen wie die Paralympics, die Olympischen Spiele für behinderte Menschen. *„Bei dieser Veranstaltung stehen nicht perfekt gestaltete Menschen im Badeanzug auf dem Block am Schwimmbecken-Rand und kämpfen für ihren Sieg"*, sagt *Ruth*, deren Bruder *Fred* das Down-Syndrom hat. *„Dort geht es nicht um körperliche Schönheit, sondern um einen Wettstreit, durch den die Jugendlichen ermutigt werden, sich zu verbessern. Die Sportler werden gefördert und mit Respekt behandelt. Es ist eine einzige Siegesfeier. Ob einer gewinnt oder verliert – immer ist jemand da, der ihn in die Arme nimmt, ihn für seine Leistung lobt und ihm das Gefühl gibt, geliebt zu werden."*
Auch Camps und Gruppen für Kinder mit den unterschiedlichsten Fähigkeiten können dazu beitragen, dass Ihr Kind Selbstvertrauen aufbaut. *Paul Edwards*, Koordinator des Studentenwerks für behinderte Studenten in einem College in Florida und Vizepräsident des Amerikanischen Rates für Blinde, empfiehlt, dass auch behinderte Kinder an außerschulischen Aktivitäten teilnehmen sollten. Auch wenn es manchmal schwierig ist, solche Gruppen zu finden, gibt es sie in fast allen Städten.

Die Gefahren des Überbehütens

Das überbehütete, verwöhnte Kind wächst ängstlich heran – und ohne Sinn dafür, was es kann und was nicht. Es ist emotional beschränkt, weil es meistens nur an sich selbst denkt und kaum einmal die Belange anderer in Betracht zieht. So ein Kind hat es schwer, eine Beziehung zu anderen Menschen aufzubauen.

- *Jim* weiß, dass die Einstellung seiner Eltern den Grundstein für seinen Erfolg legte: *„Meine Eltern versuchten nicht, mich von der realen Welt abzuschirmen. Sie ließen mich mein Leben leben, indem ich Dinge ausprobieren und auch einmal dabei versagen durfte. Ich erhielt nicht etwa eine Sonderbehandlung, weil mir die rechte Hand fehlt. Sie ermutigten mich, bei allem,* *was ich wollte, mitzumachen. Und vor allem teilten sie meine Erfolge mit mir und feuerten mich an, wenn ich kämpfte."*

- *Stephanie* arbeitet als Versicherungs-Kauffrau. Sie ist verheiratet, hat zwei Kinder und unterrichtet nebenbei ein Programm zum Thema „Behinderungen" an Schulen und Kirchen, das sie selbst entwickelt hat. *Stephanie* hat eine zerebrale Lähmung. Trotzdem besuchte sie ein College in Ohio, weit weg von ihren Eltern, und reiste als junge Erwachsene ohne Familie um die Welt. *„Ich stellte immer sicher, dass ich dort, wohin ich fuhr, zumindest einen Menschen kannte. Da ich einen sehr starken Unabhängigkeitsdrang habe, traute ich mich, alle Risiken und Schwierigkeiten in Kauf zu nehmen. Ein junger Mensch mit einer Behinderung sollte unbedingt einmal für eine Weile von zu Hause fort gehen, beim ersten Mal vielleicht in ein Feriencamp oder so etwas."*

Es ist schwer, kein Mitleid mit seinem Kind zu haben, wenn man sieht, wie es mit den alltäglichen Dingen des Lebens kämpft. Als Eltern zerreißt es einem das Herz. Sie müssen an sich arbeiten, um nicht zuviel Mitleid – auch nicht zuviel berechtigtes Mitleid – mit Ihrem Kind zu empfinden. Kinder sind sehr feinfühlig für die Gefühle ihrer Eltern. Sie merken genau, wenn die Eltern Mitleid empfinden, und nutzen das um zu bekommen, was sie wollen. Und wer täte das nicht? Ein Kind, das Ihr Mitleid spürt, nutzt es meistens aus.

Ein wegen seiner Behinderung verhätscheltes Kind gewöhnt sich daran, Dinge zu bekommen, nur weil es anderen Leid tut. In kürzester Zeit ist es der Überzeugung, immer eine Sonderbehandlung zu verdienen. Bekommt es die dann nicht, was spätestens in der Pubertät passiert, dann kann es sein, dass es sich ziemlich scheußlich benimmt. Es ist verbittert und unglücklich und nicht imstande, gute Menschen und gute Dinge zu schätzen. Es wird zu einem Menschen, der Enttäuschung nicht ertragen kann und zu anderen Leuten oft intolerant ist.

Ein Kind, das Mitleid spürt, nutzt das meist aus.

Ein Mensch, der Mitleid gewohnt ist, bemüht sich nicht, auf ein Ziel hinzuarbeiten – warum auch? Stattdessen versucht er, andere zu manipulieren. Ein solcher Mensch wird von anderen gemieden. Deshalb müssen Sie Ihr behindertes oder chronisch krankes Kind unbedingt immer wieder dazu anspornen, möglichst alles selbst zu tun, was es nur kann.

- *„Wann immer ich irgendwas für Patricia tun wollte, weil sie mir so Leid tat, sagte meine Tochter zu mir: ‚Sie muss es allein schaffen.'"*, erzählt *Patricias* Großmutter. *„Ich hielt mich an das, was meine Tochter sagte, obwohl es immer ein einziger Kampf war, weil Patricia jedes Mal sofort in Tränen ausbrach. Heute denke ich, dass ihr das am meisten geholfen hat zu lernen, Dinge allein zu tun."*

Ärztliche und therapeutische Hilfe

Es gibt noch weitere, nicht ganz so offensichtliche Möglichkeiten, Ihr Kind beim Aufbau seiner Selbstachtung zu unterstützen. Beispielsweise kann es passieren, dass ein Arzt, den Sie vielleicht aufsuchen, um von ihm einen Rat zu bekommen, Sie mit dem Kind zu einem Psychologen schickt – einfach deshalb, weil er selbst nicht weiß, was er für Sie tun kann. Das kommt besonders dann vor, wenn es sich um eine seltene Krankheit handelt. So etwas verwirrt natürlich die Eltern und beraubt sie eines Teils ihrer Energie, die sie eigentlich für ihr Kind brauchen.

- *Sina* hat eine unbekannte Krankheit, von der ihre Eltern inzwischen glauben, dass es eine ektodermale Dysplasie ist. Diese Krankheit führt zu Hautproblemen, verkümmerten oder fehlenden Schweißdrüsen, missgestalteten Nägeln und Zähnen, fehlendem Haar, Allergien, Infektionen und periodisch wiederkehrenden, nicht genau definierbaren Schmerzen. *Sina* hat oft irgendwelche körperlichen Probleme, was ihre Mutter und die restliche Familie stark beansprucht.
  Ihre Mutter fand es sehr irritierend, als der erste Kinderarzt, den sie aufsuchte, ihr nicht helfen konnte. Doch zu einem anderen Arzt zu gehen, fiel ihr sehr schwer, weil sie mittlerweile überzeugt war, es höre ihr ohnehin nie-

mand zu oder könne ihrem Kind helfen. *„Wir mussten viermal den Arzt wechseln, bevor wir einen fanden, der mir wirklich zuhörte“*, erzählt sie. *„Dadurch, dass ich einen Arzt fand, der mir glaubte und mir ehrlich helfen wollte, wurde ich ruhiger. Nicht nur Sinas körperlicher Zustand verbesserte sich aufgrund der richtigen medizinischen Behandlung, sondern auch ich wurde entspannter, war nicht mehr so frustriert und besorgt. Und dadurch wurde ich eine bessere Mutter und konnte einiges tun, das Sina zu einem zufriedeneren Leben verhalf.“*

Mit äußeren Makeln umgehen

Zu oft ist Eltern das Aussehen ihrer Kinder peinlich – und sie verstecken sie bewusst oder unbewusst vor der Öffentlichkeit. Das schadet dem Kind und den anderen Angehörigen. So ein Kind fühlt sich wertlos und nicht geliebt. Die gesunden Geschwister bekommen dadurch möglicherweise ein schlechtes Gewissen, weil sie gesund sind. Sie befürchten aber gleichzeitig, dass ihre Eltern sie, sollten sie auch einmal krank sein, auch nicht mehr lieben und auch verstecken würden. Eine solche Situation führt zu einer Verunsicherung der ganzen Familie.

- *„Christine zu verbergen, die erst nach 28 Gesichts-Operationen unauffällig aussah, wäre für meine anderen Kinder naheliegend gewesen, weil sie überall so auffiel“*, erzählt *Helen Johnson*. *„Und ich bin sehr stolz auf meine Kinder, weil sie Christine überallhin mitnahmen.“*

Man sollte zwar auf keinen Fall sein Kind wegen seines Problems verbergen, doch kann es hilfreich sein, seine sichtbaren Unregelmäßigkeiten oder Narben zu verdecken.

- *Joanne Green* erzählt, wie sie ihrem Sohn *Joey* half, seine roten Narben unterhalb der Nase zu verdecken, damit er am ersten Schultag voller Selbstvertrauen auftreten konnte: Sie benutzte ein spezielles Make-up zum Abdecken von Operationsnarben. *„Hätte Joey ein gebrochenes Bein gehabt, dann hätte ich ihm auch Krücken gegeben, bis seine Knochen wieder geheilt gewesen wären. Das Make-up gab Joey die psychische Stütze, die er brauchte, bis seine Lippe geheilt war."*

Auch Hygiene und unauffällige Kleidung sind für das Kind sehr wichtig.

Freundschaften schließen

Sich in der Gesellschaft bewegen zu können, ist unabdingbar für ein gesundes Selbstbewusstsein. Die meisten Kinder lernen passendes soziales Verhalten in ihren Familien. *„Eltern sollten alles Erdenkliche tun, um Freundschaften zu fördern"*, sagt *Libby*, die Mutter der gehörlosen Schauspielerin *Marlee Matlin*. *„Das bedeutet, dass man Verabredungen mit anderen Kindern zum Spielen trifft, wenn sie noch zu klein sind, um das selbst zu tun."* Dabei muss man das Verhalten der Kinder untereinander beobachten um sicherzustellen, dass sie positiv miteinander umgehen. Weil *Marlee* als Kind nicht einsam aufwuchs, sind dem Star alte Freunde immer noch sehr wichtig. *„Marlees Freundschaften gehen selten in die Brüche. Wenn sie nach Chicago kommt und ihre Freunde von früher besucht, dann hat sie immer, wie sie es ausdrückt, soviel Spaß dabei, dass ihre Finger und Hände nachher vom vielen Reden schmerzen."*
Judy Heumann erkrankte als Kind an Kinderlähmung und verbrachte einen Teil ihrer Schulzeit in speziellen Schulen für behinderte Kinder. *„Dadurch lernte ich andere behinderte Kinder kennen, die dann meine Freunde wurden. Es war gut, mit Gleichaltrigen darüber sprechen zu können, wie es ist, eine Behinderung zu haben. Meine Gefühle mit anderen teilen zu können, half mir, mit mir selbst besser zurecht zu kommen."* Auch das ist neben aller Eingliederung in ein „normales" System ein wichtiger Aspekt der Selbstfindung. *Judy Heumann* ist Ministerin für Sonderausbildung und Rehabilitation in der US-Regierung geworden.

Selbstbeherrschung

Selbst Verantwortung zu tragen, ist die Art von Kontrolle, nach der Kinder sich sehnen. Ein Kind, das Haushaltspflichten übernimmt, fühlt sich dadurch fähiger, aber auch verbundener mit der restlichen Familie.

- *„Meine Mutter bestand darauf, dass ich die gleichen Pflichten übernehme wie andere Kinder in meinem Alter"*, erzählt der blinde *Paul*, *„Ich konnte die Tatsache, dass ich blind bin, nicht als Ausrede benutzen, um bestimmte Sachen nicht zu tun."*
- *Karl* mäht, obwohl er sich bei Hitze körperlich eigentlich nicht anstrengen soll, den Rasen seiner Eltern und der Nachbarn. Wegen seiner Krankheit hat er eine Technik entwickelt, wie er sich während des Rasenmähens abkühlen kann. Manchmal wickelt er sich ein nasses Tuch um den Hals. Karl löst sein Hitzeproblem ganz allein – und das gibt ihm das Gefühl, sich selbst im Griff zu haben.

Manche Kinder können aufgrund ihrer Behinderung ihr Benehmen nur sehr schwer kontrollieren.

- Bei einem Elterntreffen berichteten die *Franks*, dass ihr autistischer Sohn *Jeffrey* seine jüngere Schwester *Michaela* immer wieder schlug, wenn sie von der Schule nach Hause kam. Weil *Jeffrey* Autist ist, meinten sie, sein Verhalten tolerieren zu müssen. Sie glaubten, *Michaela* werde schon verstehen, dass ihr Bruder das nur machte, weil er Autist ist – und dass sie ihm deshalb verzeihen werde.

Ich bin da jedoch anderer Meinung. Wie schwierig es auch sein mag – Eltern sollten unbedingt versuchen, das schädliche Verhalten ihres behinderten Kindes zu stoppen. Ein solches Verhalten ist nicht nur sozial schädlich, sondern das Kind schämt sich auch dafür. Seine Selbstachtung wird dadurch beeinträchtigt. Schafft ein Kind es nicht, sich zu beherrschen, dann müssen die Eltern einschreiten und ihm helfen, das zu lernen.

Ihr Bücher liebendes, Fußball spielendes, Plätzchen backendes besonderes Kind

Viele von uns sind so damit überfordert, Karriere und Familienleben miteinander in Einklang zu bringen, dass wir eindimensionale Kinder erziehen. Das heißt: Wir weisen unseren Kindern unterschiedliche Rollen zu. Wir stufen unser behindertes Kind als Problemkind ein – und verweigern ihm dadurch die Möglichkeit, auch Stärken zu zeigen. Eltern tendieren dazu, ihre Kinder anhand ihrer Fähigkeiten in Kategorien einzuordnen. Sie sagen sich vielleicht: *„Tom ist unser Fußballer, Dave liest gern, Nancy ist künstlerisch begabt, und Larry ist unser kleines Problemkind."* Wir betrachten sie als eindimensionale Menschen, nicht als die multidimensionalen Wesen, die wir alle sind. Falls Ihr Fußballer vielleicht einmal auf die Idee kommt, sich künstlerisch zu betätigen, denken Sie zum Beispiel: *„Wie – das kann doch nicht sein! Nicht mein Fußballer!"* Es ist wichtig, Ihren Kindern zu ermöglichen, all ihre Talente zu entdecken und auszuleben. Statt Ihre Kinder zu klassifizieren, ist es besser, sich für alle Dinge zu interessieren, die sie gern tun – egal ob sie nun behindert oder gesund sind.

Lächeln

Kaum etwas ist besser für uns als zu lachen. Trotz all Ihrer Probleme sollten Sie versuchen, sich selbst und das Leben nicht zu ernst zu nehmen.

- *„Als mein ältestes Kind zur Welt kam, erfuhren wir, dass es eine Reihe von Operationen werde durchstehen müssen"*, erzählt *Jodie Ruud. „Ich war so deprimiert, dass ich nicht mehr lachen konnte. Und das machte mir Sorgen. Als Jenny dann vier Monate alt war, beschloss ich, trotz meiner Traurigkeit jeden Tag 15 Minuten lang mit Jenny herumzualbern, um sie zum Lachen zu bringen. Kitzeln war nicht erlaubt, denn für mich ist das keine natürliche Art, jemanden zum Lachen zu bringen. Unsere ‚Lachsitzungen' bauten mich auf und förderten Jennys großartigen Humor."*

Ein paar einfache Dinge, die Eltern tun können, damit ihre Kinder sich besser fühlen

- Seien Sie großzügig mit Umarmungen, Streicheleinheiten und Lob.
- Vergleichen Sie Ihre Kinder nicht mit anderen Kindern. Seien Sie zufrieden mit dem, was Ihr Kind erreicht, und sagen Sie ihm das.
- Sprechen Sie mit Ihren Kindern immer offen und ehrlich. Kinder spüren, wenn Sie etwas vor ihnen verbergen.
- Vermeiden Sie es, Ihr Kind selbst mit irgendeinem Adjektiv zu bezeichnen, wenn Sie eigentlich nur das schlechte Benehmen des Kindes stoppen wollen. Ihr Kind wird nur dann zu einem „bösen“ Kind, wenn Sie ihm oft genug sagen, es sei eines.
- Machen Sie Fotos von Ihren Kindern als Babys. Jeder will wissen, wie er damals aussah, ganz besonders als Baby. Oft denken Eltern von behinderten oder kranken Kindern nicht daran, sie als Babys oder Kinder zu fotografieren.
- Spielen Sie Ihrem Kind die Verhaltensweisen, die Sie ihm beibringen wollen, vor. Dadurch fällt es ihm leichter, sie zu begreifen.
- Definieren Sie Ihr Kind nicht anhand einer Behinderung oder Beeinträchtigung. (Man hat kein „Lippenspalten-Kind“, sondern ein Kind, das mit einer Lippenspalte auf die Welt kam.)
- Lieben Sie Ihr Kind um seiner selbst willen. Bekommt ein Kind das Gefühl, dass es nur ein oder zwei Qualitäten besitzt, die es liebenswert machen, dann folgert es daraus, dass es automatisch die Liebe seiner Eltern verliert, falls es diese Qualitäten verlieren sollte.
- Statt zu sagen *„Ich bin stolz auf dich“*, fragen Sie: *„Wie fühlt sich das für dich an?“* oder *„Bist du stolz auf dich?“*. Es ist wichtig, dass Ihr Kind Dinge für sich selbst tut, statt sie nur zu tun, um von anderen bestätigt zu werden.
- Seien Sie zufrieden mit dem, was Sie erreichen. So bekommt auch Ihr Kind die Möglichkeit, mit seinen Errungenschaften zufrieden zu sein.

- Akzeptieren Sie andere Menschen – ganz gleich, welchen kulturellen oder religiösen Hintergrund sie haben. Vernünftige Menschen akzeptieren andere immer. Auf diese Weise lernt auch Ihr Kind, andere Menschen und Kulturen zu schätzen und mit allen zusammen zu leben.
- Werden Sie sich Ihrer Haltung gegenüber dem Aussehen anderer Menschen bewusst. Erwachsene, die positive oder negative Bemerkungen über das Äußere anderer Menschen machen, messen damit physischer Perfektion eine große Bedeutung bei und geben ein schlechtes Beispiel für ihre Kinder. Fördern Sie lieber Unterhaltungen und Bemerkungen über andere Dinge des Lebens.
- Ermutigen Sie Ihr Kind dazu, selbständig zu sein, indem Sie es seinem Alter angemessene Entscheidungen selbst treffen lassen.
- Schließen Sie sich einer Selbsthilfe-Gruppe für Familien mit ähnlichen Problemen an, und bringen Sie Ihr Kind mit anderen Kindern, die ähnliche Probleme haben, zusammen, damit es merkt, dass es nicht allein ist.
- Und schließlich – ganz besonders wichtig – vergessen Sie als Eltern nie, dass Kinder nicht mit Sorgen belastet, sondern einfach Kinder sein sollten.

Woran Sie denken sollten

- Lassen Sie sich von einem Berater dabei helfen, sich über Ihre eigenen Gefühle klar zu werden – in Bezug auf die Behinderung Ihres Kindes und darüber, was das mit Ihnen zu tun hat.
- Erinnern Sie Ihr Kind bei diskriminierenden Bemerkungen daran, dass jeder mit irgendeinem Problem auf die Welt kommt.
- Machen Sie den richtigen Arzt für Ihr Kind ausfindig. Zu wissen, dass Ihr Kind in guten Händen ist, beruhigt. Dadurch können Sie eine bessere Mutter oder ein besserer Vater sein.
- Seien Sie jederzeit offen für Gespräche mit Ihrem Kind.
- Helfen Sie Ihrem Kind, etwas zu erreichen.
- Schicken Sie Ihr Kind in ein Feriencamp oder zu Veranstaltungen, damit es unter Menschen kommt und Selbstvertrauen lernt.
- Lassen Sie Ihr Kind Dinge erforschen und aus seinen Fehlern lernen.
- Übertragen Sie Ihrem Kind Pflichten wie Hausarbeiten. Und stellen Sie sicher, dass es sie erfüllt.
- Erklären Sie Ihrem Kind medizinische Behandlungen sachlich und ehrlich.
- Verstecken Sie Ihr Kind nicht.
- Bemitleiden Sie Ihr Kind nicht.
- Falls nötig oder vorgeschrieben, benutzen Sie Prothesen, Mützen, Make-up oder Therapien, um Ihrem Kind viele soziale Kontakte zu ermöglichen.
- Kleiden Sie Ihr Kind modisch. Es ist absolut wichtig für Kinder, zu den anderen zu passen.
- Helfen Sie Ihrem Kind, Freundschaften zu schließen und zu pflegen.
- Schreiten Sie bei inakzeptablem Verhalten ein und versuchen Sie, Ihrem Kind annehmbares Benehmen beizubringen.
- Ordnen Sie Ihr Kind nicht in irgendeine Kategorie ein.
- Lachen Sie viel miteinander.

Selbstzerstörung – wie kann ich das verhindern?

Jeff ist stark köperbehindert. Sein Vater erzählt: *„Als unser Sohn 13 war, fing er an davon zu reden, er könne mit seinen Problemen nicht länger leben und er wolle sich umbringen. Wir waren außer uns vor Angst. Jeff war immer unser ein und alles, und wir hatten keine Ahnung, woher diese Gefühle plötzlich kamen. Es schien ihm doch gar nicht so schlecht zu gehen."*

Es ist nicht außergewöhnlich, dass Kinder mit Behinderungen deprimiert werden. Oft kommen zu den körperlichen oder geistigen Behinderungen auch noch emotionale Probleme hinzu. Es ist noch nicht genügend erforscht, ob es bei behinderten Kindern ein höheres Selbstmord-Risiko gibt als bei anderen. Doch manche Therapeuten sind der Ansicht, dass behinderte Kinder gefährdeter seien als andere.

Oft machen die Eltern sich Vorwürfe, wenn ihr Kind Selbstmord-Gedanken äußert. Die Depressionen eines Kindes haben aber häufig weniger mit den Eltern oder damit zu tun, ob sie ihr Kind genug lieben, sondern eher damit, wie ihr Kind mit seinen Problemen zurecht kommt. Die Eltern müssen lernen, den Schmerz ihres Kindes zu erkennen und so damit umzugehen, dass es wieder mehr Hoffnung schöpft.

Warum begehen Menschen Selbstmord? Sie tun es, weil sie versuchen, sich von ihrem Leid zu befreien, und keinen anderen Ausweg sehen.

- *„Tommy versuchte, sich das Leben zu nehmen, weil er nicht mit seinen chronischen Schmerzen und unserer Scheidung zurechtkam"*, sagt seine Mutter. *„Er gab sich selbst an allem die Schuld und dachte, dass wir ohne ihn besser leben könnten."*

Menschen, die Selbstmord begehen, fühlen sich allein, sind verzweifelt, überwältigt von ihren Gefühlen und pessimistisch. Sie haben oft Depressionen oder das Gefühl, dass es aus ihrer Situation keinen Ausweg gibt. Was zu solchen Gedanken beiträgt, sind Beleidigungen, asoziales Verhalten, Familientren-

nung, die Unfähigkeit, irgendwelche Zwänge zu kontrollieren, oder der Tod einer geliebten Person, wie zum Beispiel eines Elternteils.
Dass einige Leute für Selbstmord-Gedanken empfänglicher sind als andere, könnte eventuell daher kommen, dass sie schon früh einen Verlust erlebt haben, unter chronischem Stress leiden, ein geringes Selbstwertgefühl haben, von der Familie nicht genug Unterstützung erhalten, oder dass ihre Familie ganz allgemein nicht sehr viel miteinander redet.
Kinder und Heranwachsende, die sich umbringen, versuchen oft, ihrem Leid zu entkommen, und der Selbstmord ist ein Mittel dazu. Obwohl in einigen Familien Selbstmorde ab und zu vorkommen, gibt es kein Gen, das manche Leute dazu bringt, sich umzubringen, und andere eben nicht.

Kritische Phasen

Kinder sind in bestimmten Entwicklungs-Phasen anfälliger für Depressionen als in anderen. Normalerweise sind das Zeiten, in denen sie versuchen, selbständiger zu werden. Je abhängiger ein Kind von anderen ist, um seine grundlegenden Bedürfnisse stillen zu können, desto mehr kämpft es um Selbständigkeit. So kann man zum Beispiel auch bei einem Kleinkind Zeichen von Depressionen finden. Kinder können in Depressionen verfallen, wenn in der Familie zusätzliche Belastungen auftreten – wie beispielsweise Krankheit oder Tod der Großeltern – und die Eltern so damit beschäftigt sind, dass sie sich um das von ihrer Hilfe abhängige Kind nicht genügend kümmern können.

Menschen bringen sich nicht um, weil sie sterben wollen.

Die Forschung zeigt, dass Kinder in der Pubertät besonders anfällig für Selbstmord-Gedanken sind. Denn sie sind einem enormen Druck ausgesetzt – in sozialer und körperlicher Hinsicht und durch Schule und Familie, von der sie sich ja langsam trennen möchten. Das alles stellt eine ziemliche Belastung dar. Beliebt zu sein und gut auszusehen, wird in dieser Zeit besonders wichtig für die Heranwachsenden.

Die drei Schritte zum Selbstmord

- Die Idee oder der Wunsch zu sterben
- Der Plan oder die Überlegung, wie man sich umbringt
- Der Versuch oder der tatsächliche Selbstmord

„Es gibt mehr Leute, die an Selbstmord denken, als solche die ihn planen, mehr die damit drohen, als solche die wirklich versuchen, sich umzubringen".

Neil Fialkow,
Psychiater für Kinder und Erwachsene

Mädchen sind meistens stärker mit ihrer äußerlichen Erscheinung beschäftigt, während Jungen danach streben, erfolgreich zu sein, stark zu wirken und all diese anderen Attribute an den Tag zu legen, die schon immer als männlich galten. Jungen fühlen sich manchmal schlecht, weil sie nicht so „cool" wie ein Macho sein können.

In der Pubertät neigen die jungen Menschen stärker zu Medikamenten-Missbrauch und haben eher Zugang zu Mitteln, mit denen sie sich umbringen könnten. Dabei begreifen sie vielleicht gar nicht, was es bedeutet, sein Leben zu beenden. Selbstmord-Gedanken können bei Teenagern unter anderem durch Ärger in der Familie, mit einer Freundin oder einem Freund oder eben durch ihre Krankheit hervorgerufen werden. Bei Kindern in der Pubertät treten auch häufiger Depressionen oder Stimmungs-Schwankungen auf als bei Erwachsenen oder jüngeren Kindern. Schizophrenie zum Beispiel findet man häufiger bei Kindern im späten Teenage-Alter. *„Mehr als 90 Prozent der Jugendlichen, die Selbstmord begehen, haben eine diagnostizierbare psychische Störung"*, so *Mark Reinecke*, Leiter des Zentrums zur Erforschung der geistigen Gesundheit an der Universität von Chicago.

Behinderte Kinder haben ein höheres Selbstmord-Risiko, weil sie zusätzliche Probleme im Leben haben. Vielleicht sind sie körperlich oder geistig ziemlich behindert. Vielleicht haben sie Schwierigkeiten, Freundschaften zu schließen, und erhalten nicht soviel Unterstützung durch die Gesellschaft wie gesunde Kinder. In der Pubertät entwickeln behinderte Kinder ein realistischeres Bewusstsein dafür, wie ihre Behinderung ihr Leben in Mitleidenschaft zieht – und dass es auch in Zukunft so sein wird. Das alles kann zusammen mit ihren Ent-

wicklungs-Problemen dazu führen, dass sie mit ihrem Leben nicht mehr zurechtkommen.
Auch einem Kind mit nur geringen Beeinträchtigungen kann das Heranwachsen wie eine übermenschliche Aufgabe erscheinen. So ein Kind hat Angst davor, dass seine Behinderung entdeckt werden könnte. Oft wird es von Erwachsenen oder Gleichaltrigen provoziert, weil es eben nicht gänzlich „zu den anderen passt“. *„Diese Art Teenager ist sehr empfänglich für emotionale Probleme“*, so der Psychologe *Donald Lollar*.
Schließlich gibt es noch das Kind, das „anders“ aussieht. So ein Kind trifft oft auf Vorurteile durch Erwachsene – manchmal sogar bei Lehrern oder anderen Menschen, die von Berufs wegen mit diesen Kindern zu tun haben – und auch bei Gleichaltrigen. *„Die wiederholte Zurückweisung, unter der ein behindertes Kind seit seiner frühesten Kindheit leidet, kann irgendwann dazu führen, dass ihm die Kraft ausgeht“*, so *Lollar*. Die Schwere der Behinderung steht nicht unbedingt in unmittelbarem Zusammenhang mit dem Druck der emotionalen Belastung.

- Die 13jährige *Veronica* hatte bei einem Autounfall Verbrennungen im Gesicht erlitten. Make-up und Operationen konnten die Narben nicht verdecken. Klassenkameraden, einige Familienmitglieder, die Eltern von Kindern aus der Nachbarschaft und sogar einige Lehrer reagierten auf ihr Äußeres sehr negativ. Als *Veronica* in der sechsten Klasse einen Klassenausflug machte, dachte sie zum ersten Mal an Selbstmord. Sie sprach wiederholt davon, sich umbringen zu wollen, und versuchte, sich vor ein fahrendes Auto zu stürzen. Glücklicherweise hielt eine Freundin sie davon ab und bat sie, ihre Entscheidung noch einmal zu überdenken. *Veronica* wurde von ihren Gefühlen überwältigt, weil sie die Geborgenheit der Familie vermisste und ihre Klassenkameraden so unfreundlich zu ihr waren. Sie sah keinen anderen Ausweg mehr.

„Ein Kind mit Entstellungen ist anfälliger für Selbstmord-Gedanken als zum Beispiel ein Kind, das Mukoviszidose hat, weil so ein Kind von Anfang an, vielleicht täglich, von anderen zurückgewiesen wird.“ sagt *Donald Lollar*.

Als Eltern können Sie Ihr Kind vor Depressionen schützen, indem Sie seine Begabungen fördern, wie zum Beispiel sein künstlerisches oder musisches Talent. Ihr Kind wird stolz auf diese Dinge sein und dadurch zufriedener mit sich selbst. Sie können das Selbstwertgefühl Ihres Kindes stärken, indem Sie ihm das Gefühl geben, etwas wert zu sein.

Die Schwere der Behinderung steht nicht unbedingt in unmittelbarem Zusammenhang mit dem Druck der emotionalen Belastung.

Nicht alle behinderten Kinder sind automatisch anfällig für Selbstmord-Gedanken. Ihre Empfänglichkeit für Depressionen hängt davon ab, wie sehr sie von anderen unterstützt werden.

Nehmen wir *Fred* und *Allan*, Kinder aus zwei verschiedenen Familien:

- *Fred* war lange Zeit gesund, aber dann wurde bei ihm Morbus Crohn, eine chronische Darmkrankheit, festgestellt. Seine Familie und seine Freunde unterstützen ihn sehr, und er ist ein zuversichtlicher und extrovertierter Teenager.
- *Allan* hat das Möbius-Syndrom. Er kann seine Gesichtsmuskeln nicht bewegen und sieht dadurch ständig unglücklich aus, auch wenn er glücklich ist. Er hat außerdem noch andere gesundheitliche Schwierigkeiten, die gerade festgestellt wurden und nicht leicht zu heilen sind. *Allans* Eltern kümmern sich nicht sehr viel um ihn, und er hat nur sehr wenige Freunde.

Es liegt auf der Hand, dass *Fred* weniger anfällig für Depressionen ist als *Allan*.

Depressionen verstehen

In vieler Beziehung ist ein behindertes Kind einem älteren Krebs-Patienten ähnlich, dessen Körper nicht mehr richtig funktioniert. Der Krebs-Patient hat vielleicht Selbstmord-Gedanken, weil er mit seinem Körper nicht mehr so umgehen kann wie früher. Das Kind mit Entwicklungs-Störungen denkt zwar nicht

sehnsüchtig darüber nach, was es einmal konnte. Aber es vergleicht sich mit gesunden Gleichaltrigen, die keine Behinderung haben – und das wirkt deprimierend.
Wenn Eltern erfahren, dass ihr Kind versucht hat, sich etwas anzutun, machen sie sich gegenseitig manchmal große Vorwürfe. Solche Schuldgefühle sind falsch. Ein oder zwei Menschen rufen normalerweise bei jemand anderem keine Selbstmord-Gedanken hervor. Dieses viele Grübeln darüber, wer wem was angetan hat, kann aber dazu führen, dass man nicht einmal mehr imstande ist, seinem Kind beizustehen.

Abwertung durch Gleichaltrige

„Solange ein Kind klein ist, wird seine Welt in erster Linie durch die Dinge geprägt, die es zu Hause mit Mama und Papa erlebt. Sein Selbstwertgefühl ist davon abhängig. Ist das Kind aber dann in der Schule und hat mit Gleichaltrigen zu tun, wird es häufig mit den Abwertungen durch andere konfrontiert, und das Miteinander wird immer komplizierter.
Es ist nicht nur die Familie, die ein Kind in Depressionen stürzen kann.“

Jennifer Scott-Sutherland

Die Anzeichen erkennen

Es gibt verschiedene Dinge, die Eltern für ihre Kinder tun können, wenn sie an Selbstmord denken. Als erstes sollten sie das Problem erkennen und zur Kenntnis nehmen. Denn oft sind Eltern sich nicht darüber im klaren, dass ihr Kind an Selbstmord denkt. Einige Kinder sprechen vielleicht nicht mit ihrer Familie über ihre Gefühle. Manche Eltern wissen, was vor sich geht, wollen aber einfach nicht wahrhaben, wie ernst der Zustand ihres Kindes ist. Sie tun es ab als einen Versuch des Kindes, sie zu manipulieren, und wollen nicht auf die Drohungen des Kindes eingehen. Aber der Versuch eines Kindes, seine Umgebung zu „manipulieren“, ist ein verzweifelter Versuch, eine Veränderung in seinem Leben herbeizuführen, weil es keinen anderen Weg dafür sieht. Deshalb sollte man es immer ernst nehmen, wenn ein Kind von Selbstmord spricht.

Wenn Sie den Verdacht haben, dass Ihr Kind deprimiert ist und an Selbstmord denkt, dann halten Sie nach üblichen Warnsignalen Ausschau. Zuerst einmal sind deprimierte Kinder meistens sehr in sich zurückgezogen. Sie sind böse, können sich nicht konzentrieren und versagen vielleicht in der Schule. Möglicherweise ändert sich auch ihr Schlafverhalten oder ihr Appetit. Eventuell bringen sie Hoffnungslosigkeit zum Ausdruck oder sprechen sogar davon, dass sie ihrem Leben ein Ende setzen wollen. Manchmal wandeln sie ihre Gefühle in psychosomatische Probleme um und jammern ständig über Schmerzen oder darüber, dass sie sich unwohl fühlen.
Bei Kindern mit schweren Behinderungen ist es von höchster Bedeutung, dass Eltern und andere Menschen, die sich um das Kind kümmern, seine subtilen Andeutungen verstehen, die es durch Gesten zum Ausdruck bringt.

- Der 14jährige *Karl* zum Beispiel kann kaum sprechen oder sich bewegen. Als *Sheila*, die ihn betreut, zum ersten Mal mit ihm zusammenkam, hatte sie Schwierigkeiten, seine Stimmungen zu unterscheiden. Doch mit der Zeit begriff sie, dass *Karl* viel durch Augenkontakt kommunizierte. Er reagierte auf ihre Berührung und bestätigte ihre Anwesenheit mit den Augen. Trotz seiner Behinderung schien Karl glücklich zu sein und verständigte sich mit ihr, so gut er nur konnte. Eines Tages jedoch bemerkte *Sheila*, dass er bei seiner Begrüßung nicht mehr so fröhlich wirkte und auch kaum auf sie reagierte. *„Ich merkte, dass Karl traurig war. Und obwohl ich nicht wusste, was ihn betrübte, begriff ich, dass man, falls seine Stimmung länger als eine ‚normale‘ Zeitspanne anhalten würde, einen Psychiater hinzuziehen müsste.“*

Oft versuchen behinderte Kinder, ihr Leben zu beenden, indem sie sich weigern oder „vergessen“, ihre Medikamente zu nehmen oder ihre Therapien durchzuführen. Sie handeln, als existiere das Problem nicht. Sie wollen der Realität nicht mehr ins Auge sehen und wollen „wie andere Kinder“ sein, die keine Medizin nehmen.

- *Jenny* beispielsweise (18 Jahre alt und Diabetikerin) schien so lange mit ihrem Leben zurecht zu kommen, wie sie bei ihren Eltern wohnte. Dann ging sie von zu Hause fort, auf das College. Und dort begann sie, ihre Diät und ihre Medikamente zu vernachlässigen. Sie tat so, als sei sie völlig gesund. Ihre Eltern, die sich große Sorgen machten, konnten sie schließlich davon überzeugen, einen Psychotherapeuten aufzusuchen. Und bald achtete *Jenny* wieder besser auf sich.

Wenn Eltern solche Signale nicht bemerken oder nicht genug mit ihren Kindern über deren Sorgen und Gedanken sprechen, dann kann das lebensbedrohliche Folgen haben.

Warnsignale

„Wichtig ist, zu verstehen, dass sich bei behinderten Menschen Selbstmord-Gedanken und -Pläne anders äußern als bei gesunden Menschen", so Jennifer Scott-Sutherland. „Eltern und Ärzte sollten sich darüber im klaren sein. Übliche Warnsignale sind, wenn ein Kind sagt: ‚Ich kann nicht mehr, ich werde mich umbringen, ich werde von der Brücke springen, niemand mag mich mehr.' Doch bei behinderten Menschen können sich Selbstmord-Gedanken auf andere Weise manifestieren. Das behinderte Kind sagt vielleicht nicht, dass es von der Brücke springen wird. Aber es tut Dinge, die es selbst als lebensbedrohlich einschätzt."

Es gibt andere, deutlicher erkennbare Anzeichen dafür, dass Kinder unglücklich sind. So kann es geschehen, dass ein Kind irgendetwas tut, das für seine körperliche Gesundheit bedrohlich ist.

- Wenn ein Mädchen wie *Leslie* mit einer schweren zerebralen Lähmung wegen ihrer Krankheit deprimiert ist und das Gefühl hat, nicht mehr weiter zu können, ist sie körperlich nicht imstande, ans Fenster zu gehen und zu springen (ihre Selbstmord-Vorstellung). Sie kann aber bis oben an die Treppe krabbeln und sich von dort aus hinunter stürzen. Für einen Menschen ohne körperliche Behinderung mag das Stehen oder Sitzen oben an der Treppe nicht gerade die beste Voraussetzung für einen Selbstmord-Versuch sein. Aber für *Leslie* ist das eine realistische Möglichkeit, sich das Leben zu nehmen.

Hegen Eltern, Lehrer, Ärzte oder andere Menschen, die sich mit einem behinderten Kind befassen, den Verdacht, es denke an Selbstmord, dann sollten sie das Kind fragen, ob es daran denke, sich etwas anzutun. *„Durch Ihre direkte Frage ermutigen Sie es nicht etwa dazu, sich das Leben zu nehmen"*, so *Neil Fialkow*. In einem solchen Fall gehen Sie mit Ihrem Kind zu einem kompetenten Psychologen oder Psychiater, um es untersuchen zu lassen.

Einige Dinge funktionieren wie Puffer gegen Selbstmord. Behinderte Kinder brauchen Hilfssysteme. Dazu gehört eine Familie, die sie unterstützt, eine Schule, die ihren Lern- und Ausbildungsfähigkeiten entspricht, und eine ihren körperlichen Bedürfnissen entsprechende Umgebung. Ist das alles vorhanden, dann kann ein behindertes Kind mit seinem Leben zurechtkommen. Optimistische Kinder, die das Gefühl haben, dass alles sich positiv verändern werde, meistern ihr Leben ganz sicherlich leichter. Effektive Strategien zur Lösung von Problemen, eine gewisse Selbstbeherrschung und ein soziales Umfeld, das das Kind unterstützt, tragen dazu bei, dass das Kind eventuell aufkommende Hoffnungslosigkeit und Verzweiflung erfolgreich bekämpfen kann.

Risiko-Einschränkung

„Bei stationär behandelten Patienten in der Pubertät stellen wir fest, dass die Unterstützung der Familie nicht immer ausschlaggebend dafür ist, ein Kind vor dem Selbstmord zu bewahren, weil das Kind in dieser Phase beginnt, selbständig zu werden. Hilfe von Eltern, Gleichaltrigen und anderen Erwachsenen schränkt aber bei einem Heranwachsenden zumindest das Selbstmord-Risiko ein."

Mark Reinecke, Universität Chicago

Manchen Kindern hilft es, wegen ihrer Depressionen eine Therapie zu machen, Medikamente zu nehmen oder in eine Klinik eingewiesen zu werden. Steht fest, dass das Kind sich selbst gefährdet, sollten die Eltern nicht davor zurückschrecken, es in eine Klinik einweisen zu lassen. *„Oft haben die Leute Angst, ihr Kind könne für sein Leben gebrandmarkt sein, wenn es in einer Klinik war. Sie stellen sich so eine Klinik wie die in dem Film ‚Einer flog über das Kuckucksnest' vor. Doch psychiatrische Kliniken heutzutage sind anders"*, betont *Neil Fialkow*.

Das erste Ziel der Einweisung in eine psychiatrische Klinik ist, jemanden in Sicherheit zu bringen und seinen geistigen Zustand zu stabilisieren. In einer Klinik werden Kinder davor beschützt, sich selbst oder anderen etwas anzutun. Unter Beobachtung kann dann eine Behandlungs-Strategie entwickelt werden. Selbstmord-Drohungen kommen nicht nur in der Pubertät vor und sollten auf keinen Fall als normales „Pubertätsproblem" abgetan werden. *„Die meisten Kinder in der Pubertät haben keine Probleme solcher Art"*, so Dr. Fialkow. *„Die Pubertätsjahre bergen große Herausforderungen, aber ernsthafte Selbstmord-Gedanken oder -Drohungen gehören normalerweise nicht dazu."*

Woran Sie denken sollten

- Kinder und besonders Teenager sehen Selbstmord manchmal als Ausweg aus ihren Problemen. Behinderte Kinder neigen eher zu Selbstmord-Gedanken als gesunde Kinder.
- Selbstmord-Gedanken entwickeln sich aus vielen verschiedenen Motiven heraus. Sie werden nicht immer durch traumatische Vorfälle herbeigeführt.
- Selbstmord-Gedanken oder der Wunsch nach dem Tod, das Planen eines Selbstmordes und die Ausführung dieses Planes sind drei Schritte, die jemand nacheinander unternimmt, um sich das Leben zu nehmen.
- Vergessen Sie nicht: Der Schweregrad der Behinderung hat nicht unbedingt etwas damit zu tun, wie groß die emotionale Belastung ist.
- Verhaltensweisen wie übermäßig lang anhaltende Traurigkeit, Aufgeregtheit, Versagen in der Schule, verändertes Schlafverhalten und ein plötzlicher Mangel an Appetit, aber auch das Sprechen über Selbstmord sollten nicht ignoriert werden. Spricht Ihr Kind von Selbstmord, dann nehmen Sie es ernst. Auch dann, wenn Sie glauben, dass es Sie nur damit erpressen will.

- Behinderte Kinder drücken emotionale Schwierigkeiten auf andere Weise aus als gesunde Kinder. Lernen Sie, die Gesten Ihres Kindes zu verstehen.
- Versuchen Sie, ein Familienleben zu schaffen, in dem sich Ihr Kind geborgen fühlt, eine Schule zu finden, die den Lern- und Ausbildungsbedürfnissen Ihres Kindes gerecht wird, und für eine Umgebung zu sorgen, die auf die körperlichen Bedürfnisse Ihres Kindes eingeht. Nur so können Sie es vor Selbstmord-Gedanken und Selbstmord schützen.
- Hegen Sie den Verdacht, Ihr Kind wolle sich etwas antun, dann fragen Sie es unumwunden, ob es an Selbstmord denkt.
- Falls Sie glauben, dass Ihr Kind deprimiert ist oder an Selbstmord denkt, ziehen Sie einen kompetenten Psychologen oder Psychiater hinzu.
- Schrecken Sie nicht davor zurück, Ihr Kind in eine psychiatrische Klinik einweisen zu lassen. Manchmal ist es notwendig, das Kind in Sicherheit zu bringen, damit es sich selbst und anderen nicht schaden kann.
- Helfen Sie Ihrem Kind, sich nützlich zu fühlen und realistische Ziele für sein Leben zu setzen, um dadurch sein Selbstwertgefühl aufbauen zu können.

5

Wie Sie im Team mehr für Ihr Kind erreichen können

„Die Einweisung ihres Kindes in ein Krankenhaus kann bei Eltern Narben hinterlassen, die nicht mehr weggehen. Die meisten Leute wissen nicht, wie sie mit dem Team im Krankenhaus umgehen müssen, und haben keine Vorstellung davon, wie es in einem Krankenhaus zugeht. Und oft sind sie schockiert, wenn sie bei einer Behandlung ihres Kindes nicht dabei sein dürfen."

Marilyn Treacher, Mutter von vier Kindern,
von denen eins unter einer Fehlfunktion
des autonomen Nervensystems leidet

Mein Kind muss ins Krankenhaus

Wenn ich im Krankenhaus bei meinem Kind bin, fühle ich mich, als hätte mir jemand einen Schraubstock angelegt. Diagnosen und Fehldiagnosen… Ärzte und Krankenschwestern sind auch nur Menschen und können nicht alles wissen. Prognosen, die manchmal richtig sind, manchmal auch falsch… Denn niemand kann in die Zukunft sehen. Die Fachausdrücke sind verwirrend, und die Krankenhaus-Bürokratie macht mich wahnsinnig. Ich schlafe zu wenig, ich kann kaum noch zwischen Tag und Nacht unterscheiden. Es ist schrecklich, all die anderen Kinder in den verschiedensten Krankheits-Stadien zu sehen. Und ich habe Angst, dass mein Kind seine Schmerzmittel nicht rechtzeitig bekommt. Manchmal kann die Abhängigkeit, die man im Krankenhaus spürt, einen fast verzweifeln lassen.

- *„Ich war so wütend auf die ganzen Umstände. Der Schmerz, die Anspannung und die Wut wurden so stark, dass ich manchmal andere Menschen anfuhr, die uns eigentlich nur helfen wollten. Ich saß in der Falle.“*

Mike, dessen Tochter mit Herzproblemen auf die Welt kam

Häufig gehen Menschen in die Offensive, wenn sie von Ärzten abhängig sind. Ihr Ärger und ihre Wut richten sich manchmal unwillkürlich gegen Ärzte und anderes Krankenhaus-Personal, wodurch die Beziehung zwischen Eltern und Ärzten dann wiederum belastet wird. Und genau das will man ja nun sicherlich nicht. Zusätzlich zu diesem Mangel an Beherrschung und dieser Wut leiden manche Eltern, deren Kinder immer wieder ins Krankenhaus müssen, auch noch unter einem posttraumatischen Schock. Wenn sie ihr Kind erneut ins Krankenhaus bringen müssen, durchleben sie das Trauma der vorherigen Krankenhaus-Aufenthalte wieder und haben manchmal das Gefühl, selbst eine innere Wunde zu haben. Glücklicherweise machen Kinder nicht immer dasselbe Trauma wie ihre Eltern durch, die oft während des gesamten Krankenhaus-Aufenthaltes ihres Kindes sehr gestresst sind.

Wir wissen alle, dass man auf entspannte Menschen besser reagiert. Das trifft auch für die Ärzte und das andere medizinische Personal zu. Um durchzusetzen, was Sie brauchen, sollten Sie ruhig bleiben, zuversichtlich wirken, sich informieren und ehrlich sein. Sie müssen lernen, anderen Ihre Bedürfnisse mitzuteilen, ohne dass man Ihnen anmerkt, wie aufgeregt Sie innerlich sind. Für viele Menschen – auch für mich selbst – stellt das oft eine fast übermenschliche Aufgabe dar. Aber wenn Sie genug üben, werden Sie es schaffen, sich einen Moment lang zu entspannen und ruhig zu sprechen, um das zu erreichen, was Sie brauchen.

- *„Als mein Sohn Frank zu einer Operation ins Krankenhaus musste, beschlossen mein Mann und ich, über Nacht immer abwechselnd bei ihm zu bleiben. Das gab uns die Gelegenheit, uns auch um unsere anderen Kinder zu kümmern und noch ein wenig auszuruhen"*, erzählt *Franks* Mutter. *„Mein Sohn musste seit Jahren immer wieder ins Krankenhaus, und mein Mann und ich standen jedes Mal wie unter Schock, wann immer wir das Krankenhaus betreten mussten. Das hatten wir bis dahin noch nicht gekannt. Diese Aufregung, mit ansehen zu müssen, wie Frank litt und dass er unserer Meinung nach nicht rechtzeitig Medikamente gegen die Schmerzen bekam, brachten bei meinem Mann eines Abends das Fass zum Überlaufen. Er geriet in Panik und schrie eine Krankenschwester an. Wie Sie sich vorstellen können, war daraufhin das Personal im Krankenhaus nicht mehr so kooperativ – was wiederum zu Franks Nachteil war. Später entschuldigte mein Mann sich für seinen Gefühlsausbruch und bemühte sich, einen neuen Weg einzuschlagen. Von da an lief alles etwas besser – aber es war uns eine Lehre."*

Man sollte gegenüber dem Krankenhaus-Personal bestimmt, aber nicht unverschämt auftreten.

„Es ist eine Gratwanderung zwischen dem Forcieren von Dingen und der Angst davor, das Personal könne sich möglicherweise nicht so um Ihr Kind kümmern, wie Sie es sich vorstellen", so *Henry Mangurten*, Leiter der Abteilung für Neu-

geborene am Lutheran General Childrens Hospital in Parkridge, Illinois. *„Wenn ein Patient unverschämt ist, wird sich das Team im Krankenhaus vielleicht wirklich nicht ganz soviel Mühe geben, wie Sie es erwarten. Man darf nicht vergessen, dass auch Ärzte und Krankenschwestern Gefühle haben.“* Wenn Eltern bei Ärzten besonders aufgeregt sind, können sie sich vom Pflegepersonal helfen lassen. *„Wenn ich mit Eltern Probleme habe, bemühe ich mich immer, die Krankenschwester, die sich um deren Kind kümmert, einzuschalten, damit sie zwischen uns vermittelt“*, erklärt *Henry Mangurten.*
Meiner Meinung nach hilft es, die Spannung zu reduzieren, wenn man ein Gespräch mit folgenden Worten beginnt: *„Ich weiß, das ist für uns alle frustrierend, aber... “* Spricht man aus, was alle empfinden, schränkt das automatisch die Verstimmung ein. So fühlen sich die Menschen, die mit Ihnen zusammen arbeiten, verstanden und sind entspannter. Und sie können sich dadurch auch besser beherrschen.

Ihr Behandlungs-Team

Versuchen Sie, sich selbst als Mitglied eines Teams sehen. Das gibt Ihnen das Gefühl, die Situation mehr mitbestimmen zu können. Auf diese Weise sind Sie etwas gelassener, wenn Sie Fragen an Ärzte und anderes Krankenhaus-Personal stellen. Vergessen Sie nicht: Es passieren vielleicht manchmal Fehler – aber jeder arbeitet hart daran, für Ihr Kind das Allerbeste zu tun. Erfragen Sie so viele Details, wie Sie von Ärzten und Schwestern in Erfahrung bringen möchten. Um Fehler zu vermeiden, müssen Sie möglichst gut über den Gesundheits-Zustand Ihres Kindes informiert sein. *„Falls nötig, bitten Sie darum, dass man Ihnen Bilder zeigt oder dass der Arzt Ihnen von dem, was er Ihnen gerade erklärt, eine Zeichnung macht. Ich muss Dinge immer bildlich vor mir sehen, um sie verstehen zu können“*, so *Mangurten.* Wenn Sie mit einer Entscheidung der Ärzte oder Schwestern nicht einverstanden sind, müssen Sie ihnen das auf jeden Fall sagen.

Sprechen Sie nicht nur am Bett Ihres Kindes mit dem Arzt.

Ein Mitglied des Ärzte-Krankenschwester-Teams sollten Sie zu Ihrem Fürsprecher machen. *„Das erleichtert einiges, besonders in der angespannten Atmosphäre der Intensivstation für Neugeborene, wo Sie sonst leicht einmal den Eindruck bekommen können, dass Ihre Fragen ignoriert werden“*, so *Miriam Gutmann*, Psychiaterin an einer Kinderklinik in Chicago. *„Bitten Sie um spezifische und konkrete Informationen, und lassen Sie sich nicht mit ein paar hingeworfenen Brocken abspeisen. Sprechen Sie bei jeder Schicht mit dem, der für Ihr Kind zuständig ist – möglichst zu einem etwas ruhigeren Zeitpunkt. Wenn Sie solche Gespräche planen, kommt eindeutig mehr dabei heraus.“*

- *„Unsere Tochter Lily war wegen eines Nieren-Problems mehrere Monate lang im Krankenhaus“*, berichtet ihre Mutter. *„Anfangs sprachen wir mit dem Arzt und seinem Assistenten nur an Lilys Bett. Aber mit der Zeit merkten wir, dass das nicht ausreichte. Mein Mann und ich beschlossen, wöchentliche Besprechungs-Termine mit dem Arzt, seinen Assistenten und der Krankenschwester zu vereinbaren. Das führte zu einer sehr viel besseren Zusammenarbeit.“*

Im Krankenzimmer ist man oft sehr emotional und kann nicht so klar denken. Regelmäßige Besprechungen mit allen Beteiligten über den Gesundheits-Zustand Ihres Kindes – besonders dann, wenn es sehr lange im Krankenhaus bleiben muss – sind von Vorteil. Versuchen Sie zu erreichen, das mindestens eine Krankenschwester bzw. ein Pfleger und die zuständigen Ärzte an der Besprechung teilnehmen, so dass Sie ein ganzes Team haben, das sich um Ihr Kind kümmert. Im allgemeinen verlaufen diese Besprechungen besser, wenn man vorher dafür einen Termin vereinbart. Sollte es zwischen Ihnen und dem Klinik-Team grundlegende Meinungsverschiedenheiten geben, bitten Sie einen Arzt oder einen anderen Klinik-Mitarbeiter, Sie zu diesen Besprechungen zu begleiten und Ihre Interessen zu vertreten. *„Sie brauchen einen Interessenvertreter, der für beide Seiten akzeptabel ist, damit Ihre Vorstellungen gehört werden“*, so *Henry Mangurten*.
Meistens sind die Eltern bei solchen Besprechungen übermüdet und sehr besorgt. In einem solchen Zustand versteht man Informationen leicht einmal

falsch, verdreht Dinge oder hört nicht jede Minute zu, was dann wiederum zu unnötigen Diskussionen führt. Deshalb hilft es, mindestens eine andere Person – einen Verwandten oder Freund – zu bitten, Sie zu der Besprechung zu begleiten und so etwas wie Ihr zweites Paar Ohren zu sein. Oft reagiert man auch sehr emotional, wenn man hört, was der Arzt Neues zu berichten hat – besonders dann, wenn es sich um eine schlechte Nachricht handelt. Wie vorsichtig der Arzt die Nachricht auch formulieren mag – sie kann denjenigen, den sie betrifft, auch einmal überfordern.

- *„Ich beging den Fehler, wegen meiner Tochter allein zu einer Besprechung mit dem Neurologen zu gehen"*, erzählt *Doris Brown*. *„Als der Arzt mir ganz vorsichtig mitteilte, dass sie aller Wahrscheinlichkeit nach einen Gehirntumor habe, wurde ich beinahe ohnmächtig. Von dem, was er nach dem Wort ‚Gehirntumor' sagte, habe ich fast nichts mehr mitbekommen. Ich stand so unter Schock, dass ich nicht einmal mit dem Auto nach Hause fahren konnte. Irgendwie schaffte ich es, jemanden anzusprechen und ihn zu bitten, mich nach Hause zu fahren. Ich wünschte, ich hätte in weiser Voraussicht jemanden zu dieser Besprechung mitgenommen."*

Zu Beginn einer ersten Besprechung fragen Sie den Arzt nach den möglichen Behandlungs-Methoden für Ihr Kind. Kann man das Problem wirklich nur auf eine Art und Weise beheben? Oder gibt es noch andere Methoden, vielleicht sogar in einem anderen Krankenhaus? Das gibt Ihnen Zeit, die Situation noch einmal zu überdenken und den Arzt auszuwählen, der Ihnen am besten erscheint.

- *„Ich bereue es heute noch, dass wir uns, als unsere Tochter damals operiert werden musste, auf Drängen des Arztes gleich zu der Operation bei dem uns vorgeschlagenen Chirurgen entschieden"*, erzählt *Tracys* Mutter. *„Das war ein großer Fehler. Wir versäumten es, nach anderen Ärzten oder Möglichkeiten zu fragen. Wir ließen die Operation sehr schnell durchführen, und das Ganze wurde zu einem einzigen Alptraum. Meine Tochter starb fast dabei. Es dauerte ein gutes Jahr, bis sie sich von allem erholt hatte. Diese Erfah-*

rung hat mich gelehrt, dass ich mich – ganz gleich, welche Operation oder welches medizinische Verfahren auch immer vorgeschlagen werden – trotzdem noch über alle Alternativen informieren und die Situation genau abwägen muss, bevor ich mich für einen Arzt und eine Behandlungs-Methode entscheide."

- *Kims* Oberkiefer stand acht Millimeter hinter ihrem Unterkiefer. Alle Ärzte, bei denen ihre Mutter mit ihr war, sagten, sie müsse operiert werden. Ihre Mutter war damit jedoch nicht einverstanden. Sie war der Meinung, es müsse noch einen alternativen Weg geben. Nach längerem Suchen fand sie einen Kiefer-Orthopäden, der versuchen wollte, ihrer Tochter mit einer Kombination aus Kiefer-Erweiterung und einer Spange zu helfen, die sie tragen musste, um ihren Oberkiefer vorzuschieben. Und tatsächlich – nach zwei Jahren hatte sich *Kims* Oberkiefer nach vorn geschoben, und die Operation war überflüssig.

Operation oder nicht?

Manche Ärzte glauben, eine Operation sei eine schnelle Lösung für alle medizinischen Probleme Ihres Kindes. Und dann gibt es noch Ärzte, die von vornherein eine Operation für fast jedes diagnostizierte Problem empfehlen. Doch alle Operationen bergen Risiken. Manchmal ist eine Operation nötig. Aber in manchen Fällen lässt sich das Problem mit innovativen und weniger einschneidenden Maßnahmen lösen. Man braucht allerdings etwas Zeit, um sie ausfindig zu machen.
Wenn Sie sich nicht einer wirklichen Notsituation gegenüber sehen, sollten Sie immer erst noch eine zweite oder dritte Meinung einholen, wenn eine Operation empfohlen wird. Es kann beispielsweise sein, dass Sie mit einem Spezialisten, der mit den Symptomen Ihres Kindes vertraut ist, telefonieren und plötzlich feststellen, dass er Alternativen kennt. Wie belastend es auch sein mag, von einem Arzt zum anderen zu rennen und sich immer wieder eine andere Meinung anhören zu müssen – es ist nie eine gute Idee, eine Operation zu schnell anzusetzen.

Wenn Sie einen Termin mit den Ärzten haben, sollten Sie sich Ihre Fragen vorher notieren, um später nicht die eine oder andere zu vergessen. Geben Sie sich nur mit nachvollziehbaren Erklärungen zufrieden. Wenn Ihnen die Antworten widersprüchlich erscheinen oder Sie das Gefühl haben, nicht alles zu verstehen, dann schrecken Sie nicht davor zurück, noch einmal nachzufragen. Sagen Sie ruhig auch zu den Ärzten: *„Ich mache mir eben große Sorgen um mein Kind.“*

Tipps vor der Operation

Als unsere zweite Tochter Magenprobleme hatte, führten die Ärzte in unserem Krankenhaus verschiedene Tests durch. Zwei Tage später erfuhren wir zu unserem Entsetzen, dass sie eine sofortige Operation benötige. Nachdem wir schon über einige Jahre hinweg die Operationen unserer ersten Tochter hatten durchstehen müssen, sahen wir uns plötzlich und unerwartet einer komplizierten Operation unserer zweiten Tochter gegenüber.
Vor der Operation mussten wir zu einem Untersuchungs-Termin ins Krankenhaus. Dort gab man uns Informations-Broschüren für Eltern und Kinder als Vorbereitung für die Operation mit. Die Krankenhausleitung bot auch eine Führung durch das Krankenhaus an. Vermutlich gibt es so etwas heutzutage in den meisten Kliniken. Ziel dieser Vorgehensweise ist, die Kinder auf die Operation oder den Krankenhaus-Aufenthalt vorzubereiten. Allerdings bin ich nicht ganz sicher, ob man nach so einer Führung durch das Krankenhaus nicht noch mehr Angst davor hat als vorher, weil auch schlechte Erinnerungen an einen früheren Krankenhaus-Aufenthalt wieder hochkommen können. Bei unserer Führung durch das Krankenhaus erhielten meine Tochter und ich eine exzellente Beratung durch eine Operationsschwester.

Woran Sie vor einer Operation denken sollten

Sehen Sie hier eine Liste von Dingen, die man vor einer Operation beachten sollte. Die Liste ist eine Zusammenfassung dessen, was wir von der OP-Schwester, durch die Broschüre und aufgrund unserer eigenen Erfahrungen gelernt haben.

- Erklären Sie Ihrem Kind in einfachen und klaren Worten, was im Krankenhaus mit ihm gemacht wird.
- Sagen Sie ihm immer die Wahrheit. Erzählen Sie Ihren Kindern keine schlimmen Geschichten von Operationen, die Sie vielleicht hatten. Derartige Geschichten tragen nicht gerade zur Beruhigung bei.
- Nehmen Sie zur Aufnahme Ihre Versicherungskarte und eventuell nötige Antragsformulare mit ins Krankenhaus.
- Planen Sie für den Operationstag mindestens 10 bis 12 Stunden ein.
- Baden Sie Ihr Kind am Tag vor der Operation und waschen Sie ihm die Haare.
- Vermeiden Sie es, Ihrem Kind am Abend vor der Operation fetthaltige Nahrungsmittel zu geben. Studien zeigen, dass fetthaltige Nahrungsmittel dazu beitragen, dass dem Kind nach der Operation übel ist oder es sich übergeben muss.
- Essen oder Trinken vor einer Operation kann dazu führen, dass die Operation verschoben wird. Erkundigen Sie sich bei dem Operations-Team, wie viele Stunden vor der Operation Ihr Kind fasten muss.
- Nehmen Sie das Lieblings-Spielzeug oder Kuscheltier Ihres Kindes mit. Normalerweise sind solche Spielzeuge im Operationssaal erlaubt, weil sie einen beruhigenden Effekt auf das Kind ausüben.
- Wenn Sie über Nacht im Krankenhaus bleiben, tragen Sie bequeme Kleidung. Sprechen Sie bereits in den Tagen vor der Aufnahme mit der Stationsschwester ab, ob Sie Ihr eigenes Klappbett mitbringen sollen.

- Geben Sie Ihrem Kind nach der Operation klare Flüssigkeiten – durchsichtige Flüssigkeiten wie Tee oder Apfelsaft – weil die leichter verdaulich sind.
- Denken Sie daran, dass nach der Operation die Kanüle im Arm Ihres Kindes bleibt, bis es essen und trinken darf.
- Informieren Sie den Anästhesisten über Allergien Ihres Kindes. Sollte es einen Inhalator benutzen, dann nehmen Sie ihn mit ins Krankenhaus.
- Vereinbaren Sie einen Termin mit dem operierenden Arzt nach der Operation.
- Sollten nach der Operation in der Nacht Komplikationen auftreten oder sonst irgendein Anlass zur Sorge bestehen, informieren Sie den diensthabenden Arzt sofort.

Medizinische Aufzeichnungen

Denken Sie daran, dass es oft lange dauert, sich Berichte aus einer Arztpraxis oder einer anderen medizinischen Institution schicken zu lassen. Ich rate Ihnen daher, um eine Ausfertigung der Aufzeichnungen, der Berichte oder der Röntgenbilder Ihres Kindes zu bitten, solange Sie noch im Krankenhaus sind. Es ist gut, diese Ausfertigungen zu Hause zu haben, um mal etwas nachzusehen. Auch kann einmal ein Notfall eintreten. Und dann ist man froh, wenn man den Bericht sofort zu Hand hat. Oder man möchte vielleicht schnell eine zweite Meinung bei einem anderen Arzt einholen, um eine wichtige Entscheidung treffen zu können. Dadurch stellen Sie sicher, dass Sie niemals einen Termin verschieben müssen. Haben Sie keine Bedenken, Ihren Arzt nach einer solchen Ausfertigung für Sie zu fragen. Manchmal müssen Sie für die Berichte oder Röntgenbilder etwas bezahlen, aber das lohnt sich auf jeden Fall.

Wer hat Dienst?

Was ich bei meinem ersten Krankenhaus-Aufenthalt mit meiner Tochter schlimm fand, war die Tatsache, dass einige Eltern ihre Kinder in dieser Umgebung allein lassen. Manche Eltern besuchen ihr Kind nicht einmal – es ist schockierend. Ich erinnere mich noch gut an einen angsterfüllten zwölfjährigen Jungen auf einem Rollbett, der dort ganz allein darauf wartete, in den Operationssaal gefahren zu werden. Panik stand ihm ins Gesicht geschrieben. Er tat mir so Leid, dass ich ihn fragte, ob ich irgendwo im Krankenhaus seine Familie finden könne. *„Nein"*, antwortete er. Er war allein, seine Familie war nicht bei ihm.

Wie fachmännisch die Ärzte und Krankenschwestern sich auch um Ihr Kind kümmern mögen – Kinder, und ganz besonders Kleinkinder, brauchen die Nähe ihrer Eltern. Ein älteres Kind oder ein Teenager können sehr wohl nachts oder einen Teil des Tages allein im Krankenhaus sein. Trotzdem sollte man so viel Zeit wie möglich bei seinem Kind im Krankenhaus verbringen. Zuerst einmal haben alle Kinder Bestätigung nötig. Krankenhäuser jagen Kindern Angst ein – und niemand möchte allein sein, wenn er Probleme hat. In solchen Momenten braucht man Unterstützung und Liebe am meisten. Außerdem schätzen Schwestern und Ärzte die Unterstützung der Eltern und sind auch darauf angewiesen. Krankenschwestern können einem Kind nicht die besondere Aufmerksamkeit zukommen lassen, die es braucht. Dafür haben sie viel zu viel zu tun. Kinder brauchen den Trost ihrer Eltern, ihre Unterstützung und ihre Fürsprache. Das hilft ihnen, schneller gesund zu werden.

Wenn es um die emotionalen Bedürfnisse ihres Kindes geht, sind die Eltern in der Pflicht.

Muss Ihr Kind länger als für ein paar Tage im Krankenhaus bleiben und Sie wissen nicht genau, welche Krankenschwester für Ihr Kind zuständig ist, dann bitten Sie die Stationsschwester, Sie der zuständigen Krankenschwester vorzustellen. Es ist von Vorteil, wenn sich immer dieselbe Krankenschwester um Ihr Kind kümmert. Viele Krankenhäuser haben dafür ein spezielles Programm eingeführt. Es beinhaltet, dass sich in jeder Schicht dieselbe Schwester um Ihr

Kind kümmert, so dass nur einmal am Tag ein Wechsel stattfindet. An diese Schwestern können sich die Eltern wenden, um sich über den neuesten Stand der Dinge zu informieren. Diese Regelung verhindert auch, dass Sie innerhalb weniger Stunden völlig voneinander abweichende Einschätzungen hören.
Sollte das Krankenhaus Ihres Kindes nicht so organisiert sein, bitten Sie jemanden vom Personal, es so einzurichten, dass Ihr Kind immer von denselben Schwestern betreut wird. Stellen Sie aber auch sicher, dass nicht ständig jemand anderes aus Ihrer Familie bei dieser Schwester anruft, um sich nach dem Zustand Ihres Kindes zu erkundigen. Es ist zwar eine fürsorgliche Geste, doch für das Krankenhaus-Personal ist es eine zusätzliche Belastung – ganz besonders dann, wenn Ihr Kind in der Intensivstation für Neugeborene liegt.
Das Personal des Krankenhauses darf nur die Eltern (oder von Fall zu Fall die Großeltern) über den Zustand des Kindes informieren. Und Sie allein entscheiden, an wen Sie diese Informationen weitergeben. Dabei kann ein innerfamiliäres Netzwerk, in dem einer den anderen anruft, nützlich sein. Denn auch Ihnen werden diese Telefonate mit der Zeit zu viel werden – vor allem, wenn es Ihrem Kind nicht besonders gut geht.

Mit der Genesung zurechtkommen

Jeder möchte sein genesendes Kind möglichst bald wieder aus der Klinik mit nach Hause nehmen. Vor allem in Familien mit mehreren Kindern oder wenn beide Eltern berufstätig sind, kann der regelmäßige Besuch im Krankenhaus ein Problem werden. Zudem haben Eltern häufig den Eindruck, dass sie „diese Pflege jetzt auch zu Hause übernehmen“ könnten.
Aber Vorsicht – muten Sie sich nicht zu viel zu. Zu Hause müssen Sie mit allen Komplikationen zunächst allein zurechtkommen. Geschwisterkinder beanspruchen Ihre Aufmerksamkeit, und vielleicht müssen Sie auch wieder arbeiten gehen und sich daher um eine Betreuung für Ihr genesendes Kind kümmern. Drängen Sie also nur auf Entlassung aus der Klinik, wenn Sie den Eindruck haben, über Gebühr lange hingehalten zu werden.
Und falls das umgekehrte Problem auftritt, bedenken Sie: Es kann Sie niemand

zwingen, das Krankenhaus mit einem kranken Kind, dessen Pflege Sie sich nicht gewachsen fühlen, zu verlassen. Auch in diesem Fall sollten Sie Ihre Probleme mit Ärzten und Schwestern besprechen.

Sie sehen: Es kann emotional sehr belasten, sein Kind in ein Krankenhaus bringen zu müssen. Jeder in der Familie wird scheinbar auf die eine oder andere Art zum Patienten. Das setzt alle unter Druck und unterbricht den normalen Tagesablauf. Um den Krankenhaus-Aufenthalt des Kindes etwas weniger unangenehm zu gestalten, sollten solche Familien Unterstützung von Freunden und nahestehenden Menschen bekommen. Ist der Patient erst richtig genesen, können die Eltern daran arbeiten, in der Familie wieder den normalen Alltag einkehren zu lassen.

Auch Kinder brauchen Ruhe und einen regelmäßigen Tagesablauf ohne viel Aufregung, um gesund zu werden.

Die Auswirkungen der Krankheit und andere wichtige Fragen

Eltern möchten normalerweise wissen, wie die Krankheit ihres Kindes sich weiterhin auswirken wird. Leider kann der weitere Verlauf – vor allem einer seltenen Krankheit – nur schlecht vorausgesagt werden. Ärzte können Ihnen den Verlauf, den sie von ähnlichen Fällen her kennen, beschreiben. Meist sind das ziemlich tragische Geschichten, so dass ein Vergleich mit Ihrem Kind nicht unbedingt beruhigend wirkt. Sie sollten sich unbedingt vor Augen halten, dass der „Fall", den die Ärzte da beschreiben, nicht Ihr Kind ist. Wenn Sie einfach nur den Prognosen der Ärzte glauben, dann kann Sie das davon abhalten, nach eigenen, neuen Möglichkeiten der Hilfe für Ihr Kind zu suchen.

- *„Anfangs gaben die Ärzte gar keine Prognosen. Sie wüssten noch immer nicht genau, wie es mit Patricia weitergehen werde. In gewisser Hinsicht ist es gut, dass sie nicht so viele Vorhersagen gemacht haben. Denn hätten sie* *uns gesagt, dass Patricia mit absoluter Bestimmtheit dieses oder jenes nicht tun könnte, dann hätten wir sie vielleicht davon abgehalten, es zu versuchen. Stattdessen haben wir sie immer gedrängt, Dinge auszuprobieren. Und es hat sich ausgezahlt."*

Pat Lima

Manchmal tun Ärzte körperliche Beschwerden als rein psychosomatische Symptome ab. Besonders wenn Ihr Kind anders aussieht – zum Beispiel Narben im Gesicht, Haarausfall oder andere äußere Anzeichen hat, die sofort auffallen – nehmen manche Menschen automatisch an, dass es auch größere psychische Probleme haben muss. Das ist aber längst nicht immer der Fall. Dieses Einstufen von schwer diagnostizierbaren Krankheiten als psychische Probleme erlebt man gerade bei Kindern mit sehr seltenen Krankheiten. Gewiss kann es vorkommen, dass Kinder psychische Probleme haben. Dann muss man sie natürlich auch dementsprechend behandeln. Doch das ist eher selten.
Einige Ärzte können nicht akzeptieren, dass sich Symptome eines Menschen nicht unmittelbar einstufen oder heilen lassen. Andere wollen sich nicht eingestehen, auch einmal etwas nicht zu wissen. Also schieben sie die Schuld für die Probleme des Patienten dem Patienten selbst zu. Sie behaupten, die Beschwerden des Patienten existierten nicht „wirklich" oder seien psychischen Ursprungs.

Schwer diagnostizierbare Krankheiten dürfen nicht einfach als „psychisch bedingt" abgetan werden.

Häufig werfen solche „Experten" auch vor allem den Müttern vor, die „Wahrheit" nicht zu sehen, sondern zu emotional zu sein und einen übermäßigen Beschützer-Instinkt zu haben. So etwas macht den Patienten und seine Mutter sehr wütend. Normalerweise findet die Familie nach und nach heraus, was der wahre Grund für die Symptome ist – aber das dauert eine Weile.

- *„Unser Sohn hörte im Alter von zwei Jahren auf zu wachsen. Er aß kaum noch etwas, trank aber ungeheure Mengen, sogar nachts. Natürlich hatte er immerzu nachts sein Bett nass. Wir konsultierten verschiedene Kinderärzte,* *die uns vorwarfen, überbesorgt unseren Sohn zu verwöhnen. Sie empfahlen, ihm vor allem nachts nichts mehr zu trinken zu geben. Nach mehr als einem halben Jahr fand ein Arzt heraus, dass unser Sohn einen Nierenschaden hatte, der seinen Flüssigkeitsbedarf so erhöhte. In der Kinderklinik bekamen wir dann Vorwürfe gemacht, dass wir nicht eher gekommen waren.“*

Manche Ärzte sagen auch, die Eltern eines solchen Kindes litten selbst unter einem psychischen Problem und erfänden Krankheits-Symptome einfach. Wie Sie sich vorstellen können, befinden sich Eltern, denen das vorgeworfen wird, in einer besonders schlimmen Situation.
Ich persönlich finde es gut, wenn Ärzte zugeben, dass sie ein Problem nicht kennen oder Symptome nicht zuordnen können, und mich, falls möglich, zu einem Kollegen überweisen. Sagt mir jemand, die Symptome meines Kindes seien psychisch bedingt, obwohl ich genau weiß, dass sie das nicht sind, dann ist das ziemlich erniedrigend. Es kann auch zu Uneinigkeit zwischen den Eltern führen, wenn einer der Eltern dem Arzt glaubt und der andere nicht.
Eine weitere Gefahr, den körperlichen Zustand eines Kindes als psychisches Problem abzutun, liegt darin, dass die Eltern darauf hin das tatsächliche Problem nicht behandeln lassen, was zu weiteren Komplikationen führen kann. Suchen Sie nach einem Arzt, der Ihnen glaubt und hilft. Glauben Sie mir – irgendwo gibt es einen solchen Arzt.

Woran Sie denken sollten

- Bleiben Sie bei Ihrem Kind im Krankenhaus, so lange das Krankenhaus das zulässt. Operationen und Krankenhaus-Aufenthalte sind einschneidende Erlebnisse für ein Kind.
- Herrschen Sie die Menschen, die Ihnen helfen wollen, nicht an.
- Versuchen Sie, ruhig und bestimmt, aber nicht unverschämt zu sein, wenn Sie etwas für Ihr Kind durchsetzen möchten.

- Sehen Sie sich selbst als Mitglied des Teams an. Stellen sie Fragen, um die Krankheit Ihres Kindes besser zu verstehen.
- Finden Sie jemanden in der Klinik, der bei Besprechungen mit Ärzten und Schwestern Ihre Interessen vertritt.
- Sorgen Sie für regelmäßige Besprechungen mit dem für Ihr Kind zuständigen Personal im Büro eines Arztes, und schreiben Sie Ihre Fragen und Anregungen vorher auf, damit Sie keine Frage oder Bemerkung vergessen.
- Sollte es zwischen Ihnen und dem medizinischen Personal irgendwelche Schwierigkeiten (auch Sprachprobleme) geben, suchen Sie einen Vermittler, um die Kommunikation zu erleichtern.
- Erkundigen Sie sich nach verschiedenen Möglichkeiten für die Behandlung Ihres Kindes.
- Überstürzen Sie die Entscheidung für eine Operation nicht. Überprüfen Sie zuerst die Alternativen, und hören Sie eine zweite Meinung.
- Bleiben Sie bei Ihrem Kind im Krankenhaus, weil es Ihre Nähe braucht, und um jederzeit seine Interessen vertreten zu können.
- Bestimmen Sie einen Verwandten oder Freund, der in Ihrem Namen Informationen an Familienmitglieder und Freunde weiterleiten kann.
- Gehen Sie, wenn möglich, nicht ohne Ihren Partner, einen Verwandten oder einen engen Freund zu einer Besprechung mit dem Arzt. Das hilft Ihnen, alles mitzubekommen, was der Arzt sagt, und es richtig zu deuten. Und es gibt Ihnen außerdem moralische Unterstützung.
- Suchen Sie sich zusätzliche Hilfe, wenn Ihr Kind wieder aus dem Krankenhaus nach Hause kommt. Sie wissen nicht genau, wie lange die Genesungszeit sein und wie gut sie verlaufen wird.
- Konzentrieren Sie sich auf die Gegenwart, anstatt auf irgendwelche Prognosen für die Zukunft zu warten.
- Finden Sie einen Arzt, der Ihre Fragen und Einwände ernst nimmt. Lassen Sie sich nicht entmutigen.
- Vergessen Sie nicht: Ruhe ist wichtig für die Genesung.

Wieder zu Hause: „*Hilfe!*“

„Ein behindertes Kind kann eine sehr starke Belastung darstellen. Das wurde mir umso klarer, als Mike in ein Camp fuhr. Er war fort – und ich hatte endlich mal etwas mehr Zeit für meine beiden anderen Kinder. Mike nimmt einen ungeheuren Teil meiner Zeit in Anspruch.“

Lila Richards, verheiratet, Mutter von drei Kindern.
Eines ihrer Kinder, *Mike*, ist Autist.

Kommt man mit seinem Kind aus der Klinik nach Hause, ist man zunächst sehr erleichtert, wieder in seiner familiären Umgebung zu sein. Alles ist wunderbar – doch dann bricht auf einmal die Hölle los. Sie sind für alles allein verantwortlich und müssen mit weniger Schlaf auskommen, als Sie jemals für möglich gehalten hätten. Dann sind da noch die Termine beim Arzt und eventuell Therapiepläne, die eingehalten werden müssen – und schon bald wissen Sie nicht mehr, wo Ihnen der Kopf steht.
Die passende Hilfskraft zu finden, ist schon unter günstigsten Umständen nicht leicht. Mit einem behinderten Kind kann es sich jedoch äußerst schwierig gestalten. Ist der Bewerber oder die Bewerberin ehrlich und zuverlässig? Kann sie oder er mit den Problemen meines Kindes umgehen? Ist es ein freundlicher Mensch? Welche Arten der Unterstützung gibt es eigentlich? Wie viel wird das Ganze kosten? Übernimmt die Versicherung das?
Das sind nur einige der Fragen, die Sie als Eltern eines behinderten Kindes beschäftigen. Als ich mit meinem neugeborenen Kind aus dem Krankenhaus kam, war ich alles andere als entspannt. Ich musste lernen, meine Tochter mit einem Fläschchen, aus dem man die Milch herauspressen konnte, zu füttern, weil sie nicht einsaugen konnte – und sie sollte doch unbedingt zunehmen, weil ihr ihre erste Operation schon im zarten Alter von zwei Monaten bevorstand. Ich musste täglich mit ihr zum Arzt. In dieser Zeit bekam sie zweimal Lungenentzündung. Ich machte mir Sorgen, wurde krank, hatte zu wenig Schlaf – ich war alles andere als ruhig. Es gab Tage, da wäre ich am liebsten davongelaufen.

„All diese vielen Verantwortungen gleichzeitig können Eltern auslaugen", so *Anthony Kennedy-Shriver*, Vorsitzender einer Organisation ehrenamtlicher Familienhelfer in Miami. *„Eltern behinderter Kindern brauchen dringend eine Unterstützung, damit sie nicht durchdrehen."*
Meine Eltern und Schwiegereltern, meine Geschwister, Tanten und Onkel halfen uns, wo sie nur konnten. Aber das reichte einfach nicht aus. Ich brauchte dringend eine regelmäßige Unterstützung. So machte ich mich auf die Suche. Ich wollte jemanden, der zuverlässig, ehrlich und gutgelaunt war; jemanden, der sich nicht in unsere Angelegenheiten einmischte und auch sonst keine Schwierigkeiten machte; jemanden, der mit einem behinderten Kind umgehen konnte. Natürlich fand ich so jemanden nicht. Ich war auf mich selbst gestellt. Irgendwie schaffte ich es, den gesamten Prozess durchzustehen, aber ich werde diese Zeit nie vergessen. Jetzt verstehen Sie, warum es hier auch ein Kapitel zum Thema „Wie man die passende Hilfe findet" gibt. Vielleicht finden Sie darin den einen oder anderen Tipp, um Ihre Situation ein wenig zu erleichtern.

Ihre Bedürfnisse

Gewöhnlich ist der erste Impuls, ganz schlicht einen Babysitter zu engagieren – jemanden mit Verantwortungs-Bewusstsein, der bei Ihrem Kind bleibt, wenn Sie einmal weggehen müssen. Das hört sich so einfach an – ist es aber nicht. Besonders wenn Sie ein schwerbehindertes Kind haben, kann es sehr schwierig sein, jemanden Passendes zu finden. Vor allem für ältere Kinder oder Jugendliche kommen nur erwachsene Betreuer, die Erfahrung im Umgang mit behinderten Kindern haben sollten, in Frage. Was also tun?
Wenn Ihr Kind eine Schule besucht oder in einer Tageseinrichtung für Schwerbehinderte betreut wird, sollte das Ihre erste Anlaufstelle bei der Suche nach häuslicher Hilfe für Ihr Kind sein. Zumindest werden Sie dort Eltern finden, die diese Probleme kennen – oder sie bestenfalls sogar schon gelöst haben.
Ist Ihr Kind pflegebedürftig, weil medizinische Behandlungen, die im Krankenhaus begonnen wurden, zu Hause kurzzeitig oder auf Dauer fortgesetzt werden müssen, kann der Arzt Ihrem Kind häusliche Pflege verschreiben. Das be-

deutet, dass Mitarbeiter eines ambulanten Pflegedienstes regelmäßig kommen, um Ihnen zum Beispiel bei der Dialyse, beim Anlegen von Infusionen, beim Verbinden zu helfen.
Es gibt auch die Möglichkeit, dass der Arzt Ihr Kind nur unter der Bedingung nach Hause entlässt, dass Sie eine Haushaltshilfe engagieren, die putzt, kocht, eventuell auch einkauft oder sich um Ihre gesunden Kinder kümmert, während Sie Ihr krankes Kind betreuen. Eine solche Hilfe muss natürlich keine medizinische Ausbildung haben.

Das Pflegepersonal

Haben Sie sich erst einmal mit dem Arzt und der Krankenkasse geeinigt, welche Pflege für Ihr Kind notwendig ist, beginnt die schwierige Suche nach einer geeigneten Hilfe. Vor allem wenn abzusehen ist, dass es sich um Langzeit-Pflege handelt, sollten Sie versuchen, mehrere Bewerber zu sprechen und auch bei sich zu Hause zu empfangen, um eine bessere Entscheidung zu treffen.
Wenn Sie sich nach einem ambulanten Pflegedienst erkundigen, sollten Sie immer um drei Referenzen bitten. Leider gibt es noch nicht genügend ambulante Kinder-Pflegedienste, so dass Sie wahrscheinlich auf Pfleger und Schwestern treffen, die vorwiegend mit Erwachsenen zu tun haben. Fragen Sie deshalb bei dem Pflegedienst nach, ob und wie viele Kinder mit einer ähnlichen Krankheit schon betreut wurden. Es hilft auch, eine Liste von Fragen vorzubereiten, wie zum Beispiel: Was macht man, wenn die Pflegerin anruft und sagt, sie könne nicht wie geplant zur Arbeit kommen? Wie werden die Schwestern überwacht und ausgebildet? Was macht man, wenn man unzufrieden ist?
Für viele Familien sind die Diakonie, der Caritas-Verband, das Deutsche Rote Kreuz oder die Arbeiterwohlfahrt erste Anlaufstelle bei der Suche nach häuslicher Pflege. Wenn Sie sich über einen privaten Pflegedienst erkundigen möchten, versuchen Sie über Ihre Krankenkasse etwas in Erfahrung zu bringen.
Für das weitere Vorgehen ist es egal, ob Sie Hilfe bei der Pflege oder im Haushalt benötigen. Sie müssen sich jemanden aussuchen, der Ihren Vorstellungen entspricht und zu Ihnen passt. Vor allem wenn geplant ist, dass jemand täglich

ins Haus kommt, sollten Sie auf bestimmte Kriterien achten. Um beurteilen zu können, ob die Bewerberin oder der Bewerber sich eignet oder nicht, müssen Sie sich einen Einblick in deren Persönlichkeit verschaffen, wobei Sie sich darüber im Klaren sein sollten, welches Temperament Ihnen am ehesten liegt, welche Fragen Ihnen wichtig sind und wie Sie die Person testen können. Stellen Sie sicher, dass die Bewerberin Erfahrung hat oder bereit ist zu lernen, wie man mit den Problemen Ihres Kindes umgeht. Und vor allem: Stellen Sie sie Ihrem Kind vor. Suchen Sie nie jemanden aus, der Ihrem Kind von vornherein unsympathisch ist – dann ist der Ärger schon vorprogrammiert.

Was Sie von Anfang an vermeiden sollten

Stellen Sie von vornherein klar, dass Sie niemanden suchen, der sich in Ihre Familie einmischt. Es kann zum Beispiel nicht die Aufgabe einer Pflegekraft sein, Ihre Eheprobleme zu lösen.

- *Jane Bradey*, deren Tochter ein Tracheostoma hat: *„Es schien so, als hätte Eileen, die Pflegerin, jedes Mal, wenn ich mich umdrehte, wieder irgendeine andere ‚hilfreiche' Idee bezüglich unserer Ehe oder unserer Familie, die sie mit mir ‚teilen' wollte. Ihre Anwesenheit brachte nur noch mehr Chaos in unsere Familie, wo wir doch ohnehin schon genug belastet waren. Wir mussten sie wieder entlassen."*

Vergessen Sie nicht: Sie brauchen Hilfe – nicht jemanden, der gegen Sie arbeitet.

Manchmal mischen sich Pflegekräfte in das Familienleben ein – teils aus ihrer eigenen Frustration oder Anspannung heraus, manchmal aber auch, weil sie glauben, es laufe etwas schief. Sie sagen Dinge, die dann zu Problemen in der Familie führen – vielleicht nur um ihrer Wut Luft zu machen oder um ihre Angst loszuwerden. Häufig können oder wollen sie die Familie nicht direkt mit dem konfrontieren, was sie stört. Also mischen sie sich stattdessen ein, klatschen, verweigern die Zusammenarbeit oder lassen Sie sogar wissen, dass sie die Situation besser in den Griff kriegen könnten als Sie selbst. So ein Benehmen kann fatal sein – besonders weil Sie ohnehin einer sehr starken Belastung ausgesetzt sind. Wenn Sie sehen, dass sich so eine Situation zusammenbraut, fragen Sie die Pflegerin, was sie auf dem Herzen hat. Bleibt das Problem trotzdem weiter bestehen und führt zu unnötigen Reibereien, dann müssen Sie vielleicht einen Ersatz finden.

Einige Tipps, die helfen

- Lassen Sie die Krankenschwester oder Pflegekraft für eine Woche zur Probe kommen, bevor Sie sie fest einstellen. Eine Woche gibt Ihnen Zeit, sich aneinander zu gewöhnen. Wenn Sie nach einer Woche nicht sicher sind, ob sie die richtige ist, stellen Sie sie nicht fest ein.
- Bringen Sie der Pflegeperson nicht nur bei, was sie tun soll, sondern auch, was Ihr Kind mag und was es nicht mag. Nehmen Sie sich die Zeit, zu Hause zu bleiben. Sie sollten anwesend sein, um zu beurteilen, ob zwischen Ihrem Kind und der potentiellen Pflegekraft Harmonie besteht, und um Fragen zu beantworten. Haben Sie ein gutes Gefühl, dann können Sie die Pflegekraft und Ihr Kind eine Zeitlang allein lassen.
- Verlassen Sie das Haus anfangs nur für kurze Zeit. Haben sich die Pflegekraft und Ihr Kind etwas aneinander gewöhnt und haben Sie ein gutes Gefühl dabei, dann können Sie auch länger fortgehen.

Das Aneinander-Gewöhnen

Jemanden dazu auszubilden, bei Ihnen zu Hause zu arbeiten, kann auch seine Schwierigkeiten haben – besonders, wenn die Hilfe nicht gut deutsch spricht. Doch je nach Ihren Anforderungen kann jemand, der nicht ganz fließend deutsch spricht, trotzdem eine große Hilfe sein.

- *„Miriam spricht türkisch und ist eine wundervolle Person. Langsam lernt sie auch deutsch"*, sagt *Jana*. *„Sie kümmert sich rührend um unseren Sohn wie kein anderer. Wenn ich daran denke, dass ich sie beinahe wegen der fehlenden Sprachkenntnisse wieder weggeschickt hätte …!"*

Es ist nicht ungewöhnlich, dass Eltern behinderter Kinder Probleme damit haben, ihr Kind mit einer Pflegekraft allein zu lassen. Sie haben vielleicht das Gefühl, der einzige Mensch zu sein, der weiß, wie man mit Ihrem Kind umgehen muss, und machen sich Sorgen. Das ist ganz normal. Seien Sie also nicht überrascht, wenn Sie zunächst eine gewisse Trennungsangst durchmachen, wenn Sie aus dem Haus gehen.
Es ist gar nicht so leicht, die richtige Hilfe zu finden. Aber es gibt Menschen, die nichts lieber machen als zu helfen, wenn jemand krank ist. Wenn Sie die richtige Person finden, wird das Ihr Familienleben erleichtern.

Wer zahlt die Pflege?

Nachdem wir jetzt die positiven Seiten aufgezeigt haben, sollen auch die Probleme kurz erwähnt werden. Bevor Sie versuchen, eine Pflege für Ihr Kind zu finden, müssen Sie sich zuerst mit Ihrer Pflegekasse absprechen. In vielen Fällen ist es sehr schwer, die Pflegekasse davon zu überzeugen, dass ein Kind mehr Pflege und Zuwendung als andere Kinder seines Alters braucht und Anspruch auf Zahlungen aus der Pflegeversicherung hat.
Versuchen Sie nicht, diese Auseinandersetzung allein zu führen. Suchen Sie sich Unterstützung durch den Kinderarzt, durch den Arzt in der Klinik, durch den sozialpsychologischen Dienst der Klinik. Dort kann man Ihnen auch helfen, die Formulare auszufüllen. Wenn der Antrag abgegeben ist, wird Sie ein Arzt vom Medizinischen Dienst der Krankenkassen (MDK) nach Absprache zu Hause besuchen. Er wird Sie zu jeder einzelnen Hilfestellung, die Sie Ihrem Kind geben müssen, befragen – dabei sollten Sie nicht allein sein. Bitten Sie jemanden, dem Sie vertrauen und der sich ein bisschen auskennt, Ihnen bei diesem Besuch zur Seite zu stehen. Manchmal dauert es längere Zeit, bis Ihr

Antrag bearbeitet wird. Dann ist es wichtig zu wissen, dass Ihr Anspruch auf Pflegegeld vom Tag der Antragstellung an gilt und Pflegegeld auch rückwirkend gezahlt wird. Wenn eindeutig klar ist, dass Sie Anspruch auf Hilfe haben, besteht auch die Möglichkeit, den Antrag mit Hilfe des von Ihnen ausgesuchten Pflegedienstes zu stellen. In jedem Fall sollten Sie sich absichern. Bedenken Sie, dass auch die Pflegekassen gehalten sind zu sparen – davon sind „Leistungen in Zweifelsfällen“ besonders betroffen.

Woran Sie denken sollten

- Schämen Sie sich nicht zuzugeben, dass Sie Hilfe brauchen. Besonders kurz nach der Diagnose ist es normal, unsicher im Umgang mit der Krankheit Ihres Kindes und ungeübt mit den Therapien zu sein.
- Überlegen Sie genau, wobei Sie Hilfe brauchen. Es ist ein großer Unterschied, ob Sie Hilfe bei der Krankenpflege, bei der Betreuung Ihres Kindes oder im Haushalt benötigen.
- Lassen Sie sich schon in der Klinik vom sozialen Dienst bezüglich der zukünftigen Pflege Ihres Kindes und in Versicherungsfragen beraten.
- Suchen Sie sich einen Pflegedienst, der Referenzen vorzuweisen hat. Versuchen Sie, jemanden zu finden, der Erfahrung im Umgang mit kranken Kindern hat. Im Zweifelsfall können Sie Ihre Krankenkasse bitten, Ihnen bei der Suche zu helfen.
- Suchen Sie sich eine Haushaltshilfe oder Pflegekraft aus, die zu Ihrer Familie passt. Vereinbaren Sie eine kürzere Probezeit, um auch Ihrem Kind die Chance zu geben, sich mit einer Betreuung anzufreunden.
- Lassen Sie nicht zu, dass sich jemand vom Pflegedienst zu sehr in Ihre persönlichen Belange einmischt.
- Wundern Sie sich nicht, wenn es Ihnen anfangs schwer fällt, Ihr Kind mit jemand anderem allein zu lassen. Aber bedenken Sie: Das ist Ihre freie Zeit – und die brauchen Sie dringend.

Beratung: Die richtige Therapie, der richtige Therapeut

„Manchmal ist eine Selbsthilfe-Gruppe nicht das Richtige für die Eltern oder die Familie. Aus irgendeinem Grund fand ich es schwierig, bei einer Selbsthilfe-Gruppe mitzumachen, und auch nicht besonders hilfreich. Ich hatte das Gefühl, dass unsere Familie eine individuelle Therapie brauchte, um ihre Probleme zu bewältigen."

Joan Likon,
Mutter von vier Kindern, von denen eins einen Sauerstoff-Apparat braucht

Mit einem behinderten Kind zu leben, ist für jeden sehr anstrengend – für das Kind selbst, die Eltern und auch für die anderen Familienmitglieder. Deshalb suchen viele Familien psychologische Beratung. Es ist nicht immer ganz einfach festzustellen, wann Beratung notwendig ist. Manchmal sind die Anzeichen dafür ungenau oder verwirrend. Ein mitfühlender, gut ausgebildeter Therapeut kann Ihnen normalerweise helfen, die Dinge zurechtzurücken. Aber nicht jeder Therapeut ist qualifiziert für den Umgang mit Ihren ganz speziellen Umständen. Hinzu kommt, dass es verschiedene Arten von Therapien gibt, aus denen man wählen kann. Einzeltherapie ist nur eine Möglichkeit. Auch den Zeitpunkt zu entscheiden, wann man eine Therapie braucht, kann schwer sein.

Haben Sie sich dann einen Therapeuten ausgesucht, ist es nicht immer leicht zu beurteilen, ob er Ihnen wirklich helfen kann. Oft dauert es Wochen oder Monate, bevor sich ein Erfolg einstellt. Der Prozess kann schmerzhaft und beunruhigend sein, die Beratung vielschichtig. Und obwohl man sich vielleicht anfangs in eine Therapie begibt, um sich mit dem Zustand seines Kindes auseinander zu setzen, werden doch in den Sitzungen auch andere Gefühle aufgewühlt, die wiederum Probleme aufwerfen. Manche Paare beschließen dann beispielsweise, in einer Einzeltherapie an ihrer Partnerschaft zu arbeiten.

Wann Sie Hilfe suchen sollten

Oft denkt man, man könne sofort erkennen, wenn man selbst oder ein Familienmitglied Hilfe braucht – wie zum Beispiel nach einer Scheidung oder wenn jemand versucht hat, Selbstmord zu begehen. Aber es gibt auch Situationen, in denen es nicht so offensichtlich ist. Die Faustregel ist zwar, dass man auf Persönlichkeits-Veränderungen achten sollte, aber auch da gibt es Unterschiede. Was für den einen vielleicht ungewöhnliches Verhalten ist, mag für jemand anderen typisch sein. Nicht alle Veränderungen sind so deutlich wie zum Beispiel bei einem Kind, das immer freundlich und extrovertiert war, sich dann aber auf einmal sehr zurückzieht.

Andere Symptome einer psychischen Störung sind zum Beispiel die Unfähigkeit, sich zu konzentrieren, zu essen, zu schlafen, hoffnungslose Gedanken oder ständige vage Schmerzen ohne greifbare Ursache. Wenn ein Kind in seinem Verhalten immer unauffällig war, dann aber plötzlich Schwierigkeiten hat – die Schule schwänzt, unverschämte Antworten gibt – dann stimmt irgendwas nicht. Vielleicht braucht auch einer der Erwachsenen eine Therapie. Sind Sie ständig verärgert oder wütend, können sich nicht beherrschen oder fühlen sich regelmäßig überfordert, dann kann das ein Zeichen dafür sein, dass Sie Beratung brauchen. Erwachsene, die anfangen zu trinken oder zu rauchen, sind auch ein Grund zur Besorgnis.

Auffallende Verhaltens-Änderungen können ein Grund sein, einen Therapeuten aufzusuchen.

Natürlich können solche Veränderungen auch nur vorübergehend sein. Ein paar schlaflose Nächte erfordern noch keine psychologische Hilfe. Längerfristige Verhaltens-Änderungen, bei denen jemand sich extrem benimmt oder an Menschen oder Dingen Schaden anrichtet, geben allerdings Anlass zu einer Therapie. Dabei muss die Verletzung nicht unbedingt physisch sein. Bevor Sie einen Therapeuten aufsuchen, sollten Sie zuerst versuchen, das Problem selbst zu lösen. Fragen Sie Ihr Kind, was es bedrückt, und versuchen Sie mit ihm zu sprechen. Wenn Sie aber das Problem nicht verstehen oder nicht wissen, wie Sie helfen sollen, gehen Sie zu einem qualifizierten Therapeuten.

Manchmal reichen nur eine oder zwei Beratungen mit einem Psychotherapeuten oder ein paar Sitzungen auch in größeren Zeitabständen. Mehrere Treffen und periodische Familien-Beratungen in Zeiten erhöhter Belastung können eine wertvolle Hilfe für eine Familie mit einem behinderten Kind sein.

- *„Unsere Familie litt unter einer enormen Belastung, als bei unserem Sohn ein Aufmerksamkeits-Defizit-Syndrom diagnostiziert wurde"*, berichtet *Sally*. *„Ich arbeitete, aber mein Mann hatte gerade seinen Job in einer großen Ladenkette verloren, und wir wussten nicht, was wir tun sollten. Gott sei Dank schickte eine Freundin mich zu einer Therapeutin in der Nachbarschaft, und die rettete das Leben unserer Familie. Sie hat jeden einzeln behandelt und uns auch als Familie beraten."*

Eine vorbeugende Beratung ist eine Art Sicherheits-Netz. Es ist einfacher, ein Problem zu beheben, bevor es in eine echte Krise führt und Beziehungen ruiniert werden. Ein präventives Treffen, gleich nachdem die Familie die Diagnose erfährt, kann ihr helfen, Bereiche von Stärken und von Verletzbarkeit zu identifizieren und sich mit allen Warnsignalen vertraut zu machen, die eine weitere Beratung erfordern würden.

Eine vorbeugende Beratung ist eine Art Sicherheits-Netz.

Eine eigentlich vielleicht glückliche und sorglose Familie kann unter dem Eindruck einer chronischen Krankheit zeitweise psychologische Hilfe brauchen. Das heißt aber nicht, dass alle Familienmitglieder ein oder zwei Jahre lang ständig eine Therapie machen müssen. Oft hilft allein das Wissen, dass es jemanden gibt, an den man sich bei Problemen wenden kann.

Wie sucht man einen Therapeuten?

Weiß man erst einmal, dass man Hilfe braucht, dann ist es sehr wichtig, den passenden Therapeuten auszuwählen. Suchen Sie jemanden, bei dem Sie sich wohl fühlen. Halten Sie Ausschau nach jemandem mit ähnlichen Werten und

den gleichen Zielen für die Behandlung wie den Ihren. Die Persönlichkeit des Therapeuten ist sehr wichtig.
Wenn Sie zum Beispiel ein hohes Maß an Humor haben und der erste Therapeut, den Sie aufsuchen, ein Langweiler ist, dann ist er für Sie nicht der richtige. Hören Sie auf Ihre innere Stimme. Auch wenn es Ihnen schlecht geht, können Sie sich auf diese Gefühle „aus dem Bauch heraus“ immer noch verlassen.

Vergewissern Sie sich, dass Ihr Therapeut gern mit Kindern mit chronischen gesundheitlichen Problemen arbeitet.

Man sollte auch gut überlegen, ob man lieber einen männlichen oder einen weiblichen Therapeuten haben möchte. Ganz allgemein ist es üblich und vernünftig, einen Therapeuten zunächst um ein allgemeines Beratungsgespräch zu bitten. Bei einem Therapeuten, der von der gesetzlichen Krankenkasse zugelassen ist, kann man bis zu sechs Probesitzungen vereinbaren, bevor man sich für eine umfassende Therapie entscheidet. Die muss dann von der Krankenkasse genehmigt werden.
Es ist auch durchaus legitim, den Therapeuten zu fragen, wie er das Problem sieht, auf welche Weise er herangehen wird, um es zu lösen, und wie lange er glaubt, dass es dauern wird, das Problem zu bewältigen. Finden Sie die Einstellung des Therapeuten zu Einzelpersonen, Familien und Paaren heraus, und ob er manchmal auch Medikamente einsetzt.
Bevor Sie sich für einen Therapeuten entscheiden, stellen Sie sicher, dass er auch Termine für Sie frei hat. Es hilft Ihnen nichts, wenn das erste Beratungsgespräch Sie hoffnungsvoll stimmt, die nächsten Sitzungen aber erst in einigen Monaten stattfinden können.

Therapie-Ziele

Nach der therapeutischen Einschätzung – die normalerweise nur wenige Sitzungen dauert – sollte es eine Besprechung geben, in der Sie und der Therapeut zusammen entscheiden, wie Sie weiter vorgehen wollen. Vereinbaren Sie mit ihm, welche Ziele Sie sich für die Therapie setzen wollen – und in welcher Zeit sie erreicht werden sollen.

„Beim ersten Besuch des Patienten frage ich ihn, ob er Fragen zu mir oder zu meinem Herangehen an sein Problem hat", so *John Rolland. „An dieser Stelle sollte eine Familie nachfragen, ob der Therapeut Erfahrung mit einem körperlich oder geistig behinderten Menschen und dessen Familie hat, und ob er eine spezielle Ausbildung in Familientherapie absolviert hat. Therapeut und Patient sollten ihre genauen Ziele für die Therapie besprechen. Sagt der Patient: ‚Ich brauche Hilfe für Problem X', und der Therapeut antwortet: ‚Ich denke, Sie sollten Hilfe für Y bekommen', dann sollte der Patient nachfragen, warum der Therapeut anderer Meinung ist als er selbst."*

Besteht Ihrer Meinung nach ein deutlicher Unterschied zwischen seinen und Ihren Zielen für die Behandlung, muss er Ihnen erläutern, wie es dazu kommt. Ein guter Therapeut sollte seine eigenen Grenzen kennen und Patienten mit einem Problem, das er nicht behandeln kann, zu einem Kollegen mit der entsprechenden Ausbildung schicken.

- *„Einige Patienten haben mir erzählt, dass sie jahrelang bei jemandem in Therapie waren, aber nie besonders viel aus den Sitzungen herausholen konnten, weil sie sich bei dem Therapeuten nie wohl fühlten"*, so *Janice Alpert. „Ich fragte sie, warum sie denn weiter dorthin gegangen seien. Sie antworteten mir, dass schon kurz nach Beginn der Therapie irgendwie wieder alles ins Stocken geraten sei, sie sich aber gedacht haben, dass dieser Therapeut ‚sie ja nun schon mal kennt'."*

Wenn Sie nicht zufrieden mit Ihrem Therapeuten sind, suchen Sie sich einen anderen. Sie müssen Ihren Fortschritt einschätzen und entscheiden, ob Sie einen anderen Therapeuten brauchen und, falls ja, jemanden finden, bei dem Sie das Gefühl haben, dass er Ihnen wirklich helfen kann.

Dass die Therapie anschlägt wissen Sie, sobald Sie anfangen, sich besser zu fühlen oder eine Lösung für Ihre Probleme finden. Die Länge der Therapie hängt natürlich von Ihren Zielen ab.

An wen wende ich mich wofür?

Es gibt verschiedene Arten psychologischer Berater. Ein Unterschied zwischen einem Sozialarbeiter, Psychologen und Psychiater ist die Art der Ausbildung. Der Psychiater ist als Mediziner ausgebildet und hat mehrere Jahre als Assistenzarzt gearbeitet. Psychologen haben ein Hochschulstudium hinter sich. Sie sind, wie auch Sozialarbeiter, keine Ärzte und dürfen keine Medikamente verschreiben. Was bei einem Therapeuten vor allem zählt, ist seine Aufmerksamkeit und seine Fähigkeit, Ihnen seine Einschätzung der Situation zu erläutern und mit Ihnen gemeinsam funktionierende Lösungen zu erarbeiten.

Mit wem auch immer Sie zusammenarbeiten möchten – wichtig ist eine psychotherapeutische Ausbildung. Auch dabei gibt es Unterschiede: Psychotherapeuten können sich spezialisieren – zum Beispiel auf Familientherapie, Ehetherapie, Verhaltenstherapie oder analytisch orientierte Einzeltherapie. Außerdem gibt es eine Spezialisierung zum Kinder- und Jugendlichen-Psychotherapeuten, was die Auswahl nicht einfacher macht. Eine erste Hilfestellung können Ihnen zum Beispiel die schulpsychologischen Beratungsstellen der Stadt bieten. Dort braucht man keinen Termin für ein erstes Beratungsgespräch, sondern kann in eine offene Sprechstunde gehen und sich unverbindlich empfehlen lassen, welches weitere Vorgehen günstig wäre.

- *„Anfangs wollte ich mit Eric zu einem Psychiater gehen, um mich beraten zu lassen. Ich glaubte, die seien besser ausgebildet und könnten uns deshalb besser helfen. Wie sich herausstellte, brauchte Eric keine Medikamente, und so wurden wir – damals gegen meinen Willen – zu einer Sozialarbeiterin in unserem Ort geschickt. Ich stand dem extrem skeptisch gegenüber. Tatsächlich aber war es das Beste für uns. Sie war praktisch eingestellt, unkompliziert und hatte funktionierende Lösungen für unsere Familie anzubieten."*

Randy Lewis,
deren Sohn *Eric* Legastheniker ist
und auch noch einige andere Probleme hat

Für die Arbeit mit Familien sind häufig Sozialarbeiter und Ehe- oder Familientherapeuten zuständig. Sozialarbeiter arbeiten praxisnäher, sie beraten auch zu Problemen in der Schule, im Kindergarten und mit Versicherungen bieten. Sie sind in den meisten Beratungsstellen der Stadt, der Diakonie oder der Caritas die ersten Ansprechpartner. Ratsuchende mit schwerwiegenden psychischen Problemen sollten zu einem Arzt mit psychotherapeutischer Ausbildung gehen – vor allem wenn die Probleme nur mit Medikamenten zu beheben sind.

- *„Meine Tochter hat Mukoviszidose. Deshalb war es uns eine große Hilfe, mit einer Sozialarbeiterin zusammen zu arbeiten, die auch diese Krankheit hat. Sie kam einerseits gut damit zurecht und konnte sich andererseits genau vorstellen, was wir gerade durchmachten.“*

Natürlich wäre es sehr hilfreich, immer einen Therapeuten zu finden, der mit den Gesundheitsproblemen Ihres Kindes schon vertraut ist. Leider ist es ziemlich schwierig, so jemanden aufzutreiben – besonders wenn Ihr Kind eine sehr seltene Behinderung oder eine kaum bekannte chronische Krankheit hat. In großen Krankenhäusern oder Universitäts-Kliniken ist die Wahrscheinlichkeit zumindest höher, einen erfahrenen Therapeuten zu finden. Das muss nicht immer jemand sein, der schon genau Ihr Problem kennt. Es genügt, wenn er Ähnliches schon einmal gesehen hat.

- *„Meine Schwester hatte einen schweren Autounfall, der ihr Gesicht sehr stark entstellte. Zum Glück fanden meine Eltern einen Therapeuten, der mit der Behandlung von Brandopfern Erfahrung hatte und an Patienten mit Missbildungen gewöhnt war. Er konnte auch meiner Schwester helfen.“*

Jemanden auszuwählen, der Patienten mit derselben Krankheit wie Ihr Kind behandelt hat, ist keine Garantie dafür, dass er der perfekte Berater für Sie ist. Aber es ist immerhin ein Anfang. Vorteilhaft ist es schon, einen Therapeuten zu finden, der grundsätzlich Erfahrung mit Familien hat, in denen ein Kind lebensbedrohlich krank ist. Ein solcher Spezialist hat am ehesten eine Vorstellung davon, wie sich die Familie in einer solchen Situation fühlt.

Vergessen Sie nicht: Ihr Therapeut kann sich nur mit den Problemen befassen, die Sie in der Beratung ansprechen. Er mag zwar sehr sensibel und intuitiv sein, kann aber keine Gedanken lesen. Eine Therapie setzt immer voraus, dass Sie aktiv mitarbeiten.

Falls Sie das Gefühl haben, dass der Therapeut während der Einzelsitzungen mit Ihrem Kind nicht alle Informationen bekommen hat, sollten Sie an einer Sitzung Ihres Sohnes oder Ihrer Tochter teilnehmen. Auf diese Weise können Sie sich ein klares Bild davon verschaffen, wie die Sitzungen verlaufen, und Sie erkennen ziemlich schnell, ob irgendwelche wichtigen Fragen nicht behandelt wurden. Sie müssen nicht unbedingt während der ganzen Sitzung anwesend sein, sondern einfach nur die Dinge erwähnen, die Ihrer Meinung nach dem Therapeuten noch nicht bekannt sind, dann können Sie wieder gehen. Dadurch bleibt dem Therapeuten und Ihrem Kind genug Zeit, die angesprochenen Probleme im Einzelgespräch anzugehen.

Ein guter Therapeut hält es für selbstverständlich, mit den Eltern über ihre Probleme zu sprechen und sie über den Fortschritt ihres Kindes auf dem Laufenden zu halten. Er sieht in einer besorgten Mutter oder einem besorgten Vater keinen Gegner.

Manchen Menschen ist nicht klar, dass man auch außerhalb der Sitzungen zum Erfolg der Therapie beitragen kann. Fragen Sie Ihren Therapeuten, was Sie zwischen den Sitzungen tun können – Hausaufgaben sozusagen –, um eine positive Veränderung zu beschleunigen. Eine Hausaufgabe könnte zum Beispiel sein, dass Sie ruhig mit Ihrem Kind über das eine oder andere Thema sprechen oder dass sie als Ehepaar sich jeden Abend eine Viertelstunde nehmen, um die Ereignisse des Tages durchzusprechen.

Nun haben Sie also eine ungefähre Vorstellung davon, nach welchen Kriterien Sie einen Therapeuten aussuchen können, welche Voraussetzungen er für die Arbeit mit Ihnen haben sollte und wie Sie jemanden finden können. Manchmal können Freunde Ihnen auch jemanden empfehlen, oder auch der Arzt oder Sozialarbeiter, der in Ihrem Krankenhaus, Ihrer Selbsthilfe-Gruppe oder Ihrer Schule tätig ist. Landesweite Organisationen für Psychologen, Psychiater und Ehe- und Familientherapeuten verfügen über die neuesten Informationen, welche Qualifikationen Sie erwarten können.

Woran Sie denken sollten

- Finden Sie einen Therapeuten, der für die Arbeit mit Familien ausgebildet ist und auch versteht, welche Auswirkungen die Krankheit Ihres Kindes auf jeden einzelnen in Ihrer Familie hat.
- Ihr Kind zeigt vielleicht kaum Anzeichen dafür, dass es eine Therapie braucht. Achten Sie auf Persönlichkeits-Veränderungen oder Verhaltensweisen, die destruktiv oder verletzend sind.
- Es kann sehr hilfreich sein, in Zeiten besonderer Belastung einen Therapeuten aufzusuchen oder auch periodische Familienberatungen durchzuführen.
- Finden Sie einen Therapeuten, der Ihnen sympathisch ist und der sich die gleichen Ziele für Ihre Therapie vorstellt wie Sie selbst.
- Falls Ihr Kind in Einzelsitzungen mit einem Therapeuten für Kinder oder Heranwachsende arbeitet, sollte es für ihn selbstverständlich sein, auch mit Ihnen über das Vorankommen Ihres Kindes zu sprechen.
- Nutzen Sie die Möglichkeiten, sich bei öffentlichen Stellen (Schulamt, Gesundheitsamt, Jugendamt) beraten zu lassen.
- Wenn Sie zu einem niedergelassenen Psychotherapeuten gehen möchten, vergewissern Sie sich, dass er eine Kassenzulassung hat.
- Sollte Ihr gegenwärtiger Therapeut sich nicht für Ihre Probleme eignen, scheuen Sie sich nicht, zu jemand anderem zu gehen.
- Versuchen Sie, einen Berater zu finden, der schon einmal jemanden gesehen hat, der ähnliche Probleme wie Ihr Kind hat.
- Berater können sich nur mit den Problemen befassen, die Sie mit ihnen besprechen. Sollten Sie sich bei Einzelsitzungen Ihres Kindes Sorgen machen, dass irgendein Problem nicht behandelt wird, dann nehmen Sie an der Sitzung Ihres Kindes teil, um zu besprechen, was Ihrer Meinung nach noch ergänzt werden muss.
- Sie merken, dass die Therapie wirkt, wenn es Ihnen besser geht oder Sie das Gefühl haben, dass Ihr Leben sich zum Positiven wendet.

6

Wie Sie und Ihr Kind den Fortschritt nutzen können

„Es gab Zeiten, in denen ich mit Beulen, blauen Flecken und anderen Verletzungen nach Hause kam und mich dann mit Jessica verglich, die tagtäglich, ohne darüber nachzudenken, mit ihrem Stützapparat ging.“

Jim Covert, bis 1992 im Footballteam der Chicago Bears
und Vater von drei Kindern, von denen eins eine Spina bifida hat

Wie Sie Ihrem Kind bei chronischen Schmerzen helfen können

„Meine Tochter hat so schlimme Schmerzen, dass ich manchmal denke, unsere ganze Familie wird noch verrückt deshalb."

Caren Cushman,
deren Tochter *Melanie* chronische Arthritis hat.

Chronische Schmerzen spielen im Leben vieler Eltern von behinderten oder kranken Kindern eine große Rolle. Es ist keine leichte Aufgabe damit umzugehen. Manchmal gibt es nicht einmal Medikamente, die Ihrem Kind die Schmerzen nehmen könnten. Oder die Nebenwirkungen sind beinahe so gravierend wie der Schmerz selbst. Und dann behaupten manche Leute auch noch, die Schmerzen Ihres Kindes seien nur eingebildet.

Schmerz beeinträchtigt den ganzen Menschen.

Schmerzen haben viele Gründe, deshalb kann es schwierig sein zu entscheiden, was körperliche und was seelische Ursachen hat. Auf jeden Fall stellt chronischer Schmerz oft das Leben eines Kindes und seiner Familie auf den Kopf. Glücklicherweise gibt es heute immer mehr Schmerz-Zentren mit verschiedenen Behandlungs-Methoden, die für Millionen Menschen Hoffnung bedeuten. Diese Zentren gehen auf medizinische, psychologische und physikalisch-therapeutische Weise an das Problem heran.

Entspannungs-Techniken und Bio-Feedback

Entspannungs-Methoden helfen den Kindern manchmal, mit ihrem Schmerz zu leben. In manchen Fällen hört der Schmerz dadurch sogar ganz auf, und sie können wieder ein normaleres Leben führen. Krankengymnasten oder Spezialisten für Verhaltens-Therapie (Verhaltens-Psychologen zum Beispiel) können dem Kind helfen zu lernen, wie man sich entspannt. Ein großer Vorteil ist dabei, dass auch Kinder Techniken wie zum Beispiel autogenes Training oder Bio-Feedback in wenigen Sitzungen erlernen können.

- *„Die Medikamente schlagen nicht immer so an, wie sie sollten. Die Schmerzen gehen davon nicht ganz weg. Daher hat Bettina ständig Schmerzen und ist den ganzen Tag über müde und abgeschlagen. Wir gehen jetzt in eine Schmerzklinik, um Entspannungstechniken zu lernen. Wir hoffen, dass ihr das helfen wird, mit ihren Schmerzen besser umzugehen, und dass sie dadurch ein normaleres Leben führen kann."*

Cornelia Holt,
deren 15-jährige Tochter *Bettina* an Arthritis leidet

- *Brian hat Bio-Feedback angewendet und Hypnose bekommen, um seine Rückenschmerzen zu verbessern. Die Therapeuten haben ihn sehr motiviert, und er hat gut mit ihnen zusammengearbeitet."*

Brians Mutter

Im Allgemeinen können Entspannungs-Techniken die Sensibilität Ihres Kindes reduzieren. Das heißt: Der Schmerz wird blockiert, bevor er das Gehirn erreicht. Allerdings ist eine Grundvoraussetzung, dass Ihr Kind wirklich mitmachen will. Für ein Kind, das fest entschlossen ist, einen Erfolg zu erzielen, sind diese Techniken großartig, auch wenn sie vielleicht nicht jedes Mal helfen.
„Wir verwenden Bio-Feedback, um den Kindern das Gefühl zu geben, ihren Körper kontrollieren zu können. Kinder, die ständig Schmerzen haben, leiden unter dem Gefühl, ihnen völlig ausgeliefert zu sein", erklärt *Bruce Masek*, Verhaltens-Therapeut an der Kinderklinik Boston. *„Deshalb versuchen wir, ihnen zu zeigen, dass sie auch ihren Schmerz kontrollieren können."*
Wenn Sie keine Möglichkeit haben, Bio-Feedback auszuprobieren, eignen sich auch andere Entspannungs-Techniken gut, um den Schmerz erträglicher zu machen. Ein gute Methode zum Entspannen ist zum Beispiel das autogene Training, das auch Kinder leicht erlernen können. Kurse dazu sind nicht teuer.

Viele Menschen verwenden neuerdings auch Magnet- oder Infrarot-Bestrahlungen – Alternativen zur traditionellen Medizin –, um ihre Schmerzen zu lindern. Das sind äußerliche Behandlungs-Methoden, die sowohl Kopf-, Glieder- und Muskelschmerzen als auch Rücken- und Fußschmerzen lindern können. *„Wir wissen nicht genau, wieso diese Techniken funktionieren, aber sie schaffen ganz offensichtlich die optimale Umgebung für den Körper, um sich selbst effektiver heilen zu können"*, so *Scott L. Silver*, der diese Technik bei seinen Patienten anwendet.

Bio-Feedback

Die Grundlage des Bio-Feedback ist das eigene Überwachen der Körperfunktionen, wie zum Beispiel Herzschlag und Atmung. Am Anfang werden Sensoren an den Fingern des Kindes befestigt. Falls das Kind ein Problem mit der Lunge hat und seine Atmung dadurch beeinträchtigt ist, wird ein Atmungsgurt um die Brust gelegt und ein zweiter quer über den Magen. Beide sind mit einem Computer verbunden. Durch diese Sensoren kann der Patient die physiologischen Bewegungen seines Körpers beobachten, also auch den Herzschlag, die Hauttemperatur und die Muskelspannung. Merkt das Kind, dass es schnell atmet, dann lernt es, seine Atmung zu verlangsamen.
Die Kinder können ihren Fortschritt mit Hilfe des Computers beobachten.

Antidepressiva gegen Schmerzen?

Sie sollten auch wissen, dass die Ärzte eine Vielzahl von Medikamenten zur Schmerz-Reduzierung verordnen. Viele Menschen glauben, Antidepressiva würden nur gegen Depressionen verschrieben. Tatsächlich aber werden sie häufig Kindern mit chronischen Schmerzen gegeben. *„Wir benutzen Antidepressiva nicht als Mittel gegen Depressionen, sondern geben den Kindern etwa ein Zehntel der üblichen Dosis, um die Schmerzen zu bekämpfen"*, sagt der Anästhesist *D. Suresh*. Die Ärzte haben entdeckt, dass ganz geringe Dosen trizyklischer Antidepressiva überreizte Nerven so stabilisieren, dass sie keine Schmerzsignale mehr an das Gehirn weitergeben.

- *„Als ich erfuhr, dass Jim gegen seine Knieschmerzen Antidepressiva erhalten sollte, war ich sehr skeptisch. Aber er hatte schon so viel gelitten, dass ich mir dachte: Man muss einfach alles probieren. Innerhalb weniger Wochen wirkten die Medikamente – und Jims Schmerzen waren tatsächlich weg. Er konnte wieder ein ganz normales Leben führen. Und nach einer Weile konnte er die Medikamente auch wieder absetzen."*

Jims Mutter *Mary*

Opiate, die stärker sind als Antikrampfmittel und Antidepressiva, werden Kindern häufig nach einer Operation verabreicht, aber auch Kindern mit Krebs, Aids und anderen Krankheiten. *„Es herrscht die Vorstellung, dass man, wenn man diese Medikamente nimmt, medikamentenabhängig oder süchtig wird"*, so *Charles Berde*. *„Wenn man jedoch die Opiate entsprechend dosiert, um Menschen mit Schmerzen zu behandeln, dann führen sie bei ihnen keinesfalls zu einem Drang danach, ‚high' zu werden."*

Ist alles nur Einbildung?

Ein psychisch verursachter Schmerz bedeutet, dass der Patient sich nicht bewusst ist, dass es keine körperlichen Ursachen für seine Symptome gibt. Das ist selten, kommt aber gelegentlich vor. Nehmen wir zum Beispiel ein Mädchen, das sexuell missbraucht wurde: Um sich zu schützen, verdrängt ihr Verstand die Erinnerung an den Missbrauch. Sie hat vielleicht keine bewusste Erinnerung mehr daran, klagt aber über starke chronische Schmerzen im Rücken und in den Beinen, ohne dass dafür ein biologisches Problem vorliegt. Fragt der Arzt sie, wie es ihr geht, antwortet sie wahrscheinlich: *„Alles prima, nur mein Rücken und meine Beine tun so weh."* Es ist ein Verleugnen des wirklichen Problems. *„Oberflächlich betrachtet, sieht es so aus, als wäre dieses Kind psychisch gesund und hätte nur ein Schmerzproblem."* beschreibt *Bruce Masek* dieses Phänomen. Kinder, die

Dass ein Kind Schmerzen frei erfindet, kommt so gut wie nie vor.

seltene Krankheiten haben, kämpfen oft mit nicht diagnostizierbaren Schmerzen, die leicht als psychisch bedingt abgetan werden können. Das ist frustrierend für alle, besonders für die Eltern.

- *„Mein Sohn hat eine Art ektodermale Dysplasie, eine Fehlbildung der Haut. Zu verschiedenen Jahreszeiten – vor allem, wenn er eine Erkältung oder Allergien hat – leidet er unter Muskelschmerzen, besonders stark an den Achilles-Sehnen. Manchmal kann er gar nicht richtig auftreten. Jetzt endlich – zwölf Jahre, nachdem er das erste Mal darüber klagte – wissen wir den Grund dafür. Die Forschung hat jetzt herausgefunden, dass man mit einer Krankheit wie seiner derartige Schmerzen haben kann. Ich kann Ihnen gar nicht aufzählen, bei wie vielen Ärzten und Psychologen wir waren, die das noch nicht wussten und uns immer wieder klarmachen wollten, dass er sich seine Schmerzen einbilde oder nur vortäusche, um Aufmerksamkeit zu bekommen oder nicht in die Schule gehen zu müssen."*

Nancy Brown

Wie Kinder Schmerzen empfinden

Schmerz ist etwas sehr Kompliziertes, das muss man fairer Weise sagen. Zwei Menschen können den gleichen Schmerz-Zustand sehr unterschiedlich erleben. Zwei Frauen werden beispielsweise wegen eines Brustknotens operiert. Der Brustknoten der einen ist gutartig, der der anderen bösartig. Die Frau mit dem Krebs empfindet möglicherweise stärkere Schmerzen aufgrund ihrer emotionalen Reaktion auf ihre Krankheit. Es macht also einen großen Unterschied, was hinter dem Schmerz steckt. Davon hängt es ab, wie unser Körper Schmerz empfindet und wie unser Verstand ihn interpretiert.

Kinder und Erwachsene erfahren Schmerz auf unterschiedliche Art und Weise und bringen ihn auch unterschiedlich zum Ausdruck. Sehr kleine Kinder zum Beispiel können uns nicht sagen, was weh tut. Das ist der Grund, warum selbst heute noch viele Leute abstreiten, dass Kleinkinder und Babys wirklich starke Schmerzen spüren. Sie können nicht für sich selbst sprechen. Deshalb behauptet man einfach, sie hätten keinen Schmerz oder der Schmerz sei rein psychischer Natur und rühre von ihrer Angst her.

Eine Schmerz-Diagnose bei Kindern im Vorschulalter und in den ersten Jahren der Grundschule zu stellen, kann manchmal sehr schwierig sein. Die Kinder können ihre Symptome nicht artikulieren. Deshalb müssen Eltern und Ärzte ihr Verhalten, mit dem sie die Schmerzen eventuell signalisieren – wie durch Weinen beim Bewegen, sogar im Schlaf – sorgfältig beobachten. Manchmal ist es sehr schwer, Unzufriedenheit oder Protest von Schmerzen zu unterscheiden.

Einbildung?

Ärzte und Krankenschwestern sollten lernen, dass sie erst sehr deutliche Beweise haben müssen, bevor sie die Schmerzen eines Menschen als eingebildet abtun. Man sollte nicht einfach so eine Behauptung aufstellen, nur weil man das Problem nicht identifizieren kann."

Charles Berde

Kinder unter fünf Jahren sehen die Welt normalerweise als absolut an. Die Psychologen nennen das „gegenständliches Denken". Das etwas ältere Kind oder der Teenager, der abstrakt denken kann, versteht, dass seine Schmerzen von einer Krankheit oder Störung stammen. Die Fähigkeit eines Kindes zu verstehen, was mit ihm vor sich geht, hat Einfluss darauf, wie es seine Schmerzen wahrnimmt.

Schmerz und Muskel-Funktion

Es gibt noch ein paar Dinge, die Sie über Schmerz wissen sollten. Durch Schmerzen können sich Muskeln anspannen oder verkrampfen. Bei Gelenkschmerzen versteifen sich die Muskeln um die Gelenke herum und verkrampfen sich. Diese Verkrampfung behindert oder stoppt die Bewegung, wodurch mit der Zeit die Muskeln schwächer werden und schrumpfen.

- *„Als Alexa von der Nervenschädigung, die ihre Beine in Mitleidenschaft zog, Schmerzen hatte, dauerte es lange, bis wir wussten, woran es lag. Während der ganzen Zeit belastete sie ihr Bein überhaupt nicht. Ihre Muskeln verkümmerten, und sie kann heute noch ihr Bein nur teilweise belasten und hinkt."*

Alexas Mutter *Sarah*

Schmerz-Signale

„Einige Verhaltensweisen, wie Weinen, Schreien oder mit den Armen um sich Schlagen, sind meist eher durch Angst vor einem furchterregenden Arzt verursacht als durch Schmerzen", so *Charles Berde*. *„Viele Kinder, die aufgrund von Krebs oder durch eine Operation starke Schmerzen haben, liegen manchmal ganz still in ihrem Bett. Sie können sich nicht rühren, weil das viel zu weh tut. Beobachten Sie Ihr Kind genau, um festzustellen, welche Anzeichen von Schmerzen es zeigt."*

Oft hilft Krankengymnastik, die Schmerzen zu beseitigen und den Körper wieder zu bewegen. Manchen Menschen mit starken Schmerzen, die sich nicht bewegen können, kann man durch Nervenblocker helfen und dadurch auch den Muskelschwund anhalten. Nervenblocker sind lang anhaltende, lokale Betäubungsmittel, die gespritzt werden und Schmerzsignale, die der Nerv zum Gehirn schickt, blockieren. Sie schließen den Nerv ab und machen den in Mitleidenschaft gezogenen Bereich für einige Wochen taub, so dass der Patient eine Bewegungs-Therapie machen kann.

Die Ärzte verwenden Nervenblocker zur Schmerz-Diagnose und manchmal auch, um die Schmerzen einzuschränken. Wissen die Ärzte nicht, woher der Schmerz stammt, dann kann manchmal ein Nervenblocker dabei helfen, den Ursprung des Schmerzes ausfindig zu machen.

Ein weiteres Problem sind nicht diagnostizierbare, immer wiederkehrende Schmerzen, wie beispielsweise Kopfschmerzen.

- *„Mike hatte monatelang immer wieder Kopfschmerzen. Wir hatten schon alles mögliche getestet. Aber niemand fand heraus, woher der Schmerz kam. Schließlich fragte uns einer der Schmerzspezialisten im Krankenhaus, ob Mike sich vielleicht einige Monate, bevor die Kopfschmerzen eingesetzt hatten, eine Verletzung beim Sport zugezogen habe, und erklärte uns, dass das zu den Kopfschmerzen geführt haben könne."*

Mikes Mutter *Suzy*

Ihr Ziel

Eines der Hauptziele der Schmerzbehandlung ist es, die normale Bewegungsfähigkeit zu verbessern. Es kann eine gewisse Zeit dauern, bis Kinder den Unterschied zwischen einem Schmerz als Schutzfunktion und einem Schmerz, der keine Schutzfunktion hat, verstehen.

Auf einem akut entzündeten Gelenk oder einem gebrochenen Bein zu laufen, kann Gewebe zerstören. Um das zu verhindern, tut das Laufen weh. Das ist allerdings bei Kindern mit chronischem Schmerz anders. Dadurch, dass sie sich bewegen, wird bei ihnen nichts verletzt. Liegt keine Gewebeschädigung vor, sind allmähliche Bewegung, Stärkung und Wiederaufbau der Muskeln oft der Schlüssel dazu, wieder aufstehen und sich bewegen zu können.

Zur Zeit arbeiten Forscher daran, Betäubungsmittel zu entwickeln, die schnell wirken und deren Wirkung mindestens eine Woche lang anhält, um den Patienten das Leben zu erleichtern und ihnen die Möglichkeit zu geben, therapeutische Maßnahmen ohne Schmerzen durchzuführen. Forschungszentren sind dabei, Schmerz-Mechanismen zu untersuchen, um Medikamente zur Behandlung spezifischer Zustände zu entwickeln. Es besteht also Hoffnung, dass es bald Durchbrüche geben wird. Schmerzbehandlung wird effektiver sein – und Kinder und Familien von Kindern mit chronischen Schmerzen werden ein normaleres Leben führen können.

Woran Sie denken sollten

- Schmerz beeinträchtigt den ganzen Menschen und seine Familie. Schmerz kann den Schlaf stören.
- Bio-Feedback, autogenes Training, Entspannungs-Techniken und Krankengymnastik können Schmerzen bei einem motivierten Menschen lindern und sie manchmal sogar beseitigen.
- Antidepressiva, Opiate, Antikrampfmittel und Nervenblocker werden eingesetzt, um Schmerzen zu reduzieren oder zu stoppen. Auch die Magnet- oder die Infrarot-Technologie können helfen.
- Oberstes Ziel einer Schmerzbehandlung ist es, dem Menschen zu helfen, trotz seiner Schmerzen seinen Körper wieder in den Griff zu bekommen.
- Die Ärzte sollten nicht einfach annehmen, dass ein nicht diagnostizierbarer Schmerz psychisch bedingt ist, nur weil sie die Ursache nicht finden können.
- Zwei Menschen können ähnlich schmerzhafte Situationen sehr unterschiedlich erfahren. Die Empfindung von Schmerz hängt davon ab, welche Bedeutung für den Menschen dahinter steckt.
- Kinder nehmen Schmerz auf andere Weise wahr als Erwachsene. Ebenso interpretieren sie Schmerz anders und drücken ihn anders aus. All das kann sich im Verlauf ihrer verschiedenen Entwicklungs-Phasen ändern.
- Schmerz führt dazu, dass Muskeln sich anspannen und verkrampfen und man dazu neigt, sich weniger zu bewegen. Das kann dazu führen, dass die Muskeln schwinden und ein nicht mehr umkehrbarer Funktionsverlust einsetzt.
- Eine allmählich sich steigernde Bewegung und Stärkung der verletzten Körperteile sind oft der Schlüssel dazu, einen Funktionsverlust der betreffenden Gliedmaßen zu verhindern.

Stützapparate und Prothesen

Einen Stützapparat oder eine Prothese angepasst zu bekommen, kann eine ziemliche Herausforderung für Sie und Ihr Kind sein. Hier erst einmal einige Erläuterungen:

- **Stützapparate** dienen dazu, Gliedmaßen zu stützen. Menschen, die eine zerebrale Lähmung, Kinderlähmung, Skoliose oder Spina bifida haben, bekommen meistens einen Stützapparat, der die Körperteile ausrichtet.
- Eine **Prothese** ist ein künstliches Körperteil. Prothesen können für Kinder aus den verschiedensten Gründen notwendig sein. Manchen Kindern fehlen von Geburt an Gliedmaßen. Medizinisch notwendige Amputationen oder Unfälle sind weitere Ursachen. Gewöhnlich werden solche künstlichen Glieder von darauf spezialisierten Werkstätten oder von entsprechenden Abteilungen der Kliniken angefertigt. Ihr Kind sollte mit seiner Prothese schon relativ früh allein zurechtkommen. Ein guter Orthopädie-Techniker wird so lange tüfteln, bis er die für Ihr Kind beste Lösung gefunden hat.

Wann lasse ich meinem Kind am besten eine Prothese anpassen?

Die erste Prothese, die Ihr Kind bekommt, verbessert oft seine körperliche Funktion noch nicht, sondern gewöhnt es erst einmal daran, einen künstlichen Arm oder ein Bein zu tragen. *„Wir glauben, dass das Kind das künstliche Körperteil mit in die Vorstellung von seinem eigenen Körper einbezieht, wenn wir ihm die Prothese schon früh anpassen“*, so *Jack Uellendahl*, Direktor der orthopädischen Klinik in Chicago. *„In psychologischer Hinsicht möchten wir erreichen, dass das Kind sich sowohl mit seiner Prothese als auch ohne sie voll-*

kommen fühlt. Und weil die Prothese dem Kind – und später dem Erwachsenen – zu einer besseren Körperfunktion verhilft, möchten wir erreichen, dass das Kind schon früh lernt, dass die Prothese ein Teil seines Körpers ist.“

Tragen oder nicht tragen?

Manche Kinder nehmen die Prothese lieber ab, um bestimmte körperliche Aktivitäten durchzuführen. So ist es zum Beispiel typisch, dass jemand, obwohl es Schwimmprothesen gibt, seine Prothese nicht tragen möchte, wenn er schwimmt oder badet.

Sogar für Babys gibt es schon die sogenannte „passive Hand“, die zwar nicht greifen kann, dem Kind aber hilft, sich beim Krabbeln abzustützen. Es hat dadurch zwei Arme gleicher Länge und kann beim Krabbeln die Balance halten.

Prothesen sollten nicht ständig getragen werden. Kinder ziehen sie wie Schuhe an und wieder aus.

Spezialisten empfehlen, Armprothesen für Kinder schon früh anzupassen, weil ihnen das in ihren verschiedenen Entwicklungs-Stadien helfen kann. *„Zum Beispiel passt man kleinen Kindern Prothesen im Alter zwischen drei und sechs Monaten an – dann also, wenn das Kind lernt, allein zu sitzen“*, so *Uellendahl. „Es gibt weniger Kinder, denen aufgrund eines Geburtsfehlers die Beine fehlen, als solche mit fehlenden Armen.“* Künstliche Beine werden Kindern im Alter von ungefähr einem Jahr angepasst – zu einem Zeitpunkt, an dem sie beginnen, sich an etwas hochzuziehen.

Idealerweise sollten Kinder ihre Prothese in einem Zentrum, das sehr viel Erfahrung mit Kindern hat, angepasst bekommen, so zum Beispiel in einer großen Klinik oder einem Rehabilitations-Zentrum. Ein Team einer Abteilung für Prothesen und Stützapparate besteht aus Orthopädie-Technikern, hochqualifizierten Ärzten, Krankengymnasten und Beschäftigungs-Therapeuten. Manchmal gehören auch Sozialarbeiter dazu, die die Familien psychologisch dabei unterstützen, sich an die Prothese des Kindes zu gewöhnen.

Und wie weiß man, dass eine Prothese auch wirklich passt? Das ist manchmal gar nicht so einfach – besonders bei einem Kind unter zwei Jahren. In diesem Fall verlässt sich der Fachmann auf seine Erfahrung. Er beurteilt, ob die Pro-

these zu fest oder zu locker sitzt. Er sieht sich das Kind an um festzustellen, ob es seinen Ellbogen richtig bewegen kann. Dabei will er sichergehen, dass der Unterarm hält und nicht bei einer Bewegung abfällt.
Hat das Kind die Prothese eine Weile getragen, sieht man anhand der Farbe der Haut, ob irgendwo Druckstellen sind. Ist der künstliche Arm erst einmal angepasst, lassen sich die Eltern von einem Therapeuten zeigen, wie sie ihrem Kind am besten beibringen, die Prothese beim Spielen zu benutzen. Wenn Ihr Kind mit dem Prototyp ohne Probleme spielen kann, ist klar, dass er richtig sitzt. Erst dann wird die endgültige Prothese angefertigt.

Wie eine Prothese funktioniert

Zum Greifen können Prothesen-Spezialisten Hände oder Greifmechanismen, wie zum Beispiel Haken, anfertigen. Wenn Ihr Kind ein Jahr alt ist, kann es eine solche Prothese bekommen. Der Greifapparat kann durch eine mit Körperenergie angetriebene Prothese aktiviert werden, wozu die Hand oder der Haken um die Schulter

Wie passt man eine Prothese an?

Den meisten Kindern, die Armprothesen brauchen, fehlt ein Teil des Arms unterhalb des Ellbogens. Die Prothese wird unmittelbar über dem knochigen Teil des Ellbogens angepasst und aufgehängt. Zuerst entscheidet das Team, ob der Patient einen elektrischen oder einen durch Körperkraft bewegten Arm erhalten soll. Das wird mit der Krankenkasse besprochen, dann fertigt der Orthopädie-Techniker die Prothese an.
Beim ersten Besuch des Patienten wird ein Gipsabdruck des Arms angefertigt und dessen Maße genommen. Aus der Gipsform fertigt man eine Fassung an, in die der Armstumpf passen soll. Beim zweiten Besuch passt der Spezialist den Arm an und stellt dann einen Prothesen-Prototyp her. Eine Hand wird hinzugefügt, und die myoelektrischen Signalsensoren werden an der Prothesen-Fassung befestigt. Dadurch lässt sich die Hand bewegen. Dann wird ausprobiert, ob der Prototyp passt und funktioniert.
Erst wenn der Prototyp längere Zeit getragen wurde und einwandfrei und bequem sitzt, wird die eigentliche Prothese hergestellt. Auch Stützapparate werden mit Hilfe einer Gipsform hergestellt.

gegurtet oder gekabelt werden. Bewegt das Kind seine Schultern, öffnet oder schließt sich das Kabel und somit auch die Hand.
Greifapparate können aber auch mit myoelektrischen Vorrichtungen aktiviert werden, die Hautkontakt haben. Wenn ein Muskel sich zusammenzieht, wird ein schwacher elektrischer Impuls gesendet, der auf der Hautoberfläche spürbar ist – was dann zum Bewegen der Hand führt. Diese Vorrichtung funktioniert ähnlich einem EKG, bei dem auf der Hautoberfläche der Herzschlag gemessen wird. Der Unterschied liegt darin, dass das Herz ein unwillkürlicher Muskel ist, der sich ohne eigene Initiative bewegt, die Skelettmuskeln aber willkürlich bewegt werden. Die Muskeln vom Unterarm bis zum Ellbogen bewegen Hände und Handgelenke. Die Spezialisten platzieren über diese Muskeln Elektroden und bringen dem Kind bei, die elektrische Hand zu bedienen, indem es die richtigen Muskeln anspannt – was es sehr schnell lernt.

Wie oft braucht ein Kind eine neue Prothese?

Weil Kinder laufend wachsen, müssen sie immer wieder eine neue Prothese oder einen neuen Stützapparat bekommen. Ein Kind im Wachstumsalter braucht ungefähr alle 18 Monate eine neue Prothese. Sie muss angepasst werden, damit der Platz in der Fassung für den Arm oder das Bein größer wird. Eine neue Prothese anzufertigen, dauert etwa drei bis vier Wochen. Nicht jedes Mal wird die ganze Prothese erneuert. *„Eine künstliche Hand lässt sich vom Babyalter bis zu drei Jahren verwenden, von drei bis sechs Jahren und von fünf bis neun Jahren“*, erklärt *Jack Uellendahl.* Darüber freut sich Ihre Krankenversicherung, denn die Hand ist der kostspieligste Teil einer Prothese. Sobald das Kleinkind mit der künstlichen Hand spielt, merkt es, dass die Prothese sich bewegt, wenn es bestimmte Bewegungen macht. Sieht das Kind, dass sich die Hand bewegt, ist das der Beginn des Prozesses, bei dem es lernt, die Hand zu öffnen. Innerhalb weniger Monate kann es die Prothese willkürlich benutzen. Die Eltern und Spezialisten üben parallel dazu mit dem Kind, um ihm beizubringen, dass die künstliche Hand greifen kann.

Auch wenn Ihrem Kind ein Körperteil fehlt, heißt das noch lange nicht, dass Sie niedrigere Erwartungen an Ihr Kind stellen sollten. *„Eltern von Kindern mit einer Amputation sollten von ihren Kindern erwarten, dass sie dieselben Dinge tun wie nicht amputierte Kinder"*, so *Jack Uellendahl*. Manchmal brauchen Kinder mit Prothesen zwar etwas mehr Zeit, bestimmte Dinge zu lernen, als andere Kinder, aber oft auch nicht. *„Wir sind immer wieder überrascht, was die Kinder mit ihren Prothesen alles machen können. Deshalb ist es so wichtig, dass Eltern von ihren Kindern erwarten, alles tun zu können, was sie nur möchten. Häufig findet das Kind tatsächlich einen Weg, das zu schaffen."*

Woran Sie denken sollten

- Stützapparate werden benutzt, um Körperteile auszurichten. Künstliche Gliedmaßen ersetzen fehlende Arme oder Beine.
- Gehen Sie zu qualifizierten Fachleuten, um Prothesen oder Stützapparate anfertigen zu lassen.
- Prothesen sollten nur tagsüber getragen werden.
- Prothesen sind dann angebracht, wenn ein Kind anfängt zu krabbeln, zu sitzen oder zu stehen. Stützapparate sind nicht vom Alter abhängig.
- Gehen Sie mit Ihrem Kind möglichst zu einem Zentrum, das mit dem Anfertigen künstlicher Glieder für Kinder schon viel Erfahrung hat. Das gleiche gilt für Stützapparate.
- Ihr Kind kann beim Spielen lernen, die Prothese zu gebrauchen. Lassen Sie sich vom Therapeuten erklären, wie Sie Ihr Kind dabei unterstützen.
- Es gibt verschiedene Zubehör-Teile für künstliche Gliedmaßen, die speziell für bestimmte Aktivitäten entworfen wurden.
- Setzen Sie nicht etwa geringere Erwartungen in Ihr Kind, weil es eine Prothese trägt. Kinder entwickeln Möglichkeiten, sich anzupassen und das zu erreichen, was sie wollen.

Rollstühle und Bewegungshilfen

„Ich habe einen speziellen Rennrollstuhl, mit dem ich schneller fahren kann. Er ist leichter als ein normaler Rollstuhl und hat statt vier Rädern nur drei."

Tarah Lynne Schaeffer

Den passenden Rollstuhl für Ihr Kind zu finden, ist nicht so einfach, wie das passende Fahrrad auszusuchen. Ein Rollstuhl soll die Mobilität Ihres Kindes erhöhen. Bestenfalls soll es ihn allein manövrieren können. Lassen Sie sich genau beraten, was Ihr Kind kann und was es dafür braucht.
Lesen Sie hier nur einige allgemeine Hinweise, die Ihnen eine ungefähre Vorstellung davon vermitteln, was alles möglich ist – und das ist viel mehr, als man zunächst annimmt.

Der passende Rollstuhl für Ihr Kind

Menschen mit den verschiedensten Behinderungen benutzen Rollstühle. Zu ihnen zählen Menschen mit zerebraler Lähmung, Spina bifida, Muskelschwund, Verletzungen an Kopf und Rückenmark und Krankheiten, die die Bewegungsfähigkeit nach und nach immer stärker beeinträchtigen. Kinder brauchen, entsprechend ihrem Wachstum, von Zeit zu Zeit einen neuen Rollstuhl. Die meisten Rollstühle werden alle fünf bis sieben Jahre ausgetauscht, weil sie dann nicht mehr zu gebrauchen sind.
Es gibt verschiedene Marken und Arten von Rollstühlen und Bewegungshilfen. Für Kinder, die sich nicht allein bewegen können, gibt es leichte Sportwagen, die anpassbar sind und der Standardausstattung für ein Baby ähneln. Nicht alle Kinder brauchen ihre Mobilitätshilfen ihr ganzes Leben lang. Manche verwenden sie nur eine begrenzte Zeit und arbeiten damit auf ihr Ziel hin, sich ohne Hilfe fortbewegen zu können. Dafür brauchen sie einen Rollstuhl mit Rädern, die sie beim Vorwärts- und Rückwärts-Schieben des Stuhls nicht be-

hindern. Für Kinder, die ihre Arme gebrauchen können, sollten die Räder so angebracht sein, dass das Kind sie erreichen kann.
Einige Rollstühle sind dem Wachstum anpassbar und erfordern nur minimale Ersatzteile, um das Kind durch die gesamte Grundschulzeit zu bringen. Es gibt auch elektrisch gesteuerte Rollstühle, die mit einem Steuerknüppel oder mit Schaltern zu bedienen sind. Ein zehn Monate altes Kind, das sich aufgrund seiner Krankheit nicht fortbewegen kann, aber krabbeln würde, wenn es die Krankheit nicht hätte, kann sich mit Hilfe eines ganz niedrigen Rollstuhls auf derselben Höhe wie Gleichaltrige bewegen.
Sollte Ihr Kind gerade gehen lernen, ist es trotzdem in Ordnung, für längere Strecken einen Rollstuhl zu benutzen. Es wird dadurch nicht entmutigt. Denn die Mobilität, die Ihr Kind durch einen Rollstuhl hat, gibt ihm die Unabhängigkeit, zu erforschen und zu spielen. Für Kinder bedeutet Spielen Arbeit. Im Spiel entwickeln sie ihre motorischen und sozialen Fähigkeiten.

Wie man am besten einkauft

Einen ersten Rollstuhl für Ihr Kind sollten Sie nicht „einfach kaufen". Neben der Klinik, die Ihr Kind betreut, können Ihnen auch die Krankengymnastin Ihres Kindes, Eltern-Initiativen und Behinderten-Verbände Ratschläge geben, welche Kriterien wichtig sind.
Primär sollte immer der Grundsatz gelten: Der Rollstuhl soll die Mobilität Ihres Kindes und damit Ihre eigene verbessern. Das bedeutet, dass ihn möglichst viele Familienmitglieder bewegen können müssen. Probieren Sie einen neuen Rollstuhl möglichst zu Hause aus, bevor Sie sich endgültig dafür entscheiden. Passt er durch die Türen? Können Sie ihn zusammenlegen und ins Auto heben? Falls Sie ein kleines Kind haben, sollte er so leicht sein, dass Sie ihn auch einmal ein paar Stufen mit Kind tragen können. Ein guter Rollstuhl wird Ihr Kind jahrelang begleiten, er ist entsprechend teuer und sollte sehr sorgfältig ausgesucht werden. Viele Rollstühle sind ausbaufähig und „wachsen mit".
Setzen Sie sich mit Ihrer Krankenkasse in Verbindung, bevor Sie einen Rollstuhl aussuchen. Bitten Sie Ihren Arzt, ein Rezept auszustellen, auf dem ganz

genau beschrieben ist, welchen Anforderungen der Rollstuhl für Ihr Kind genügen muss. Die meisten Krankenkassen arbeiten mit bestimmten Lieferanten zusammen, an die man bei der Auswahl gebunden ist. Wenn Sie sich mit Ihrer Krankenkasse nicht auf ein Modell einigen können, sollten Sie versuchen, gegen Zuzahlung doch den Rollstuhl zu erhalten, den Ihr Kind braucht.

Woran Sie denken sollten

- Bevor Sie einen Rollstuhl kaufen, lassen Sie sich beraten, was Ihr Kind braucht.
- Sie sollten wissen, dass es eine Vielzahl verschiedener Rollstuhl-Typen und Mobilitätshilfen gibt.
- Wenn Kinder nur für eine begrenzte Zeit einen Rollstuhl brauchen, kann man einen Standardrollstuhl nehmen. Kinder, die ihren Rollstuhl nicht selbst vorwärts bewegen können, brauchen ein leichteres Modell. Falls Ihr Kind seinen Kopf nicht oben halten kann, sollte es einen Rollstuhl bekommen, der sich nach hinten neigen lässt.
- Es gibt spezielle Rollstühle für verschiedene Sportarten.
- Sportrollstühle oder andere Spezialrollstühle müssen bei einer Firma für Sonderanfertigungen bestellt und normalerweise privat bezahlt werden.
- Fragen Sie, ob das Sanitätshaus die Rollstühle auch wartet und repariert. Erkundigen Sie sich, ob Sie bei einer Reparatur Ihres dort gekauften Rollstuhls kostenlos einen Ersatzrollstuhl bekommen.
- Kaufen Sie niemals einen Rollstuhl oder das Zubehör, ohne es vorher gesehen zu haben, nie nach Katalog oder gar im Internet. Probieren Sie den Rollstuhl im Krankenhaus, in der Schule oder am besten zu Hause aus, um zu überprüfen, ob er dort alle Anforderungen erfüllt.

Haar-Ersatz

- *„Es ist sehr wichtig, eine natürlich wirkende Perücke oder ein natürlich aussehendes Haarteil zu haben, selbst wenn man noch klein ist, damit die anderen Kinder sich nicht über dich lustig machen. Du brauchst eine gute Perücke und jemanden, der weiß, wie man sie frisiert."*

Julie Ramirez,
die durch die Krankheit Alopecia areata
im Alter von sechs Jahren ihr Haar verlor

Es ist nicht leicht, eine Perücke oder ein Haarteil auszusuchen – und auch der Schnitt einer solchen Perücke sollte genau überlegt sein. Denn sie wächst ja nicht mehr nach. Eine Perücke zu tragen, ist eine persönliche Entscheidung. Ihr Kind sollte selbst sagen dürfen, wann es sich dazu bereit fühlt. Es ist gut, eine Perücke dann zu kaufen, wenn Ihr Kind danach fragt. *„Ich hatte Kunden, die ihrem Kind unbedingt eine Perücke aufzwingen wollten"*, berichtet *Barbara Goldberg*. Sie verlor durch eine Krankheit bereits als Kind ihre Haare und hat heute eine Firma, die Haarteile und Perücken herstellt. *„Das ist keine gute Idee. Ich persönlich kann niemandem – auch keinem Kind – eine Perücke verkaufen, die es nicht will. Wenn die Eltern meinen, dass sie für ihr Kind eine Perücke kaufen sollten, dann können sie das ja tun. Aber sie sollten ihr Kind nicht zwingen, sie zu tragen."*
Eltern sollten zwar ihr Kind führen und anleiten. Aber wenn es um solche Entscheidungen geht, muss das Kind selbst entscheiden dürfen. Geben Sie Ihrem Kind die Möglichkeit, seine eigene Wahl zu treffen.

Woraus Haar-Ersatz besteht

Perücken werden aus Menschenhaar oder synthetischen Mischungen hergestellt. Bei beiden Arten gibt es unterschiedliche Qualitäten.

- **Synthetisches Haar** ist nicht hitze- und nicht reibungsbeständig. Bei einer synthetischen Perücke bricht die Faser leicht. Wenn Sie die Perücke häufig bürsten, kann sie sich in ein krauses Wirrwarr verwandeln. Synthetisches Haar ist auch nicht so haltbar wie menschliches. Man kann bei ihm keine chemische Dauerwelle anwenden. Nur der Fachmann kann eine synthetische Perücke neu formen oder die Locken in eine andere Richtung ändern, man selbst nicht.
  Synthetisches Haar speichert Hitze. Das bedeutet, dass es unter einer synthetischen Perücke unangenehm heiß werden kann. Außerdem ist es hitzeempfindlich. Man darf damit nicht zu nahe an eine Hitzequelle oder an eine Feuerstelle gehen, sonst schrumpft das Haar oder schmilzt.
  Die Farbe einer synthetischen Perücke hält zwar jahrelang, sie lässt sich aber auch nicht ändern, weil das Haar die Farbe abstößt. Wenn sich die Farbe durch Oxydation verändert oder verblasst, weil sie der Sonne ausgesetzt wurde, dann kann diese Perücke nicht wieder in ihre ursprüngliche Farbe zurückgefärbt werden. Synthetisches Haar stößt Licht ab. Dadurch wirkt es weniger natürlich.
- **Menschliches Haar** ist ganz anders in der Pflege. Es ist flexibler. Es atmet, und es schrumpft nicht bei Hitze. Man kann eine Perücke aus Menschenhaar durch regelmäßige Anwendung von Pflegeprodukten weich erhalten. Perücken aus Menschenhaar sind wie Ihr eigenes natürliches Haar. Das Haar kann bei Hitze nicht schmelzen und auch nicht durch viel Bürsten ausfransen. Es kann dauergewellt und gelockt werden. Zwar verblassen die Farben in der Sonne wie bei natürlichem Haar, sie können aber wieder aufgefrischt werden.

Perücken aus Menschenhaar sind nicht so haltbar wie synthetische Perücken, sehen aber am natürlichsten aus und fühlen sich auch so an.

Eine Echthaar-Perücke kostet mehr als eine synthetische, ist aber für Ihr Kind, das unter anderen Gleichaltrigen nicht auffallen möchte, auf jeden Fall vorzuziehen, wenn der Haarausfall dauerhaft ist. Wenn allerdings abzusehen ist, dass das Haar wieder nachwächst – zum Beispiel nach einer Chemotherapie – ist es wahrscheinlich nicht nötig, eine Echthaar-Perücke zu kaufen.
Auch für eine Perücke kann man ein Rezept bekommen – und zumindest einen Zuschuss von der Krankenkasse. Eine Synthetik-Perücke für Kinder kostet etwa 500 Euro. Sie hält auch bei guter Pflege meist nicht länger als ein halbes Jahr lang. Denn Kinder gehen nicht so vorsichtig mit ihren „Ersatzhaaren" um wie Erwachsene. Außerdem werden auch Perücken irgendwann zu klein.

Die Qualität von Haar-Ersatz

Eine qualitativ gute Perücke zu finden, ist nicht leicht. Manchmal ist es auch schwierig, ihre Qualität zu beurteilen. Im allgemeinen sind handgeknüpfte Perücken zu bevorzugen – also Perücken, bei denen eine Strähne nach der anderen im Boden befestigt wird. Jede Strähne einzeln an dem bienenwabenartigen Boden zu befestigen, ist Sisyphus-Arbeit. Aber dieses Verfahren führt zu einem bedeutend natürlicheren Aussehen, als wenn man dreißig Strähnen gleichzeitig befestigt. Eine handgeknüpfte Perücke, die nicht vorgestylt ist, lässt sich von Ihrem Friseur zu genau der Frisur kämmen, die Sie möchten.
Man sollte sich das Haarteil genau ansehen und ganz vorsichtig an ihm ziehen, um zu sehen, ob es wirklich fest geknüpft ist, und seine Beschaffenheit fühlen um zu sehen, ob das Haar weich ist. Lassen Sie sich auch die verschiedenen Materialien zeigen, die zur Herstellung des Perückenbodens in Frage kommen. Drehen Sie die Perücke um und sehen Sie sich den Boden an. Für den Perückenboden werden Materialien verschiedener Stärke verwendet. Manche sind flexibler als andere, also auch nachgiebiger. Von ihnen hängt es ab, wie angenehm die Perücke sich tragen lässt. Ein fester Boden kann mehr Hitze speichern (wodurch es dann unter der Perücke heißer wird) als ein dünnerer, luftdurchlässiger Perückenboden. Sollte Ihr Kind leicht schwitzen, ist ein luftdurchlässiger Perückenboden unerlässlich. Beim Kauf einer Perücke oder

eines Haarteils sollten Sie auch unbedingt auf eine lange Garantiezeit achten. Helfen Sie Ihrem Kind, die richtige Perücke auszuwählen. Möchte Ihr Kind damit schlafen und duschen? Wird es damit viel in der Sonne sein? Viele Kinder, besonders Mädchen, wünschen sich langes Haar – aber eine Perücke mit Kurzhaarfrisur hält länger, weil die Haare sich nicht ineinander verheddern.

Woher weiß ich, dass die Perücke passt?

Wenn Sie und Ihr Kind erst einmal eine Perücke ausgesucht haben, dann stellt das Anprobieren oft noch große Anforderungen an alle Beteiligten. Für den festen Sitz von Perücken und Haarteilen gibt es verschiedene Mittel. Die üblichsten Methoden sind, sie mit Klebstoff oder Klebeband zu fixieren oder sie festzubinden. Es gibt auch Perückenkappen, die dehnbar sind und die Perücke genau an Ort und Stelle halten.
Eine völlig andere Methode, eine Perücke am Kopf zu befestigen, ist das Ansaugen. Die Saugunterlage wird dem Kopf Ihres Kindes angepasst. Eine gut zugeschnittene Vakuum- oder Saugperücke gibt wunderbare Sicherheit. Mit der Perücke kann man schwimmen gehen und Fahrrad fahren – die Perücke geht nicht ab. Wenn Sie so eine Perücke für Ihr Kind in Betracht ziehen, erkundigen Sie sich, ob sie sich auch dem Wachstum Ihres Kindes anpasst. Außerdem sollten Sie wirklich nur zu einem Fachmann gehen.

Kann man damit in eine Schul- oder Ferien-Freizeit fahren?

Kinder mit Haarteilen oder Perücken haben vielleicht Angst, mit in eine Schul- oder Ferien-Freizeit zu fahren, schwimmen zu gehen oder bei Freunden oder Freundinnen zu übernachten. Ihr Kind kann mit seiner Perücke schlafen, wenn sie am Kopf angeklebt ist. Es muss sie nicht abnehmen – und ganz besonders nicht, wenn der Boden der Perücke luftdurchlässig ist. Ihr Kind kann das Perückenhaar auch mit Shampoo waschen, während es die Perücke trägt. Das Shampoo dringt durch die Perücke bis zur Kopfhaut durch.

Möchte Ihr Kind mit seiner Perücke schlafen, sollten Sie eventuell eine zusätzliche Perücke nur zum Schlafen anfertigen zu lassen, die wie die Tagesperücke aussieht. Einige Kinder möchten jedoch nicht mit einer Zweitperücke schlafen. In diesem Fall müssen Sie Vorsorgemaßnahmen treffen, damit das Haar der Perücke sich nicht verheddert. Wenn die Perücke Ihres Kindes langes Haar hat, flechten Sie es vor dem Schlafengehen oder fassen Sie es zu einem Pferdeschwanz zusammen. Allerdings ist es ziemlich unbehaglich, über längere Zeit Tag und Nacht dieselbe Perücke zu tragen.

Wenn Ihr Kind mit in eine Freizeit fährt, ist es am besten, die Betreuer und die anderen Kinder über den Haarverlust Ihres Kindes aufzuklären. Dann könnte es auch ein Kopftuch oder eine Mütze tragen, wodurch die Kopfhaut besser atmen kann. Es ist ohnehin wichtig, den Freizeit-Leiter über die gesundheitlichen Probleme Ihres Kindes zu informieren, weil er sich dann besser um Ihr Kind kümmern kann.

Eltern müssen unbedingt verstehen, welche Bedeutung eine Perücke für ein Kind mit Haarverlust hat. Sie kann genauso wichtig sein wie eine Brille oder ein Stützapparat. Perücken gehören bei manchen Kindern dazu und müssen in das Familienbudget aufgenommen werden.

Woran Sie denken sollten

- Wenn Sie nach einem Geschäft für Perücken suchen, gehen Sie zu einem renommierten Friseursalon, der Erfahrung mit Perücken hat. Erkundigen Sie sich in Ihrer Klinik oder bei anderen Eltern.
- Zwingen Sie Ihr Kind nicht, gegen seinen Willen eine Perücke zu tragen.
- Perücken werden aus menschlichem Haar oder aus synthetischen Mischungen hergestellt. Synthetisches Haar ist nicht so hitze- und reibungsbeständig und hält auch nicht so lange wie Echthaar-Perücken. Es muss von einem Fachmann neu frisiert werden, speichert Hitze und

muss im Friseursalon trocken geföhnt werden, um seine weiche Beschaffenheit wieder zu erhalten.

- Menschenhaar ist flexibler und atmet, verliert jedoch mit der Zeit seine Farbe und muss gelegentlich wieder neu eingefärbt werden. Es ist hitzebeständig und beständig gegen Reibung und kann dauergewellt, gelockt oder sogar ohne einen Friseur gestylt werden. Perücken aus Echthaar sehen am natürlichsten aus und fühlen sich auch so an.
- Um eine qualitativ hochwertige Perücke zu kaufen, gehen Sie zu einem renommierten Geschäft und lassen sich zeigen, wie die Perücke angefertigt wird. Sehen Sie sich den Boden der Perücke an, ob er luftdurchlässig ist und ob die Strähnen handgeknüpft oder mit der Maschine befestigt sind.
- Ziehen Sie ganz vorsichtig an den Haaren, um zu sehen, ob sie fest sitzen, und überprüfen Sie, ob die Perücke weich ist.
- Fragen Sie nach der Garantiezeit.
- Überlegen Sie sich, wie aktiv Ihr Kind ist, bevor Sie eine Perücke aussuchen. Wird Ihr Kind mit der Perücke auch schlafen und duschen? Wie oft wird Ihr Kind damit in der Sonne sein?
- Finden Sie eine Perücke mit der richtigen Befestigungsart für Ihr Kind. Das kann eine Befestigung durch ein Band, Klebstoff, Klebeband oder durch Clips und Kämme sein. Überlegen Sie, was am effektivsten und am bequemsten für Ihr Kind ist.
- Eine Perücke zu tragen, beschädigt natürliches Haar nicht und behindert auch nicht den Haarwuchs.
- Informieren Sie den Leiter eines Ferien-Camps und andere Leute, die von Berufs wegen mit Ihrem Kind zu tun haben, über den Haarverlust Ihres Kindes.

Die Kunst des Tarnens

„Als ich 21 war und beschloss, Schauspieler zu werden, fragte mich ein Agent, ob ich denn noch mehr Operationen haben werde, um mein Gesicht ‚hinzukriegen'. Ich antwortete: ‚Nein, ich bin sehr zufrieden mit meinem Gesicht'. Ich sagte ihm, dass mein Gesicht ein Teil von mir sei. Er akzeptierte das, befürchtete aber, dass ich wegen meines Gesichts keine Arbeit fände."

Stacy Keach, Schauspieler und Ehrenvorsitzender
der Stiftung für Menschen mit Lippen- und Gaumenspalten / USA

Unsere Gesellschaft gibt der äußeren Erscheinung ein enormes Gewicht. Tatsächlich haben sozial-psychologische Studien gezeigt, dass wir attraktiven Menschen automatisch mehr positive Eigenschaften zuschreiben als nicht attraktiven. Viele Menschen – auch Ärzte und Lehrer – werden vom Äußeren von Kindern beeinflusst.. So wird zum Beispiel ein Mensch mit einem etwas auffälligen Gesicht automatisch als langsamer Lerner eingestuft.
„Hat jemand eine nicht sichtbare Krankheit, beeinflusst das weniger häufig das Urteil anderer, als wenn jemand eine sichtbare Beeinträchtigung, etwa ein entstelltes Gesicht hat", so *Barry Tanner*, Verwaltungsdirektor der Psychiatrie im Detroit Receiving Hospital und Vater von drei Kindern mit sichtbaren Beeinträchtigungen. Deshalb kann es hilfreich und für die Kinder sehr erleichternd sein zu wissen, wie man sich „tarnen" kann, ohne sich zu verstecken.

Etwas mehr als Abdeckpuder muss es schon sein

Es ist ein großer Unterschied zwischen der Kosmetikerin in einem Salon und einer medizinischen Spezialistin, die sich mit der Abdeckung von Narben und Entstellungen befasst. Die Beraterin in einer Parfümerie konzentriert sich darauf, Gesichtsausdrücke hervorzuheben. Die medizinische Kosmetik verbirgt äußere Auffälligkeiten oder gleicht sie der Norm an. Sie versucht im Team mit den Ärzten, den Patienten zuerst körperlich und dann auch emotional zu helfen. Medizinische Spezialisten verwenden spezielles Make-up und besondere Techniken für jeden Teil des Körpers, einschließlich Beinen, Armen und Kopf. Sie können auch falsche Augenwimpern oder Augenbrauen-Prothesen oder sogar Haar für Leute mit Haarverlust herstellen. Sie sehen ihre Patienten regelmäßig zu den verschiedenen Jahreszeiten und in den verschiedenen Stadien der Heilung, um das Make-up an die Hautveränderungen anzupassen.

Einen Spezialisten zu finden, der sich auch mit Kindern wirklich gut auskennt, ist nicht immer einfach. Am besten bitten Sie Ihren Arzt oder Ihre Klinik, Ihnen jemanden zu empfehlen. Hautkliniken haben fast immer eine Kosmetik-Abteilung, die Ihnen hilft. Wenn Sie Probleme haben, können Sie sich auch an eine Selbsthilfe-Gruppe wenden, um Empfehlungen zu bekommen.

Fühlt ein Mensch sich körperlich attraktiv, hilft ihm das auch bei der Heilung seiner Krankheit. Es baut seinen Mut und seine Selbstachtung auf und hilft, den sozialen Druck abzubauen.

Welches Make-up kann man für Kinder nehmen?

Normalerweise können Kinder ab einem Alter von etwa neun Jahren lernen, Make-up anzuwenden. Das hängt natürlich von der Entwicklung des Kindes und seinen Fähigkeiten ab. Eltern sollten immer abwarten, bis ihr Kind von allein darauf kommt, Make-up zu verwenden. Wenn Sie Ihr Kind dazu drängen, seine Unvollkommenheiten „zu verdecken", ist das wie eine Botschaft an das Kind, dass sogar seine Eltern, die es eigentlich bedingungslos lieben sollten, es nicht akzeptieren. Und das ist ganz sicher nicht das, was Sie Ihrem Kind vermitteln möchten. Wenn Sie aber das Gefühl haben, dass Ihr Kind unglücklich ist und neue Wege sucht, sein Aussehen zu verändern, dann helfen Sie ihm – zum Beispiel auch mit dem Vorschlag, Make-up zu verwenden.

Make-up bei Kindern anzuwenden, ist anders als bei Erwachsenen. Kinder brauchen oft ganz andere Produkte und Stilrichtungen – unter anderem, weil man ja erreichen möchte, dass sie natürlich aussehen. Es ist auch wichtig, dass bei der Auswahl von Methoden zur Abdeckung von Narben und Entstellungen der Lebensstil und die Persönlichkeit des Kindes berücksichtigt werden: Sein Geschlecht, die Art der Aktivitäten, das Alter und das Temperament.

Pigmentverlust

- Make-up kann auch Pigmentverlust verdecken. *„Ich arbeitete mit einem afrikanisch-amerikanischen Mädchen, das 13 Jahre alt war"*, erzählt *Regie Wise* von der Kinderklinik in Philadelphia. *„Im Alter von sechs Monaten waren bei einem Hausbrand 77 Prozent ihrer Haut verbrannt. Um den Mund herum hatte sie keine Pigmente mehr, er war weiß. Ihr Gesicht war vollständig mit Narben bedeckt, und die restliche Haut hatte eine dunkle, aschene Farbe. Nach zwei Stunden Arbeit hatte sie die gleiche karamellfarbene Haut wie ihre Mutter, die Lippen hatten wieder eine passende Lippenfarbe und ihre Gesichtszüge waren korrigiert. Ich brachte ihr bei, wie sie diese Resultate allein erzielen konnte. Als wir fertig waren und sie in den Spiegel sah, erkannte sie darin zum ersten Mal die Ähnlichkeit mit ihrer Mutter."*

Fühlt ein Mensch sich körperlich attraktiv, hilft ihm das auch bei der Heilung seiner Krankheit.

Gesichtsfehler

Entstellungen am Kopf und im Gesicht können dem Selbstwertgefühl eines Kindes besonders schaden. *„Wenn ich mit Kindern mit solchen Entstellungen arbeite, bemühe ich mich, Symmetrie in ein Gesicht zu bringen, das asymmetrisch ist"*, sagt *Regie Wise*. *„Oft forme ich die Augenbrauen und das Haar –*

besonders mit Hilfe von Ponys. Denn ein gerader, waagerechter Pony kann gut ausgleichen und eine Symmetrie ergeben.“

Das Abdecken von Narben und Entstellungen ermöglicht es den Kindern, ihr eigenes Leben selbstbewusster in die Hand zu nehmen. Auch Patienten mit Lippen- oder Gaumenspalten können lernen, auf kosmetische Weise eine natürliche Lippenlinie zu rekonstruieren. *„Zuerst einmal verdecken wir die Narben an der Oberlippe mit einer passenden Abdeckcreme und vervollkommnen sie dann mit Puder“*, so *Regie Wise. „Als nächstes ermitteln wir die Mitte des Gesichts, nehmen einen wasserfesten, naturfarbenen Lippenkonturstift und machen einen Punkt in die Mitte des niedrigsten Punktes der Oberlippe. Dann vervollständigen wir den bogenförmigen Schwung. Danach füllen wir die gesamte Lippe mit dem Lip-Liner aus. Sobald die Lippe erst einmal ausgemalt ist, kann man einen Vitamin-E-Stift mit Sonnenschutz oder einen Lippenstift anwenden, um das Ganze zu vervollständigen. Die Farbe hält für mehrere Stunden.“*

„Hat die Seele einen Defekt, kann das nicht im Gesicht korrigiert werden. Aber wenn ein Defekt im Gesicht korrigiert wird, kann das die Seele in Ordnung bringen.“

Jean Cocteau

Oft lassen sich Männer mit einer Lippenspalte einen Schnurrbart wachsen. Da jedoch Schnurrbarthaare auf der eigentlichen Narbe nicht wachsen, müssen sie diesen Bereich mit einer Abdeckcreme oder mit einem Stift, der zu ihrem Haar passt, ergänzen.

Natürlich tragen auch Männer und Jungen Make-up, um Makel zu verdecken. Schließlich wünschen auch sie sich ein natürliches Aussehen. *Regie Wise*: *„Ich arbeite mit vielen Männern, die traumatische Verletzungen oder Hautkrebs hatten.“* Am Kopf verwendet sie Abdeckcreme, die das Haar oder die Haut ergänzt, falls der Mann glatzköpfig ist. Bei Männern mit Haar verdeckt das Make-up Narben und fehlende Haare.

Körper-Make-up

Um Unvollkommenheiten an Armen und Beinen zu verdecken, braucht man ein wasserfestes Produkt und ein Festigungs-Spray, damit das Make-up nicht auf die Kleidung abfärbt. Man sollte auch Puder verwenden, um die Creme natürlicher aussehen zu lassen. Das Make-up sollte man großflächig verteilen, um damit den gesamten Bereich abzudecken und nicht nur die unvollkommene Stelle. Das ist deshalb wichtig, weil das einfallende Licht von dem ganzen Arm oder dem ganzen Bein reflektiert wird. Und wenn nicht der gesamte Bereich mit Make-up behandelt wurde, hebt sich die Stelle mit dem verdeckten Makel von dem Rest des Arms oder Beins ab. *„Die Problemstelle sollte mit einer dünnen Schicht von Make-up verdeckt werden, doch ein bisschen Hautfarbe sollte noch hindurchscheinen, damit es natürlich wirkt"*, so *Regie Wise*.

Make-up wirkt bei unterschiedlichem Licht sehr unterschiedlich – allerdings wirkt Make-up, das bei natürlichem Licht gut aussieht, auch bei künstlichem Licht unauffällig.

Ein paar Make-up-Tipps

- Im allgemeinen ist es so, dass helles Make-up Teile Ihres Gesichts flacher wirken lässt. Um Tiefe zu erzeugen, verwenden Sie Schattierungspuder oder -creme.
- Um ein natürliches Aussehen zu bekommen, sollten Sie immer verschiedene Make-ups mischen.
- Denken Sie daran, positive Gesichtszüge zu betonen, während Sie die negativen Bereiche möglichst wenig hervorheben.
- Bei einer Lippenspalte zum Beispiel ist es am besten, einen naturfarbenen Lippenstift statt eines dunkelroten zu verwenden. Natürliche Farben vermischen sich mit Hauttönen und stellen so die problematischen Gesichtszüge etwas in den Hintergrund.

- Wenn man einen Teil einer Wange verdecken möchte, ist es wichtig, auf der anderen Wange ein bisschen Make-up zu benutzen, um das Gleichgewicht herzustellen.
- Normales Make-up bleibt nicht an Narben haften. Wollen Sie also eine gute Deckung erreichen, müssen Sie wasserfeste Produkte benutzen. Flüssige und cremige Grundierungen sollten immer mit Puder verwendet werden.
- Falls die speziellen Fixierungspuder zu teuer sind, nehmen Sie einfach Babypuder.

Bei Kindern spielt die Einstellung der Eltern gegenüber Make-up eine sehr wichtige Rolle. Fragt Ihr Kind, wie es aussieht, dann antworten Sie auf ehrliche, positive Weise, um es spüren zu lassen, dass Sie seine Entscheidung, kosmetische Mittel anzuwenden, unterstützen. Wenn Sie auf die Frage des Kindes ablehnend reagieren, könnte sein Selbstwertgefühl verletzt werden – und seine Motivation lässt nach, an seinem Aussehen zu arbeiten und sich dadurch auch besser zu fühlen.

Manche Kinder möchten zu einem Spezialisten für Abdeckung von Narben und Entstellungen gehen, doch die Eltern raten ihnen davon ab. Sie sagen vielleicht, dass das Kind gar kein Make-up brauche oder dass es zu schwierig sei, es dort hinzubringen. Auch das ist sehr entmutigend für das Kind. Außerdem sollten Eltern sich darüber im Klaren sein, dass so eine spezielles Abdeck-Make-up ähnlich wie eine Prothese ist: Das Kind braucht es, um seine äußere Erscheinung der Norm anzupassen, nicht um „cool“ zu sein.

Mikropigmentierung

Die Mikropigmentierung ist ein ziemlich neues Verfahren, um permanentes Make-up zu erreichen. Dabei werden Pigmentfarben mit Nadeln in die Haut injiziert. Aber, anders als bei einer Tätowierung, die tief in die Haut eindringt, geht die Mikropigmentierung nur in die oberen Hautschichten. Während des Verfahrens werden leichte Betäubungsmittel verwendet, um die Prozedur möglichst wenig unangenehm zu gestalten. Danach ist die Hautstelle etwas geschwollen und rot, doch das wird meistens innerhalb von zwei Wochen besser, nach etwa sechs Wochen ist das Gesicht abgeheilt.

Mikropigmentierung ist keine vollkommene oder unendlich andauernde Lösung. Die Pigmente verblassen nach einigen Jahren, so dass man sie wieder auffrischen muss. Um das möglichst lange hinauszuzögern, muss man die Farben davor schützen, schnell zu verblassen. Die entsprechenden Stellen müssen immer sehr sorgfältig mit wasserfestem Sonnenschutzmittel gepflegt werden. Außerdem sollte man Vaseline auftragen, bevor man ins Schwimmbad geht, um die Haut an der Stelle gegen das Chlor zu schützen, das die Farben ausbleichen würde. Hautpflegemittel, die Alphahydroxid enthalten, dürfen auf keinen Fall verwendet werden – sie verkürzen die Haltbarkeit der Mikropigmentierung.

Eine solche Behandlung wird nur dann von einer Versicherung bezahlt, wenn sie aufgrund eines Unfalls notwendig ist. Leider gilt sie noch immer als ein ungewöhnliches kosmetisches Verfahren.

Die Mikropigmentierung kommt für viele Menschen in Frage

- Menschen mit verbrannten Lippen, die Probleme haben, den Mund zu bewegen. Die Lippenlinien können damit reproduziert werden, und die Mundbeweglichkeit wird verbessert.
- Krebsopfer, besonders Frauen mit Brustkrebs, die eine Rekonstruktion der Brustwarzen benötigen
- Menschen mit Krankheiten wie der Basedow-Krankheit, die unter Haarverlust leiden und Augenbrauen oder einen Augenwimpern-Ersatz brauchen
- Menschen, die unter Pigmentverlust leiden, wie bei Vitiligo oder Verbrennungen
- Menschen mit Narben oder verschiedenfarbigen Flecken auf der Haut
- Menschen mit Allergien auf konventionelles Make-up
- Menschen, die sehbehindert sind oder Hand-Augen-Koordinationsprobleme haben, so dass sie selbst nicht täglich Make-up auftragen können

Woran Sie denken sollten

- Spezialisten für medizinische Ästhetik arbeiten mit Ärzten und anderen Therapeuten zusammen, um dem Patienten zu helfen, sein Äußeres normaler erscheinen zu lassen. Das baut ihn emotional auf.
- Medizinische Kosmetikerinnen haben ein größeres Spektrum an kosmetischen Methoden und Mitteln als eine Parfümerie oder Drogerie.
- Je nachdem, wie ein Kind emotional damit zurecht kommt, kann es mit etwa neun Jahren lernen, sein Make-up selbst aufzutragen.
- Drängen Sie Ihr Kind nicht dazu, Make-up zu benutzen. Dadurch würden Sie die Botschaft vermitteln, dass Sie Ihr eigenes Kind nicht akzeptieren.
- Make-up für Kinder sollte leicht anzuwenden, haltbar und wasserfest sein. Füllen Sie es in kleine Behälter, die in die Jackentasche passen.
- Bei Problemen am Kopf und im Gesicht ist das Ziel einer kosmetischen Behandlung, in einem asymmetrischen Gesicht eine optische Symmetrie herzustellen. Bei Patienten mit Lippen- oder Gaumenspalten verwendet man naturfarbene Lippenstifte, um die Problembereiche in den Hintergrund treten zu lassen und andere Bereiche zu betonen.
- An Armen und Beinen muss man auf jeden Fall ein wasserfestes Produkt und Fixierspray benutzen, damit das Make-up nicht auf die Kleidung abfärbt. Tragen Sie außerdem noch einen Puder auf.
- Verwenden Sie immer verschiedene Make-ups, damit Sie ein natürliches Aussehen erzielen.
- Benutzen Sie für Narbenbereiche wasserfestes Make-up, weil nur das auf der Hautoberfläche haftet.
- Mikropigmentierung ist eine Art Make-up-Tätowierung oder permanentes Make-up. Das ist besonders gut für Menschen, die schlecht sehen und deshalb ihr Make-up nicht selbst auftragen können, und für Menschen mit fehlenden Augenbrauen, Lippenlinien oder fehlender Pigmentierung. Gehen Sie dafür nur zu einem Fachmann.

7

Wie Sie die Rechte Ihres Kindes vertreten können

„Versuchen Eltern nicht, sich für ihr Kind einzusetzen, dann verleugnen sie ihre Fähigkeit, ihrem Kind zu helfen, seine gesetzlichen Rechte durchzusetzen. Sie werden verbittert und böse auf alles und jeden. Das ist sehr unprofessionell."

Lynette Rosser,
Sozialpädagogin am Kinderkrankenhaus in Pittsburgh

Die Macht der Fürsprache

„Wo fange ich an?“

Für Eltern eines chronisch kranken oder behinderten Kindes gibt es staatliche Hilfen. In Deutschland gibt es ein umfassendes Behinderten-Recht, das Eltern für ihre behinderten Kinder in Anspruch nehmen können.

Schwerbehinderten-Ausweis

Wenn Ihr Kind behindert zur Welt kommt oder eine schwere chronische Krankheit hat, sollten Sie beim Versorgungsamt einen Schwerbehinderten-Ausweis beantragen. Antragsformulare erhalten Sie bei Ihrer Stadtverwaltung. Für das Ausfüllen dieses Antrags sollten Sie sich Zeit nehmen und sich eventuell von Ihrem Arzt oder in der Klinik, die Ihr Kind betreut, beraten lassen. Das Versorgungsamt holt Gutachten bei den Ärzten ein, die Sie auf dem Formular angeben. Der medizinische Dienst legt dann unter Berücksichtigung dieser Gutachten den Grad der Behinderung fest. Außerdem können noch besondere Zusätze festgelegt werden – wie zum Beispiel „G“ für gehbehindert, „H“ für hilflos, „Bl“ für blind.

Der Grad der Behinderung kann bei ein und derselben Krankheit je nach Verlauf unterschiedlich sein. Sie müssen aber wissen, dass verschiedene medizinische Dienste manchmal auch bei demselben Kind unterschiedlich entscheiden würden. Informieren Sie sich daher, wie in anderen Fällen entschieden wurde, und legen Sie gegebenenfalls Widerspruch ein. Weil viele Hilfen, die Ihrem Kind zum Beispiel beim Schulbesuch oder bei der Suche nach einem Ausbildungsplatz zustehen, vom Grad der Behinderung abhängen, sollten Sie auf jeden Fall versuchen, einen hohen Faktor zu bekommen.

Vom Grad der Behinderung hängt es auch ab, welche außergewöhnlichen Belastungen von Ihrem steuerpflichtigen Gehalt abgezogen werden können. Dazu

gehören zum Beispiel Fahrtkosten, Ausgaben für Haushaltshilfen, Medikamente und Behandlungen, sofern sie nicht von der Krankenkasse getragen werden. Im Info-Magazin am Ende dieses Buches finden Sie Adressen von Behinderten-Verbänden, die Ihnen Merkblätter zu steuerlichen Erleichterungen zur Verfügung stellen.
Scheuen Sie sich nicht, einen Schwerbehinderten-Ausweis zu beantragen – er steht Ihrem Kind zu, auch wenn es ihn vielleicht nie selbst benutzt und nur Sie als Eltern die steuerlichen Vergünstigungen in Anspruch nehmen.

Krankenkasse und Pflegekasse

Kinder sind normalerweise über ihre Eltern mitversichert. Zum Beantragen von Pflegegeld finden Sie weitere Informationen in Kapitel 5 und bei den Adressen in Kapitel 8.

Krankenkasse, Pflegekasse, Versorgungsamt – überall ist Ihr Einsatz wichtig.

Die Krankenkasse trägt üblicherweise alle Kosten für die Behandlung Ihres Kindes. Im Zweifelsfall – zum Beispiel bei der Verordnung neuer, noch nicht zugelassener Medikamente – sollten Sie sich unbedingt erkundigen, ob Sie einen gesonderten Antrag stellen müssen. Auch besondere Hilfsmittel, Reha-Maßnahmen oder Kuren müssen beantragt werden.
Wenn Ihr Arbeitgeber nicht verpflichtet ist, Kinder-Krankengeld zu zahlen, zahlt die Krankenkasse, wenn Sie bei Ihrem Kind zu Hause bleiben müssen. Ehepaare haben einen Anspruch auf je 10 Tage, Alleinerziehende auf 20 Tage Kinder-Krankengeld pro Jahr – und das auch über das 12. Lebensjahr des Kindes hinaus, wenn ein ärztliches Attest vorliegt.
Bemühen Sie sich frühzeitig um ein gutes Verhältnis zu Ihrem Sachbearbeiter oder Ihrer Sachbearbeiterin bei der Krankenkasse. Für Anträge, die den üblichen Rahmen sprengen, sind Sie meistens auf Fürsprache und Kompromissbereitschaft angewiesen. Lassen Sie sich nicht auf mündliche Absprachen ein, sondern bitten Sie bei allen Zusagen oder Ablehnungen um schriftliche Bestätigung. Nur das ermöglicht Ihnen, bei Bedarf Widerspruch einzulegen.

Eltern sollten für ihr Kind eintreten

Studien zeigen, dass Eltern von schwerbehinderten Kindern stärker motiviert sind, für ihr Kind zu sprechen, als Eltern von Kindern mit leichten Beeinträchtigungen. Vielleicht liegt das daran, dass sie denken, sie oder ihr Kind „schafften das schon". Oder sie haben bereits schlechte Erfahrungen mit Ämtern gemacht, weil man „dem Kind ja gar nichts ansieht". Gegenüber Eltern, die genug mit der Krankheit ihres Kindes zu tun haben, ist es nicht immer fair, dass sie für das, was ihrem Kind zusteht, kämpfen müssen.

Wie Sie vor einem wichtigen Gespräch Selbstvertrauen aufbauen können

Machen Sie sich vor jedem Gespräch Folgendes klar:

- Die Leute wollen wissen, was ich zu sagen habe. Sie werden meinen Vorschlägen gegenüber offen sein und möchten meinem Kind helfen.
- Wir werden zusammenarbeiten, um ein positives Ergebnis zu erzielen. Sollte es ein Problem geben, dann habe ich noch andere Möglichkeiten – und ich werde hartnäckig sein.

Manche Menschen versuchen gar nicht erst, sich für ihr Kind einzusetzen. Sie sind zu pessimistisch, haben vielleicht Angst vor Behörden oder wollen das System nicht herausfordern. Ihnen wurde schon früh beigebracht, sich den Wünschen von Ämtern und Versicherungen zu beugen.

Dann gibt es noch Eltern, die zu wenig Selbstvertrauen haben, um für die Interessen ihres Kindes einzutreten. Sie glauben, dass sie sich nicht genug mit den Rechten ihres Kindes auskennen. Sie befürchten, sie könnten als dumm hingestellt werden, nur weil sie mit den administrativen Verfahrensweisen nicht vertraut sind. Und schließlich gibt es bei manchen noch die Angst, sie könnten die Beherrschung verlieren, wenn sie bei Versicherungen oder Behörden vorsprechen. *„Ich werde bestimmt nicht klar sprechen oder mich nicht be-*

herrschen können", denken sie. *„Vielleicht breche ich in Tränen aus oder werde wütend. Die Leute werden mir die Schulter tätscheln und mich dann wieder nach Hause schicken. Was soll das Ganze also?"*

Das beste Vorgehen

Gehen Sie mit einer positiven, optimistischen Einstellung in ein Gespräch. Oft wissen die Leute auf der anderen Seite des Tisches einfach nicht genug über das, was Ihr Kind braucht.

Oft erwarten Eltern von einem Gespräch mit einer Behörde, Versicherung oder der Schule, dass es ohnehin negativ ausgehen wird. Denken Sie deshalb immer daran, dass Institutionen aus einzelnen Menschen bestehen, die oft auch ganz zugänglich und vernünftig sind. Viele Verantwortliche sind hilfsbereiter und haben mehr Achtung vor den Belangen anderer Menschen, als manche Eltern es von ihnen annehmen.

Die Art und Weise, wie man mit den zuständigen Beamten oder Angestellten spricht, kann sich auf das Resultat der Besprechung auswirken.

Wie Sie erfolgreich Gespräche führen können

- Machen Sie sich vertraut mit der medizinischen und psychologischen Sprache. *„Als Mikes Krankheit festgestellt wurde, informierte ich mich und bestellte mir jede Fachzeitschrift, die es zum Thema ‚Autismus' gab. Das war eine große Hilfe"*, sagt sein Vater.
- Machen Sie sich vertraut mit der Ausdrucksweise des Schulwesens (des Gesundheitsamtes, des Versorgungsamtes, der Krankenkasse etc.), um Missverständnisse zu vermeiden. Wenn Sie etwas nicht verstehen, fragen Sie einfach: *„Was bedeutet das für mein Kind?"*
- Bitten Sie um eine mindestens halbstündige Besprechung, damit in Ruhe alles durchgesprochen werden kann.

- Bereiten Sie eine Liste Ihrer Fragen und Vorschläge vor.
- Besorgen Sie sich die notwendigen medizinischen Informationen – Arztberichte und Beschreibungen der Krankheit Ihres Kindes. Nehmen Sie so viele schriftliche Informationen wie möglich mit.
- Bauen Sie einen persönlichen Kontakt zu einem Sachbearbeiter auf, der Ihnen offen für Ihre Belange erscheint.
- Setzen Sie nichtverbale Kommunikation ein, wie zum Beispiel Blickkontakt, Lächeln und Händeschütteln. Setzen Sie sich, falls möglich, neben denjenigen, der entscheidet.
- Stellen Sie Fragen. Müssen Sie soeben Gesagtes klären, unterbrechen Sie Ihren Gesprächspartner. Beschreiben Sie auch, was Sie zum Thema wissen, und äußern Sie Ihre Sorgen. Statt Ihre „Frustrationen" und „Forderungen" zum Ausdruck zu bringen, sprechen Sie von Ihren Sorgen und Nöten.
- Seien Sie ein guter Zuhörer. Wechseln Sie sich mit dem Sprechen ab, und seien Sie neuen Ideen gegenüber offen. Wenn Sie sprechen, sagen Sie, was Sie denken. Wenn Sie in einem ersten Gespräch noch keine Entscheidungen fällen können, bitten Sie um Bedenkzeit und einen weiteren Termin. Dann sprechen Sie mit jemandem – etwa einem Psychologen oder Sozialarbeiter oder auch einem Freund mit ähnlichen Erfahrungen – den Verlauf der Besprechung durch.
- Um sicherzustellen, dass Sie verstehen, was gesagt wurde, gehen Sie das Gehörte noch einmal laut durch. Zum Beispiel: *„Wenn ich Sie recht verstehe, sagen Sie, dass unser Hausarzt ein weiteres Gutachten schreiben soll, anhand dessen Sie dann entscheiden werden?"*
- Falls nötig, bitten Sie jemanden, Sie zu der Besprechung zu begleiten.
- Engagieren Sie sich ehrenamtlich in der Schule Ihres Kindes oder in einer Selbsthilfe-Gruppe. Das hilft Ihnen, viele Informationen zu bekommen und Vertrauen zu anderen aufzubauen. Außerdem lernen Sie viele Menschen kennen, die bereit sind, Ihnen und Ihrem Kind aufgrund Ihres Engagements zu helfen.

Woran Sie denken sollten

- Informieren Sie sich über Ihre Rechte, indem Sie sich beim Schulministerium, dem Gesundheitsamt, dem Versorgungsamt oder Behinderten-Verbänden Broschüren bestellen.
- Machen Sie sich mit der Behördensprache vertraut.
- Beantragen Sie einen Schwerbehinderten-Ausweis für Ihr Kind.
- Treten Sie für die Interessen Ihres Kindes ein, auch wenn es nur eine leichte Behinderung hat. Sprechen Sie über Ihre Bedürfnisse und seien Sie hartnäckig, wenn es um das Erreichen Ihrer Ziele geht.
- Lassen Sie sich nicht einschüchtern. Denken Sie daran: Institutionen bestehen aus Menschen. Versuchen Sie, in Versicherungen und Behörden Ihren Sachbearbeiter zu finden, der Sie auch einmal beraten kann.
- Jedes System ist flexibel und kann geändert werden. Finden Sie heraus, wie weit die Sachbearbeiter, mit denen Sie zu tun haben, Ihnen entgegen kommen können.
- Bauen Sie sich für eine Besprechung innerlich auf, indem Sie sich auf positive Gedanken konzentrieren.
- Bereiten Sie für Ihre Besprechungen eine Liste mit Ihren Fragen und Vorschlägen vor. Nehmen Sie schriftliche medizinische Informationen mit.
- Seien Sie bei der Besprechung ein guter Zuhörer. Stellen Sie Fragen, klären Sie Missverständnisse. Sagen Sie, was Sie denken, und fassen Sie Informationen kurz zusammen.
- Engagieren Sie sich in der Schule Ihres Kindes, in einem Behinderten-Verband und allen Institutionen, die Ihnen helfen können.

Die Ausbildung von Kindern, die chronisch krank oder behindert sind

- *„Die Lehrer waren sehr geduldig. Nur so konnte Jessica in der Schule erfolgreich sein. Wir haben mit anderen Eltern von Kindern mit Spina bifida gesprochen. Die berichteten, dass in ihrer Schule niemand darauf achtet, was das Kind kann – statt dessen konzentriert man sich darauf, was es nicht kann. Manche Schulen versuchen, alle Kinder, die ein Problem haben, über einen Kamm zu scheren. Eltern müssen das Schulleben ihres Kindes sehr eng begleiten."*

Jim Covert,
Vater einer Tochter mit Spina bifida

Bevor ein Kind zur Schule kommt, hat es zu Hause schon eine Menge gelernt und ist in den meisten Fällen auch in einen Kindergarten gegangen. Bereits bei der Auswahl des richtigen Kindergartens haben Sie die Möglichkeit, die Förderung Ihres Kindes zu planen. Auch wenn wir hier nicht auf alle Einzelheiten eingehen können, möchten wir Sie doch kurz über die Angebote informieren.

Kindergarten & Co.

Die meisten Eltern möchten ihre Kinder in einen „normalen" Kindergarten schicken –möglichst in der Nähe gelegen, damit Freundschaften im Wohnviertel geschlossen werden können. Wenn Ihr Kind chronisch krank, aber dadurch nicht sehr behindert ist, sollte es kein großes Problem sein, einen Kindergarten zu finden. Viele Erzieherinnen sind bereit, sich mit Allergien, Diabetes, chronischen Durchfällen oder Hautveränderungen auseinander zu setzen und sich bei der Betreuung des Kindes an die Vorgaben der Eltern zu

halten. Die anderen Kinder übersehen solche Probleme sowieso, sobald sie einmal in der Gruppe darüber aufgeklärt wurden, warum ein Kind bestimmte Sachen nicht tun oder bestimmte Speisen nicht essen darf.
Darüber hinaus gibt es integrierte Kindergärten, in die behinderte und nicht behinderte Kinder zusammen gehen. Sie haben mehr Personal und können sich intensiver um einzelne Kinder kümmern.
Heilpädagogische Kindergärten bieten im Rahmen einer Frühförderung behinderter Kinder zum Beispiel Krankengymnastik, Sprachtherapie oder Ergotherapie an. Die Inanspruchnahme dieser Therapien setzt voraus, dass eine Verordnung durch den betreuenden Arzt vorliegt.
Es gibt in vielen Städten und Kreisen Frühförderstellen oder sozialpädiatrische Zentren, bei denen Sie sich nach den Möglichkeiten, Ihr Kind zu fördern, erkundigen können. Am besten fragen Sie beim Gesundheitsamt oder beim Jugendamt Ihres Wohnortes danach. Auch örtliche Behinderten-Verbände können dazu Auskunft geben.
Bei der Auswahl der richtigen Schule für Ihr Kind können Sie auf Ihre Erfahrungen mit dem Kindergarten und den Rat der Erzieherinnen zurückgreifen.

Emotionen und Lernen

Kinder mit Beeinträchtigungen oder Behinderungen zu unterrichten, erfordert ein zusätzliches Maß an Geduld und Verständnis von Seiten der Lehrer und Schulleiter. In den meisten Fällen müssen die Schulen Ausnahmen von ihren Richtlinien machen, damit diese Kinder richtig ausgebildet werden können. Einige Schüler können nicht jeden Tag die Schule besuchen. Andere brauchen zwischendurch Unterricht zu Hause und dann, wenn sie wieder am Unterricht teilnehmen können, zusätzliche Unterstützung. Das bedeutet, dass die Richtlinien zugunsten des Kindes ausgelegt werden müssen. Einige Lehrer sind sehr verständnisvoll und versuchen, Schülern und ihren Familien zu helfen, andere jedoch finden das problematisch.
Eltern sollten sich mit den Lehrern gut stellen, so dass sie gemeinsam als Team für das Wohl ihres Kindes arbeiten können. Bauen Sie zu denen, die Ihre Kin-

der in der Schule unterrichten, eine besondere Beziehung auf. Bleiben Sie ständig mit der Schule in Verbindung, um sich auf dem Laufenden zu halten.
Denken Sie daran, dass Ihr Kind sowohl emotionale Bedürfnisse hat, als auch etwas lernen möchte. Die Gefühle Ihres Kindes wirken sich auf seine Lernfähigkeit aus. Das Einschulen eines beeinträchtigten Kindes kann ein schwieriger Prozess sein. Für die Eltern ist es schmerzhaft zu begreifen, dass ihr Kind vielleicht nicht alles tun kann, was andere gleichaltrige Kinder tun. Es kostet Überwindung, zu den noch unbekannten Lehrern einer Grundschule zu gehen und sie um besondere Unterstützung zu bitten. Noch schwieriger ist es, wenn man sich klar machen muss, dass das eigene Kind in einer sonderpädagogischen Einrichtung besser untergebracht sein wird als in einer allgemeinen Schule.

Bilden Sie mit den LehrerInnen ein Team zum Wohl Ihres Kindes.

Vor allem Eltern chronisch kranker Kinder ohne intellektuelle Probleme sollten zur Einschulungs-Untersuchung beim Amtsarzt und auch zur Anmeldung in der Schule Broschüren, Arztberichte oder andere schriftliche Informationen über die Krankheit ihres Kindes mitbringen, damit sie die Situation erklären können. Es ist wichtig, die Kinder von Anfang an in Besprechungen mit einzubeziehen. Dabei lernen sie ganz nebenbei, wie sie später auch allein neue Lehrer über ihre Krankheit informieren können.

Beginnen Sie mit einer Einschätzung

Hat Ihr Kind eine Lernstörung, dann müssen Sie es von einem Fachmann untersuchen lassen. Haben Sie das spezielle Problem erst einmal erkannt, sind Sie der Lösung ein ganzes Stück näher gekommen. Eine fachliche Beurteilung hilft immer, die Schwierigkeiten des Kindes zu verstehen. Wenn nötig, bitten Sie in der Schule um Hilfe.
Leidet ein Kind nur an leichten Störungen, kann es passieren, dass das Problem völlig übersehen wird. Die Lehrer schieben die schlechten Noten auf schlechte Lerngewohnheiten, Mangel an Schlaf, Verhaltensprobleme oder

irgendetwas anderes. Eltern müssen sehr geschickt und beharrlich sein, um für ihr Kind das durchzusetzen, was es braucht. Sie sollten Ihre Sorgen dem Klassenlehrer mitteilen und eventuell auch einen Schulpsychologen hinzuziehen, der mit Ihrem Kind zusätzliche Tests machen kann.

- *„Alle meine Kinder lernten sehr früh lesen. Bei Bob aber war es anders. Da er sehr intelligent ist, brauchte ich lange, bis ich begriff, dass er nicht lesen konnte. Er ließ mich eine Geschichte so oft vorlesen, bis er sie aus dem Gedächtnis wusste. Er beobachtete mich genau und merkte sich, an welcher Stelle ich die Seite umschlug, so dass er, wenn er mir die Geschichte wieder ‚vorlas', genau wusste, an welcher Stelle er die Seite umschlagen musste.*
  Und noch etwas sehr Eigenartiges passierte: Auf der ersten Seite, die er selbst ganz voll schrieb, stand der ganze Inhalt in einem einzigen Wort.
  Ich glaube, wenn man bei seinem Kind feststellt, dass irgendwas nicht stimmt, sollte man seiner inneren Eingebung folgen. Ich ging drei Jahre lang wieder und wieder zu den Lehrern, bis ich sie dazu veranlassen konnte, Bob zu testen, ob er zusätzliche Unterstützung brauchte."

  Jillian Sears,
  deren Sohn eine leichte Lernstörung hat

(Alles zum Thema „Lese- und Rechtschreib-Schwäche" finden Sie in dem Buch *Neue Strategien gegen Legasthenie* von Petra Küspert.)

Wie viel Hilfe ist notwendig?

Ermutigung und Unterstützung sind von grundlegender Wichtigkeit. Jedes Kind lernt unterschiedlich – manche besser durch Zuhören, andere wiederum müssen den Lerninhalt vor sich sehen, um ihn zu begreifen. Auf jeden Fall sollten Sie Ihr Kind emotional unterstützen. Falls Sie nicht die Geduld haben, Ihrem Kind beim Lernen zu helfen oder sich in den Fächern, in denen es Hilfe braucht, nicht genug auskennen, bitten Sie die Lehrer um Hilfe oder engagieren Sie einen Nachhilfelehrer.

Außerdem sollten die Eltern eines behinderten oder chronisch kranken Kindes die Lehrer bitten, Geschichten über Menschen mit Behinderungen in der Klasse zu lesen, weil diese Bücher Kindern und ihren Familien helfen, positive Rollenmodelle zu lernen.
Manche Kinder brauchen so viel zusätzliche Unterstützung, dass eine ‚normale' Schule ihnen das nicht bieten kann. Vielleicht sollten Sie Ihr Kind dann auf eine Schule schicken, die sich auf seine Probleme spezialisiert hat. Diese Entscheidung können allein Sie fällen. Selbstverständlich müssen Sie Ihr Kind unbedingt auf einen solchen Schulwechsel vorbereiten. Die Kindergärten, Ihre Grundschule und das Schulamt können Ihnen helfen, die passende Schule für Ihr Kind zu finden.

Eltern, die alles unter Kontrolle haben

Stellen Sie sicher, dass Ihr Kind weiß, dass Sie sich seiner nicht schämen. Verbergen Sie seine Probleme nicht vor Lehrern, die Ihrem Kind helfen könnten. Es gibt Eltern, die sich für ihr Kind Unterstützung von der Schule wünschen, denen es aber peinlich ist, als Eltern eines behinderten Kindes dazustehen. Eine solche Haltung kann dann dazu führen, dass das Kind sich unnötigerweise schämt. Sicher, auch diese Eltern müssen irgendwie mit der Situation zurechtkommen. Sie sollten sich in einem solchen Fall psychologische Beratung suchen, damit nicht andere Familienmitglieder unter ihren Problemen leiden müssen.
Möglicherweise sind Sie sich nicht sicher, wie viel Sie den Schulleitern und Lehrern über das Problem Ihres Kindes erzählen sollten. Geheimnisse und Heimlichtuereien sind aber auf

Kinder sind Barometer

Es hilft allen sehr zu wissen, wenn bei einem Kind zu Hause etwas nicht in Ordnung ist, was sich sicherlich auch auf das Kind auswirkt. Das Kind ist ein Barometer dafür, was zu Hause geschieht. Gibt es einen Sturm, dann verändert sich das Barometer. Es ist gut informiert zu sein, um angemessen helfen zu können und auf die Probleme des Kindes sensibler reagieren zu können.

jeden Fall fehl am Platz. Sie benötigen jegliche Unterstützung, die Sie bekommen können. Informieren Sie alle Lehrer und andere, die Ihrem Sohn oder Ihrer Tochter helfen könnten, über die Dinge, die sie unbedingt wissen müssen. Seien Sie ihnen gegenüber offen und ehrlich. Sonst erreichen Sie nichts. Haben Sie die Schule erst einmal informiert und arbeiten die Lehrer gut mit Ihrem Kind, dann überlassen Sie ihnen nicht die Verantwortung für das Lernen Ihres Kindes. Sie müssen die Kontrolle über die Situation behalten – ganz gleich, ob Ihr Kind auf eine normale allgemeine Schule oder auf eine besondere Schule geht. Nehmen Sie niemals an, dass Erzieher allwissend sind und sich immer in ausreichendem Maße um Ihr Kind kümmern können. Bleiben Sie in Verbindung mit Lehrern und Beratern und anderen Spezialisten, mit denen Ihr Kind zu tun hat. Das ist zum Vorteil aller.

Wie viele Informationen Sie weitergeben sollten

- *Leslie Warrens* Sohn *Jeffrey* hatte eine seltene Nierenkrankheit und als Folge mehrfacher Operationen und seiner Behinderungen durch diese Krankheit seelische Probleme. Hinzu kamen Eheprobleme bei den *Warrens*, die sich auch auf *Jeff* auswirkten. *Leslie* wollte *Jeffs* Krankheit nicht verheimlichen, war sich jedoch nicht sicher, wie viele Informationen sie an die Schule weitergeben sollte. Sie hatte Angst, die Lehrer und Schüler könnten ihrem Sohn irgendeinen Stempel aufdrücken. Außerdem wollte sie zu diesem Zeitpunkt ihre Eheprobleme mit niemandem besprechen. *„Ich wollte nicht, dass Jeffs Ruf oder der meines Mannes oder mein eigener beeinträchtigt würden, oder dass Jeff in der Schule anders behandelt würde als andere, oder dass man ihn bemitleidete. Deshalb wusste ich einfach nicht, was ich der Schule mitteilen sollte und was nicht. Ganz besonders unsicher war ich mir, wie ich das in schriftlicher Form tun sollte."*

Lehrer und Schulleiter sind mit Recht der Meinung, dass sie möglichst gut informiert sein sollten. Bitte bedenken Sie aber, dass die Schule Daten und Informationen über Ihr Kind und Ihre Familie vertraulich behandeln muss. Sie können erwarten, dass die Akte Ihres Kindes nur den Lehrern zugänglich gemacht wird, die unmittelbar mit Ihrem Kind zu tun haben. Auch können Sie immer verlangen, dass die Schule später Informationen aus den Akten wieder entfernt. Allerdings sind Erzieher nicht immer so professionell, wie es die Eltern gern hätten.

- *„Ich hatte der Leiterin unserer Schule einige Informationen über Emily und unsere Familie gegeben – zum Beispiel, dass mein Mann und ich uns eventuell scheiden lassen wollten, oder dass Emily eine Perücke trug und künstliche Zähne und Nägel hatte (und dadurch ziemliche Probleme). Ich betonte, dass ich nicht wollte, dass diese Informationen in der Schule kursierten und dass sie nur für Emilys Lehrer bestimmt waren. Die Leiterin gab die Informationen jedoch bei Lehrerbesprechungen zum Besten, wie bei einem Kaffeeklatsch. Ich war außer mir vor Wut. Sie tat das gleiche auch mit Infor mationen anderer Eltern. Schließlich wurde sie entlassen, doch in der Zwischenzeit hatten schon viel zu viele Leute von Emilys Problemen erfahren."*

Das verlangen, was Ihr Kind braucht

Geht Ihr Kind erst einmal in die Schule, bitten Sie den Schulleiter, es in einer Klasse mit einem Freund oder auch bei einem bestimmten Lehrer unterzubringen. Wenn Sie glauben, dass Ihr Kind davon profitieren wird, können Sie das verlangen. Denn es gibt zweifelsohne Lehrer, die sensibler auf die Bedürfnisse Ihres besonderen Kindes reagieren als andere – oder auch besser in der Lage sind, Ihr Kind in die Klasse zu integrieren.
„Auch der Lehrplan einer Schule kann nur so effektiv sein wie seine praktische Umsetzung", so die Psychotherapeutin *Bonnie Senner*. *„Ein guter, flexibler Lehrer kann die negative Einstellung eines Schülers zum Positiven wenden, seine Selbstachtung aufbauen und ihn sogar dazu bringen, begeistert von der Schule zu sein. Ein Lehrer jedoch, der sich nicht auf die Bedürfnisse des Schülers einstellt, kann eine langfristige negative Wirkung auf das Selbstwertgefühl des Schülers ausüben."*

Manchmal hilft es Ihrem Kind, einen Freund in der Klasse zu haben, weil es dadurch ein Gefühl der Sicherheit bekommt, die es braucht, um sich dort wohl zu fühlen. Dadurch ist es dann auch lernfähiger. In den Eingangsklassen aller Schulformen ist es mittlerweile üblich, auf solche Wünsche Rücksicht zu nehmen. *„Meine Mutter hat immer verlangt, dass Emily und ich in der selben Schulklasse sind"*, erzählt *Stephanie Brooks*. *„Das hat mehr Spaß gemacht und hat uns beiden, glaube ich, geholfen, uns sicher zu fühlen."*

Lehrer brauchen Feedback

„Wenn Ihr Kind sich über die Hausaufgaben beschwert, dann können Sie sagen: ‚Stimmt, du hast einfach zu viele Hausaufgaben aufbekommen'," so *Diane Denes*, Lehrerin in Highland Park, Illinois. *„‚Wenn du gut arbeitest und dann immer noch Hausaufgaben hast, schreibe ich ihm und erkläre ihm, dass du sehr intensiv gearbeitet hast, aber die Zeit trotzdem nicht reichte, um alles zu schaffen.' Als Lehrerin brauche ich ein solches Feedback. Das unterstützt die Kommunikation zwischen den Eltern und der Schule."*

- *„Wir müssen ständig Tommys Selbstvertrauen aufbauen. Dabei hat uns unsere Schule sehr geholfen. Der Leiter der Schule hat vorgeschlagen, Tommy nicht am Ende der Woche für seine Leistung zu belohnen, sondern bereits am Anfang der Woche, so dass er jetzt jeden Montag eine Extrazeit am Schulcomputer bekommt. Statt Tommy erst arbeiten zu lassen, um sich ein Privileg zu verdienen, gibt ihm die Schule dieses Privileg schon am Anfang der Woche und vermittelt ihm dadurch, dass sie sicher ist, dass er diese Woche wieder erfolgreich sein wird."*

Lynda Sommit,
deren Sohn *Tommy* Verhaltensprobleme hat und lerngestört ist

Kinder sollten nach der Schule auf jeden Fall das Gefühl haben, dass sie in ein emotional sicheres Zuhause kommen, wo sie jederzeit über ihre Frustrationen sprechen können. Zu Hause muss ihnen vermittelt werden: *„Ganz gleich, was auch geschieht – ich verstehe dich und helfe dir. Ich verstehe, was du mir jetzt sagen willst."*

Wenn Sie umziehen und Ihr Kind in eine neue Schule gehen soll, erkundigen Sie sich bei den Leitern verschiedener Schulen, welche Möglichkeiten es dort für Ihr besonderes Kind gibt. Sie müssen es in eine Schulumgebung schicken, in der es sich wohl fühlt. Auch wenn das vielleicht bedeutet, dass Sie viele Gesuche und Briefe schreiben müssen, damit Ihr Kind an einer bestimmten Schule angenommen wird – tun Sie es! Bitten Sie den Schulleiter und den zukünftigen Klassenlehrer um einen Termin, bei dem Sie auf die besonderen Bedürfnisse Ihres Kindes hinweisen können. Sicher sind sie dazu bereit.

Sonderunterricht für chronisch kranke Kinder

Falls Ihr Kind sechs Wochen und länger in der Schule fehlen muss, kann es anderweitig Unterricht bekommen. In vielen Krankenhäusern gibt es Krankenhaus-Schulen, deren Lehrer mit der Heimatschule Kontakt aufnehmen und einen Lehrplan erarbeiten. Einerseits soll ja Ihr krankes Kind nicht überfordert werden, aber andererseits möchten alle, dass es den Anschluss an die Klassenkameraden zumindest in den Hauptfächern nicht verliert.
Wenn Ihr Kind dann wieder zu Hause ist, aber noch nicht zur Schule gehen kann, können Sie Hausunterricht beantragen. Es hat sich bewährt, dazu eine Vereinbarung mit der Schule zu treffen und eventuell selbst nach einem Nachhilfelehrer zu suchen. Sie sollten frühzeitig einen Antrag beim Schulamt stellen. Das Bearbeiten dieses Antrages kann sehr lange dauern – versuchen Sie zu erreichen, dass der Unterricht auch ohne endgültige Entscheidung beginnen kann. Der Hauslehrer muss das 2. Staatsexamen für das Lehramt haben. Er muss aber nicht im Schuldienst sein.
Sollte Ihr Kind unter andauernden gesundheitlichen Problemen leiden, die nur einen sehr unregelmäßigen Schulbesuch ermöglichen (wie etwa Asthma, Morbus Crohn, Dialysepflicht), sollten Sie das in Ruhe mit den Lehrern besprechen. Sie finden bestimmt eine Möglichkeit, wie Ihr Kind den Anschluss in der Schule halten kann. Die Schule ist verpflichtet, Ihrem kranken Kind Unterricht zu ermöglichen – auch wenn das vielleicht in manchen Situationen einen größeren organisatorischen Aufwand erfordert.

Individuelle Schulen für Ihr Kind

Die meisten Erzieher und Eltern stimmen darin überein, dass behinderte oder anderweitig beeinträchtigte Kinder in eine Schule geschickt werden sollten, in der ihren speziellen Bedürfnissen entsprochen werden kann. Solche Kinder wurden früher einfach in eine Sonderschule geschickt. Das ist heute weniger üblich. Denn viele Kinder kommen gut in normalen Schulen zurecht, die ihnen zusätzliche Hilfestellung geben. Einige Kinder brauchen aber aufgrund der Art ihrer Beeinträchtigung eine Schule mit ganz spezieller Betreuung.

In Deutschland gibt es ein gut strukturiertes System, in dem alle Kinder mit einer Behinderung die ihnen gemäße Schulform finden sollten. Wenn Sie merken, dass Ihr Kind an einer Regelschule überfordert ist, sollten Sie möglichst bald mit der Schulleitung Kontakt aufnehmen. Besonders bei Kindern mit Lernbehinderungen ist es schwierig zu entscheiden, wie lange Eltern darauf bestehen sollten, ihr Kind in einer Regelschule zu lassen, und wann der richtige Punkt für eine Umschulung gekommen ist.

Die endgültige Entscheidung, ob für Ihr Kind eine sonderpädagogische Förderung in Frage kommt, fällt nach einer Untersuchung durch den Arzt des Gesundheitsamtes in Zusammenarbeit mit Ihnen und der bisherigen Schule oder dem bisherigen Kindergarten. Außerdem können alle, die bisher mit dem Kind gearbeitet haben, in das Verfahren einbezogen werden – also auch Ihr Kinderarzt, der Arzt Ihrer Klinik, der Betreuer des sozialpsychologischen Dienstes. Der Entscheidungsprozess dauert eine gewisse Zeit, da im besten Falle sehr genau abgewogen wird, was man Ihnen rät. Die Entscheidung wird Ihnen durch die Schulaufsicht mitgeteilt, und Sie können Widerspruch einlegen, wenn Sie nicht damit einverstanden sind.

Zusammen mit der Entscheidung werden Ihnen Schulen in der Nähe Ihres Wohnortes genannt, an denen Sie Ihr Kind anmelden können. Die meisten Schulen für geistig oder körperlich behinderte Kinder holen die Schüler an Sammelstellen ab und bringen sie wieder nach Hause, so dass Sie sich weite Wege mit öffentlichen Verkehrsmitteln ersparen.

Die Schulpflicht beginnt für alle Kinder – behindert oder nicht – mit Vollendung des sechsten Lebensjahres und beträgt zehn oder elf Jahre. Die Bestim-

mungen über die Schulformen sind in den einzelnen Bundesländern unterschiedlich geregelt. Es gibt eine Menge Informationsmaterial zu einzelnen Integrationsmodellen, Schultypen und -abschlüssen. Am besten erkundigen Sie sich rechtzeitig im Schulamt.
Bitte vergessen Sie nicht, dass es für Ihr Kind eine große Erleichterung sein kann, eine Schule zu besuchen, die auf seine Bedürfnisse zugeschnitten ist. So lernen die Kinder zum Beispiel an Schulen für Blinde oder Hörgeschädigte neben dem „normalen" Stoff praktische Hilfen, die ihnen ein selbständiges Leben ermöglichen sollen. Nicht alle diese Schulen bieten das Abitur als Abschluss. Die meisten enden mit dem Erreichen der mittleren Reife, obwohl die relativ kleinen Lerngruppen gute Resultate ermöglichen. Allerdings gibt es auch Internatsschulen, die weiterführende Abschlüsse anbieten.

Berufsausbildung

Wenn Ihr Kind seine Schullaufbahn abgeschlossen hat, stellt sich natürlich die Frage einer Berufsausbildung. Bis Ihr Kind 16 oder 17 Jahre alt ist, haben Sie schon viele Erfahrungen gesammelt. Sie haben die richtige Schule ausgesucht, mit Lehrern und Beratern Kontakt gehalten, Sie und vor allem Ihre Tochter oder Ihr Sohn haben gelernt, mit der Krankheit oder Behinderung zu leben.
Das alles bedeutet, dass Sie zusammen in der Lage sind zu entscheiden, ob eine „normale" Berufsausbildung durch Lehre oder Studium in Frage kommt oder nicht. Falls Ihr Sohn oder Ihre Tochter zu mehr als 50% behindert ist, können Sie sich beim Arbeitsamt an einen sogenannten Reha-Berater wenden. Er ist dafür zuständig, für Ihren behinderten Jugendlichen einen Ausbildungsplatz zu finden, der seinem Können entspricht.
Auch hier ist es natürlich wichtig, den Kontakt rechtzeitig zu suchen, um nicht unter Zeitdruck falsch zu entscheiden. Zu Fragen der Ausbildung und Berufstätigkeit behinderter Menschen gibt es sehr viele Informationen und Broschüren bei den Behinderten-Verbänden. Zögern Sie nicht, diese Angebote in Anspruch zu nehmen. Weil sich die Vorschriften auch in diesem Bereich häufig ändern, ist es wichtig, selbst immer gut informiert zu bleiben.

Woran Sie denken sollten

- Betrachten Sie Kindergarten und Schule als Institutionen, die Ihrem Kind helfen können. Halten Sie ständig Kontakt zu den Erzieherinnen und Lehrern, damit Ihr Kind das bekommt, was es braucht.
- Lassen Sie Ihr Kind von einem kompetenten Berater testen.
- Helfen Sie Ihrem Kind beim Lernen. Arbeiten Sie mit den Lehrern zusammen. Oder engagieren Sie einen Nachhilfelehrer, falls Sie Ihrem Kind zu Hause nicht helfen können.
- Informieren Sie den Schulleiter und die Lehrer, die für Ihr Kind zuständig sind, über dessen Beeinträchtigung. Tun Sie nicht so, als existiere sie nicht, und schämen Sie sich nicht.
- Verlangen Sie, dass Ihr Kind in eine bestimmte Klasse oder zu einem bestimmten Lehrer kommt, wenn Sie meinen, dass es für das Lernen Ihres Kindes nützlich ist.
- Falls Sie im Begriff sind umzuziehen, holen Sie sich Informationen über die in Frage kommenden Schulen und reden Sie mit den Schulleitern jeder Schule, um herauszufinden, welche die geeignetste für Ihr Kind ist.
- Wenn Ihr Kind in eine neue Schule kommt, gehen Sie noch vor dem ersten Schultag zu dem Schulleiter oder den Lehrern Ihres Kindes, um sie über die Behinderung oder Beeinträchtigung Ihres Kind zu informieren.
- Arbeiten Sie mit der Schule gemeinsam einen Organisationsplan für Ihr Kind aus.
- Scheuen Sie sich nicht, Hausunterricht für Ihr krankes Kind zu beantragen. Sie haben ein Recht darauf.
- Haben Sie keine Angst, Ihr Kind zu einer Frühförderung oder einer Schule für Sonderpädagogik zu schicken. Dort sind Fördermöglichkeiten gegeben, die eine Regelschule Ihrem Kind vielleicht niemals bieten könnte.

Vormundschaft und Treuhand-Vermögen

Wer sorgt für mein Kind, wenn ich das nicht mehr kann?

Das Thema Vormundschaft wird in vielen Familien selten diskutiert. Wenn ein Kind geboren wird, bestimmen die Eltern einen, manchmal auch zwei Paten, die aber gesetzlich keine Rechte und keine Pflichten haben.
Wir haben uns beim Jugendamt erkundigt, was Eltern kranker und gesunder Kinder dort geraten wird. Dabei erscheint uns wichtig, dass Sie Folgendes wissen:

- Wenn Eltern sterben und für ihr Kind testamentarisch kein Vormund festgelegt wurde, bestimmt das Vormundschaftsgericht, das dem Amtsgericht angegliedert ist, einen gesetzlichen Vormund für das Kind oder die Kinder.
- Geistig behinderte Menschen werden ab einem bestimmten Behinderungsgrad wie Minderjährige behandelt. Auch sie unterstehen einem Vormund.
- Eltern wird geraten, ein Testament zu machen und festzulegen, wen sie als Vormund für ihr Kind einsetzen möchten. Dabei können auch mehrere Personen in einer bestimmten Reihenfolge benannt werden.
- Das Testament muss von einem Notar beglaubigt sein, damit es gültig ist.
- Das Testament sollte so hinterlegt werden, dass es im Falle des Todes auch sofort griffbereit ist.
- Die benannten Personen sollten schriftlich ihr Einverständnis zu dieser Regelung geben und eine Kopie der Verfügung erhalten.
- Das Vormundschaftsgericht ist nicht verpflichtet, sich an Ihre Verfügungen zu halten, wird das aber im Normalfall tun.

Treuhand-Vermögen und Nachlass-Planung

Es ist zum Glück in Deutschland so, dass eine finanzielle Grundsicherung immer gegeben ist, dass über die Sozialhilfe zum Beispiel die Krankenversicherung immer gezahlt wird. Trotzdem liegt Ihnen als Eltern natürlich daran, dass Ihr Kind eine möglichst gute finanzielle Absicherung bekommt. Auch dieses Thema sollte von langer Hand geplant und zusammen mit einem Fachmann genau besprochen werden.

Die betreffenden Vorschriften sind sehr umfangreich und verwirrend. Wir möchten Ihnen empfehlen, sich an einen Steuerberater, einen Bankberater und einen Notar zu wenden, um sich genau informieren zu lassen. Außerdem sind auch für diese Fragen Behinderten-Verbände gute Ansprechpartner. Bei den großen Verbänden gibt es besondere Rechtsberatungen, die Ihnen auch in solchen Fragen weiterhelfen können.

Woran Sie denken sollten

- Schieben Sie den Gedanken an eine Vormundschaft für Ihr Kind nicht zu weit weg.
- Fragen Sie die Personen, die Sie als Vormund einsetzen möchten, vorher. Legen Sie die Vereinbarung schriftlich fest.
- Machen Sie ein Testament und sichern Sie darin das finanzielle Auskommen für Ihr Kind. Dazu eignet sich die Verwaltung des Treuhand-Vermögens über einen Treuhand-Verwalter (Rechtsanwalt, Notar) am besten.
- Erkundigen Sie sich auch bei Behinderten-Verbänden über rechtliche Vorschriften und Möglichkeiten.

Medizinische Kosten und Erstattungen

Die Gesundheitsreform in Deutschland hat einige Neuerungen gebracht, die für chronisch kranke Menschen und ihre Familien wichtig sind. Manche Dinge sind noch nicht endgültig entschieden. Fragen Sie Ihre Krankenkasse, welche Gesetze in Ihrem Fall Anwendung finden.

Wer gilt als chronisch krank?

Nach der sogenannten Chroniker-Regelung gilt als schwerwiegend chronisch krank, wer sich mindestens ein Mal pro Quartal wegen ein und derselben Krankheit in ärztliche Behandlung begibt. Zusätzlich muss eine der folgenden Bedingungen erfüllt sein:

- Es liegt eine Pflegebedürftigkeit der Pflegestufe 2 oder 3 nach dem zweiten Kapitel SGB XI vor.
- Es liegt ein Grad der Behinderung (GdB) von mindestens 60 % nach § 30 BVG oder eine Minderung der Erwerbsfähigkeit (MdE) von mindestens 60 % nach § 56 Abs. 2 SGB VII vor.
- Es ist eine kontinuierliche medizinische Versorgung erforderlich – zum Beispiel mit ärztlicher oder psychotherapeutischer Behandlung, Arzneimittel-Therapie oder Versorgung mit Heil- und Hilfsmitteln.

Wie viel muss ich zuzahlen?

Kinder und Jugendliche bis zum vollendeten 18. Lebensjahr sind generell von Zuzahlungen befreit. Erwachsene sind von Zuzahlungen ab dem Punkt befreit, ab dem ihre Ausgaben für Medikamente, Arztbesuche oder Krankenhaus-Aufenthalte zwei Prozent ihres Jahres-Bruttoeinkommens überschreiten. Bei chro-

nisch Kranken liegt die Grenze bei einem Prozent des Jahres-Bruttoeinkommens. Den Antrag auf Befreiung stellen Sie bei der Krankenkasse gegen Vorlage Ihrer Arztquittungen.
Wichtig: Für den Fall, das ein Mitglied des Haushalts chronisch krank ist, gilt der Regelsatz von einem Prozent für alle Familienmitglieder – unabhängig davon, wer das Einkommen bezieht. Außerdem gibt es Kinderfreibeträge (pro Kind 3.648 Euro), Freibeträge für Ehepartner (4.347 Euro) und besondere Regelungen für Bezieher von Sozialhilfe.

Zuzahlungen

- **Beim Arztbesuch**
  Als Praxisgebühr zahlen Sie einmalig 10 Euro pro Quartal beim Arzt oder Zahnarzt. Wer zu einem anderen Arzt weiter-überwiesen wird, zahlt dort keine Praxisgebühr mehr, wenn der zweite Arztbesuch in das selbe Quartal fällt. Kontrollbesuche beim Zahnarzt, Vorsorge- und Früherkennungstermine, Schutzimpfungen und Schwangeren-Vorsorge sind davon ausgenommen.
- **Zu verschreibungs-pflichtigen Arznei- und Verbandmitteln**
  Die Zuzahlung beträgt generell zehn Prozent des Preises, jedoch mindestens 5 Euro und maximal 10 Euro pro Arzneimittel.
  Beispiele:
  Kostet ein Medikament 10 Euro, beträgt die Mindestzuzahlung 5 Euro. Kostet es 75 Euro, beträgt die Zuzahlung zehn Prozent, also 7,50 Euro.
  Bei einem Medikament, das 120 Euro kostet, zahlen Sie den Höchstsatz von 10 Euro.
  Medikamente, die weniger als 5 Euro kosten, zahlen Sie ganz.
  Einige Arzneimittel, die eigentlich nicht mehr „auf Rezept“ erhältlich sind, können sich chronisch Kranke weiterhin vom Arzt verschreiben und von der Krankenkasse unter Berücksichtigung der Zuzahlung erstatten lassen.
- **Bei Heilmitteln und häuslicher Krankenpflege**
  Auch hier beträgt die Zuzahlung zehn Prozent der Kosten des Mittels oder der verordneten Pflege. Hinzu kommen 10 Euro je Verordnung. Bei der häus-

lichen Krankenpflege ist die Zuzahlung auf maximal auf 28 Tage pro Kalenderjahr beschränkt.
Beispiel:
Verordnet der Arzt sechs Massagen, beträgt die Zuzahlung 10 Euro für diese Verordnung zuzüglich zehn Prozent der Massagekosten.

- **Bei Hilfsmitteln**
  Bei Hilfsmitteln, z. B. bei Hörgeräten oder einem Rollstuhl, zahlen Sie zehn Prozent der Kosten hinzu. Die Zuzahlungsbeträge sind begrenzt auf mindestens 5 Euro und maximal 10 Euro – in jedem Fall nicht mehr als die Kosten des Hilfsmittels. Eine Ausnahme bilden Hilfsmittel, die zum Verbrauch bestimmt sind, wie etwa Inkontinenz-Windeln. Hier beträgt die Zuzahlung zehn Prozent je Verbrauchseinheit, maximal aber 10 Euro pro Monat.
- **Im Krankenhaus**
  Zuzahlung von 10 Euro pro Tag begrenzt auf maximal 28 Tage pro Kalenderjahr. Ein durchschnittlicher Krankenhausaufenthalt dauert neun Tage.
- **Bei stationärer Vorsorge und Rehabilitation**
  Bei stationäreren Vorsorge- und Rehabilitations-Maßnahmen zahlen Sie 10 Euro pro Tag hinzu, bei Anschluss-Heilbehandlungen begrenzt auf 28 Tage.
- **Bei medizinischer Rehabilitation für Mütter und Väter**
  Zuzahlung von 10 Euro pro Tag.
- **Zu Soziotherapie und Haushaltshilfe**
  Der Zuzahlungs-Satz liegt bei von zehn Prozent pro Tag, jedoch höchstens 10 und mindestens 5 Euro.

Woran Sie denken sollten

- Laufend gibt es Gesetzes-Änderungen, andere Gesetze werden erst neu entschieden. Außerdem gibt es viele Ausnahmeregelungen, die Sie betreffen könnten. Fragen Sie daher bei Ihrer Krankenkasse genau nach, welche Gesetze in Ihrem speziellen Fall Anwendung finden.

8

Wo Sie sich informieren können

Nützliche Adressen
Literatur-Hinweise
Glossar

Nützliche Adressen

Dieses Verzeichnis erhebt keineswegs den Anspruch, vollständig zu sein. Wir möchten Ihnen aber Möglichkeiten zeigen, sich weiter zu informieren und genau den Ansprechpartner zu finden, den Sie brauchen.

Wenn Sie sich erst einmal informieren möchten, können Sie die angegebenen Telefonnummern nutzen. Bei Selbsthilfe-Gruppen bedenken Sie bitte, dass vor allem kleinere Vereine kein festes Büro haben. Die Telefonnummer führt Sie direkt in einen Privathaushalt, in dem ein betroffenes Kind lebt, dessen Eltern Vorsitzende eines Elternvereins sind. Daher ist es nicht immer einfach, dort auch jemanden zu erreichen. Wundern Sie sich nicht, dass bei fast allen Adressen Internet-Seiten angegeben sind. Das Internet ist eine sehr gute Möglichkeit, Informationen schnell zu erhalten und sich auch mit anderen betroffenen Familien über eMail-Gruppen auszutauschen.

Sie werden beim Ausprobieren der Adressen und Austauschen der Informationen feststellen, dass viele Adressen miteinander vernetzt sind. Das hat den großen Vorteil, dass Sie meistens einen Ansprechpartner erreichen, der Ihnen sagen kann, wo Sie weitersuchen können, auch wenn er selbst zu Ihrem Problem keine Auskunft weiß. Mit der Zeit werden Sie immer mehr Übung im Umgang mit Informationen bekommen, Sie lernen dann auch auszufiltern, was Ihnen im Moment nicht sinnvoll erscheint.

Es ist sehr verständlich, wenn Sie zunächst keinen persönlichen Kontakt zu anderen betroffenen Familien suchen – schließlich möchten Sie sich nicht noch die Sorgen von anderen anhören müssen. Bedenken Sie aber, dass es sehr hilfreich sein kann, von „erfahreneren“ Eltern Tipps für den praktischen Umgang mit einer Behinderung oder Krankheit zu bekommen; und manchmal tut es gut, die eigenen Sorgen einmal Eltern zu schildern, die genau das auch erlebt *und überstanden* haben.

Allgemeine Adressen, die Sie auf jeden Fall nutzen sollten

Deutschland

Bundesarbeitsgemeinschaft Hilfe für Behinderte e.V.
Kirchfeldstraße 149 · 40215 Düsseldorf
Tel. 0211/31006-0
www.bagh.de
Dieser Verband ist ein Zusammenschluss vieler einzelner Verbände. Er gibt sehr gute allgemeine Informationsbroschüren heraus, die gegen einen Unkostenbeitrag bestellt werden können. So zum Beispiel: *Die Rechte behinderter Menschen und ihrer Angehörigen*. Da steht kurz und knapp wirklich alles drin, was mit Ämtern, Versicherungen, Pflegegeld zu tun hat.
Außerdem sind dem Verband viele Selbsthilfe-Gruppen chronisch kranker Menschen angeschlossen, so dass man sich dort nach „seiner“ Gruppe erkundigen kann.

Bundesverband für Körper- und Mehrfachbehinderte e.V.
Brehmstraße 5-7 · 40239 Düsseldorf
Tel. 0211/64004-0
www.bvkm.de
Auch dieser Verband ist ein Zusammenschluss. Der Internet-Auftritt ist ausgesprochen informativ und gut gegliedert. Angesprochen werden sollen eher körperlich und geistig behinderte Menschen als chronisch kranke. Auf jeden Fall bestellen – oder herunterladen – sollte man das jährlich aktualisierte *Steuermerkblatt für Behinderte*.

Bundesvereinigung Lebenshilfe
für Menschen mit geistiger Behinderung e.V.
Raiffeisenstraße 18 · 35043 Marburg
Tel. 06421/491-0
www.lebenshilfe.de
Dieser Verband ist einer der bekanntesten Behindertenverbände in Deutschland. Neben allgemeiner Information und der Herausgabe von Broschüren wird großer Wert auf eine individuelle Betreuung betroffener Familien gelegt. In allen größeren Städten gibt es Ortsgruppen der Lebenshilfe.

Bundesministerium für Gesundheit und Soziale Sicherung
Referat Information
Postfach 500 · 53105 Bonn
Tel. 0800/151515-2 (Diese Durchwahl ist kostenfrei.)
www.bmgs.bund.de

Auf dieser Internet-Seite sind alle Broschüren verzeichnet, die von der Bundesregierung zum Thema Krankheit und Behinderung herausgegeben wurden. Dazu gehören auch Informationen zum Thema Krankenkasse, Übergang von der Schule in die Arbeitswelt, soziale Sicherung, Rente und vieles andere.
Wenn Sie ein körperlich oder geistig behindertes Kind haben, sollten Sie sich auf jeden Fall bestellen: *Einrichtungen und Stellen der Frühförderung in der Bundesrepublik Deutschland.*

Österreich und Schweiz

Auch in **Österreich** und in der **Schweiz** gibt es inzwischen eine Vielzahl an Selbsthilfe-Gruppen und Behinderten-Organisationen. Die folgenden Organisationen geben Ihnen gern Auskunft, wo Sie weiter gehende Informationen bekommen können.

Fonds „Gesundes Österreich“
Mariahilfer Straße 176/8 · 1150 Wien
Tel. 01/8950400/10 · Fax 01/895000/20
www.fgoe.org/links.htm

Pro Infirmis Schweiz
Feldeggstrasse 71 · 8032 Zürich
Tel. 01/3882626 · Fax 01/3882600
www.proinfirmis.ch

Internet-Adressen für Eltern behinderter oder chronisch kranker Kinder

www.behinderte-kinder.de
Diese Seiten decken fast alles ab, was Eltern behinderter Kinder interessieren könnte. Zu fast allen allgemeineren Themen, die in diesem Buch besprochen werden, können Sie hier zusätzliche Informationen finden. Es lohnt sich auf jeden Fall, einmal neugierig dort herumzusuchen. Außerdem kommen Sie von hier aus auf die Seiten des Bundesministeriums für Gesundheit und Soziales, wenn die Verbindung zur Hauptadresse nicht klappt.

www.muetter.besondere-kinder.de
Das ist eine ganz besondere Seite von zwei Müttern, die beide ein behindertes Kind haben. Jeden Monat werden neue Informationen, Buchtipps, interessante oder herzerwärmende Texte eingestellt. Außerdem gibt es Links zu einer Menge weiterer Seiten. Wenn man möchte, kann man sich auch auf einen Verteiler setzen lassen und bekommt die Informationen jeden Monat ins eMail-Postfach.

Kinder-Pflegedienste

Wir möchten Ihnen noch zwei Adressen an die Hand geben, bei denen Sie sich nach Pflegediensten erkundigen können, die auf Kinderpflege spezialisiert sind.
www.kinderkrankenpflege-netz.de
www.ambulante-kinderkrankenpflege.de

Es gibt noch nicht viele Kinderpflegedienste, daher sind auch diese Internet-Seiten nur ein erster Hinweis. Aber es lohnt sich auf jeden Fall, sich dort einmal zu erkundigen.

Selbsthilfe und mehr

Bei zwei allgemeinen Büros haben Sie die besten Chancen, die Selbsthilfe-Gruppe zu finden, die Sie brauchen: NAKOS und Kindernetzwerk. Während NAKOS eher für Leute geeignet ist, die gerne öfter einmal nachschlagen und lieber eine Broschüre bestellen als im Internet zu suchen, setzt das Kindernetzwerk stark auf seinen Internet-Auftritt. Außerdem kann man dort zwei dicke Bücher mit Adressen bestellen.

NAKOS
Nationale Kontakt- und Informationsstelle
zur Unterstützung von Selbsthilfe-Gruppen e.V.
Wilmersdorfer Str. 39 · 10627 Berlin
Tel. 030/31018960
www.nakos.de

Kindernetzwerk e.V.
Hanauer Straße 15 · 63739 Aschaffenburg
Tel. 06021/12030
www.kindernetzwerk.de

Hier finden Sie ein Forum mit über 90.000 Adressen von Selbsthilfe-Gruppen, Kliniken, Krankheitsbildern, das in dieser Zusammenstellung einzigartig ist. Wer nicht gern im Internet sucht oder nicht findet, was er braucht, kann zu den Geschäftszeiten anrufen und fragen, was er möchte. Die wichtigste Buch-Veröffentlichung des Kindernetzwerks ist:
Kindernetzwerk/Raimund Schmid:
Wer hilft weiter? – Eltern-Selbsthilfe-Gruppen. Ein bundesweiter Wegweiser.
Band I, Neuauflage 2003.
In diesem Buch finden Sie Informationen zu etwa 300 Krankheiten und Behinderungen, außerdem Adressen von Selbsthilfe-Verbänden, Eltern-Gruppen und Kliniken. Darüber hinaus gibt es beim Kindernetzwerk noch einen Kinder-Reha-Führer, in dem nicht nur Reha-Kliniken beschrieben sind, sondern auch alles besprochen wird, was man über Kinderkuren und deren Genehmigung und Finanzierung wissen sollte.

Adressen von ausgewählten Selbsthilfe-Gruppen

Vielleicht wundern Sie sich über die Zusammenstellung dieser Adressen – wir haben uns bemüht, wenigstens für die Krankheiten und Behinderungen, die in diesem Buch erwähnt sind, Selbsthilfe-Gruppen aufzunehmen. Für etliche Krankheiten gibt es mehrere Verbände, manche bundesweit, manche regional – wir haben uns aber auf jeweils eine Adresse beschränkt. Für weitere Informationen möchten wir Sie herzlich bitten, auf die oben genannten Adressen zurückzugreifen.

Für **Allergien** gibt es viele Patienten-Gruppen. Am besten suchen Sie sich beim Kindernetzwerk eine in Ihrer Nähe aus.

Alopecia areata Deutschland e.V.
Postfach 100145 · 47701 Krefeld
Tel. 02151/786006 · Fax 02151/786006
www.kreisrunderhaarausfall.de
www.alopeciakids.de

Angelman e.V.
Angelman Elternverein
Boothstraße 21 · 12207 Berlin
Tel. 030/76806750
www.angelman.de

Elterninitiative **Apert-Syndrom** e.V.
für kraniofaciale Fehlbildungen
Bardinghausen 4 · 58566 Kierspe
Tel. 02359/1301 oder 0171/4743856
www.apert-syndrom.de

Deutsche **Arthrose**-Hilfe e.V.
Postfach 110551 · 60040 Frankfurt/M.
Tel. 06831/9466-77
www.arthrose.de

Auch für **Asthma** gibt es viele Patienten-Gruppen. Beim Kindernetzwerk finden Sie bestimmt eine in Ihrer Nähe.

Organisationen zur Unterstützung von Familien mit Kindern mit **Aufmerksamkeits-Defizit-Syndrom (A·D·S)** gibt es viele. Wir haben diesen für Sie herausgesucht:
Bundesverband Aufmerksamkeitsstörung/Hyperaktivität e.V.
Postfach 60 · 91291 Forchheim
Tel./Fax 09191/34874
www.osn.de/user/hunter/badd.htm

Bundesverband Hilfe für das **autistisch**e Kind.
Vereinigung zur Förderung autistischer Menschen e.V.
Bebelallee 41 · 22297 Hamburg
Tel. 040/5115604
www.autismus.de.

Bundesweit gibt es sehr viele Gruppen für Patienten mit **Morbus Basedow**.
Eine Gruppe für Kinder ist:
Die Schmetterlinge e.V.
Selbsthilfeorganisation für Kinder mit **Schilddrüsenerkrankungen**
Langeoogweg 7, c/o Kirsten Wosniack · 45149 Essen
Tel. 0201/8718451 · Fax 0201/8718451
www.die-schmetterlinge.de

Zur **CHARGE-Assoziation** können Sie sich in Deutschland an KEKS wenden.
Diese Elterninitiative kümmert sich um Kinder mit **Speiseröhren-Fehlbildungen**.
Außerdem gibt es eine informative amerikanische Internet-Seite:
www.keks.de
www.chargesyndrome.org

Deutsche **Morbus Crohn / Colitis ulcerosa** Vereinigung e.V.
Paracelsusstraße 15 · 51375 Leverkusen
Tel. 0214/87608-0
www.dccv.de

Crouzon-Syndrom: siehe Apert-Syndrom

Cystinose-Selbsthilfe e.V.
Beuthener Straße 15 · 40883 Ratingen
Tel. 02102/69627 · Fax 02102/69627
www.cystinose-selbsthilfe.de

Zu **Diabetes** haben wir nur die folgende Seite aufgenommen, weil es an fast allen Kliniken und in beinahe jeder Stadt Patienten-Gruppen gibt. Aber diese Internet-Seite ist speziell für Kinder und sehr liebevoll und informativ gemacht.
www.diabetes-kids.de

Down-Syndrom-Netzwerk Deutschland e.V.
Eifgenweg 1a · 51061 Köln
Tel. 0221/6002030
www.Down-syndrom-netzwerk.de
Unter dieser Adresse finden Sie weitere Adressen von Patienten- und Elterngruppen für vom Down-Syndrom Betroffene.

Selbsthilfe-Gruppe **Ektodermale Dysplasie** e.V.
Landhausweg 3, c/o Andrea Burk · 72631 Aichtal
Tel. 07127/969691 · Fax 07127/969692
www.ektodermale-dysplasie.de

e.b.e. **Epilepsie** Bundes-Elternverband
Streitbergstraße 59 · 81249 München
Tel. 089/86488823
www.epilepsie-elternverband.de

Bundesselbsthilfeverband **kleinwüchsig**er Menschen e.V.
Oststraße 44 · 74232 Albstatt
Tel. 07062/975283
www.kleinwuchs.de

Zum Thema **Legasthenie**:
Bundesverband Legasthenie e.V.
Königstraße 32 · 30175 Hannover
Tel. 0511/318738
www.legasthenie.net

Zu **Leukämie** gibt es viele Elterngruppen. Am besten suchen Sie sich in der Datei des Kindernetzwerks eine aus, die in Ihrer Nähe ist.

Selbsthilfevereinigung für
Lippen-Gaumen-Fehlbildungen e.V.
Wolfgang Rosenthal Gesellschaft
Hauptstraße 184 · 35625 Hüttenberg
Tel. 06403/5577
www.lkg-selbsthilfe.de

Moebius Syndrom
Deutschland e.V.
Postfach 41 09 · 30041 Hannover
Tel. 0511/9845355 · Fax 0511/9845366
www.moebius-syndrom.de

Mukoviszidose / Cystische Fibrose
CF-Selbsthilfe Bundesverband e.V.
Meyerholz 3 · 28832 Achim
Tel. 04202/82280
www.cf-bv.de

Deutsche **Narkolepsie** Gesellschaft e.V.
DNG-Bundesgeschäftsstelle
Wilhelmshöher Allee 286 · 34131 Kassel
Tel. 0561/40090704 · Fax 0561/40090706
www.dng-ev.de

Für Eltern **nieren**kranker Kinder gibt es Gruppen bei den Kinder-Dialysezentren.
Auf folgender Seite sollten Sie sich aber in jedem Fall umsehen:
www.hilfe-fuer-das-nierenkranke-kind.de

Deutsche Gesellschaft für **Osteogenesis imperfecta**
(Glasknochen-Krankheit) Betroffene e.V.
Postfach 1546 · 63155 Mülheim
Tel. 06108/69276
www.oi-gesellschaft.de

Deutsche Interessengemeinschaft **Phenylketonurie** (DIG PKU) e.V.
Adlerstr. 6 · 91077 Kleinsendelbach
Tel. 09126/4453 · Fax 09126/30946
www.pku.de

Progeria Family Circle e.V.
Akazienstr. 11 · 28197 Bremen
Tel. 0421/5286096 oder 0421/547229 (privat) · Fax 0421/5286097
www.progeriafamilycircle.de

Elternhilfe für Kinder mit **Rett-Syndrom** in Deutschland e.V.
Wörsdorfer Straße 3 · 65510 Hünstetten-Wallrabenstein
Tel. 06126/500306
www.rett.de

Sichelzellenanämie kommt in Europa so gut wie gar nicht vor, weil nur farbige Menschen diese Krankheit bekommen können. Es gibt hier auch keine Elterngruppe.

Bundesverband **Skoliose**-Selbsthilfe. e.V.
Mühlweg 12 · 74838 Limbach
Tel. 0177/7323334
www.bundesverband-skoliose.de

Arbeitsgemeinschaft **Spina bifida** und **Hydrocephalus** e.V.
Münsterstraße 13 · 44145 Dortmund
Tel. 0231/861050-0
www.asbh.de

Haben Sie ein Kind, das mit **Sonde** ernährt wird? Dann sind Sie hier richtig:
www.sondenkinder.de

Zum Thema **Tracheostoma** haben wir keine Informationen gefunden. Das will aber nichts heißen. Am besten fragen Sie in Ihrer Klinik nach einer Selbsthilfe-Gruppe.

Deutscher **Vitiligo** Verein Hamburg e.V.
Friedensallee 27 · 25436 Tornesch
www.vitiligo-verein.de

Literatur-Hinweise

Achilles, Ilse:
... und um mich kümmert sich keiner! Die Situation der Geschwister behinderter Kinder und chronisch kranker Kinder. Reinhardt, 2002.

Aly, Monika:
Mein Kind im ersten Lebensjahr. Frühgeboren, entwicklungsverzögert, behindert? Springer, 2002.

Aust-Claus, Elisabeth / Hammer, Petra-Marina:
Das A·D·S-Buch. Neue Konzentrations-Hilfen für Zappelphilippe und Träumer. Oberstebrink, 2003.

Bensel, Joachim:
Was sagt mir mein Baby, wenn es schreit? Oberstebrink, 2003.

Eckert, Andreas:
Eltern behinderter Kinder und Fachleute. Erfahrungen, Bedürfnisse, Chancen. Klinkhardt, 2002.

Feuser, Georg:
Autistische Kinder. Gesamtsituation, Persönlichkeitsentwicklung, schulische Förderung. Jarick Oberbiel, Neuauflage 2004.

Feuser, Georg:
Behinderte Kinder und Jugendliche. Zwischen Integration und Aussonderung. Wissenschaftliche Buchgesellschaft, 1995.

Haug-Schnabel, Gabriele:
Wie Kinder sauber werden können, Oberstebrink, Neuausgabe, 2003.

Haug-Schnabel, Gabriele:
Wie man Kinder von Anfang an stark macht. Oberstebrink, 2002.

Hecker, Wolfgang / Bartus, Bela:
Diabetes bei Kindern. Alles Wissenswerte für Sie und ihre Familie. Wie Ihr Kind sich unbeschwert entwickelt und erwachsen wird. Sicher in Schule und Freizeit. Trias, 2002.

Herbert, Martin:
Tod und Trauer. Hilfe für sterbende Kinder und ihre trauernden Eltern und Geschwister. Hans Huber, 1999.

Hürter, Peter / Lange, Karin:
Kinder und Jugendliche mit Diabetes. Medizinischer und psychologischer Ratgeber für Eltern. Springer, 2001.

Kallenbach, Kurt (Hrsg.):
Kinder mit besonderen Bedürfnissen. Ausgewählte Krankheitsformen und Behinderungsformen. Spiess, 1999.

Kast-Zahn, Annette / Morgenroth, Hartmut:
Jedes Kind kann schlafen lernen. Oberstebrink, Neuausgabe, 2002.

Kast-Zahn, Annette:
Jedes Kind kann Regeln lernen. Oberstebrink, Neuausgabe, 2003.

Klinkenberg, Norbert:
Feldenkraispädagogik und Körperverhaltenstherapie. Klett-Cotta, 2000.

König, Jutta:
Der MDK. Mit dem Gutachter eine Sprache sprechen.
Schlütersche Verlagsbuchhandlung, 2003.

Köster, Ulrike / Schwager, Antje:
Sprechen kann ich nicht, aber trotzdem alles sagen. Schriftspracherwerb bei ‚nichtsprechenden' körperbehinderten Kindern. Loeper Literaturverlag, 2002.

Küspert, Petra:
Neue Strategien gegen Legasthenie. Lese- und Rechtschreib-Schwäche: Erkennen, Vorbeugen, Behandeln. Oberstebrink, 2004.

Kushner, Harold S.:
Wenn guten Menschen Böses widerfährt. Gütersloher Verlagshaus, 2001.

Lehmkuhl, Gerd (Hrsg.):
Chronisch kranke Kinder und ihre Familien. 1996.

Liebich, Daniela:
Team Familie. Oberstebrink, 1999.

Meyer, Margarete:
Behinderte Kinder am Computer. Loeper Literaturverlag, 2000.

Miller, Nancy:
Mein Kind ist fast ganz normal. Leben mit einem behinderten oder verhaltensauffälligen Kind. Trias, 1997.

Mittelberg, Petra:
Mama, ich bin nicht anders. Leben mit einem behinderten Kind am Beispiel der Osteogenesis imperfecta. Kleine, 1999.

Much, Jacqueline:
Ich möchte mit niemandem tauschen. Leben mit einem behinderten Kind. Frieling, 1998.

Paradiz, Valerie:
Hörst Du mich? Leben mit einem autistischen Kind. Walter, 2003.

Rödler, Peter u.a. (Hrsg.):
Es gibt keinen Rest! Basale Pädagogik für Menschen mit schwersten Beeinträchtigungen. Luchterhand, 2000.

Schmitt, Gustel M. / Kammerer, Emil / Harms, Erik (Hrsg.):
Kindheit und Jugend mit chronischer Erkrankung. Verstehen und Bewältigen von Belastung und Bedrohung. Hogrefe, 1996.

Schmutzler, Hans-Joachim:
Handbuch Heilpädagogisches Grundwissen. Einführung in die Früherziehung behinderter und von Behinderung bedrohter Kinder. Herder, 2002.

Schneider, Sylvia:
Hörgeschädigte Kinder. Ratgeber für Eltern, Vorschulkinder und Schulkinder. Oberstebrink, 2001.

Sturiale, Alice:
Vom Glücklichsein. Oberstebrink, 1997

Vollmer, Helga:
Mein Kind hat Diabetes. Wenn Ihr Kind einen Typ-1 Diabetes hat. Die neuesten Erkenntnisse der Medizin. Hilfen für den Umgang im Alltag. Trias, 2003.

Wilken, Etta:
Sprachförderung bei Kindern mit Down-Syndrom. Spiess, 2003.

Ziemen, Kerstin:
Das bislang ungeklärte Phänomen der Kompetenz. Kompetenz von Eltern behinderter Kinder. AFRA, 2002.

Glossar

Das Glossar enthält alle Krankheiten, die in diesem Buch erwähnt werden, mit Kurzbeschreibungen.

A·D·S: Aufmerksamkeits-Defizit-Syndrom. Eine Filterstörung im Gehirn, die zu Hyperaktivität („Zappelphilippe“) und Hypoaktivität („Träumer“) führt.

Alopecia areata: Kreisrunder Haarausfall. Die Ursachen für kreisrunden Haarausfall werden in einer Störung des Immunsystems vermutet.

Angelman-Syndrom: Genetisch bedingte geistige Behinderung mit schweren Nervenausfällen. Symptome sind unter anderem fehlende Sprachentwicklung, unmotiviertes lautes Lachen, steifbeiniger breiter Gang.

Apert-Syndrom: Diese Kinder entwickeln einen Turmschädel weil sich die Schädelknochen zu früh schließen. Außerdem haben sie häufig Gesichtsdeformierungen, fehlgebildete Hände und Füße und geistige Behinderungen.

Arthritis: Entzündliche Gelenkerkrankung mit den Hauptsymptomen übermäßige Erwärmung, Schmerzen, Schwellung unterschiedlicher Ursache, Bewegungseinschränkung.

Arthrose: Dauerhafte, degenerative Gelenkserkrankung etwa durch Überlastung, wiederkehrende Entzündungen wie zum Beispiel Rheuma oder Verschiebung der Gelenke durch Wachstumsstörungen.

Asthma: Häufig durch Allergien hervorgerufene anfallsartige Atemnot.

Autismus: Autistische Kinder ziehen sich in eine eigene Vorstellungs- und Gedankenwelt zurück und haben bei normaler Intelligenz keine Möglichkeit, mit anderen zu kommunizieren.

Autoimmunstörungen: Meist erblich bedingte aggressive Reaktion des körpereigenen Immunsystems auf bestimmte vom Körper produzierte und benötigte Hormone.

Morbus Basedow: Überfunktion der Schilddrüse mit den drei Hauptsymptomen Kropf, Hervortreten der Augen und Herzrasen (Struma, Exophthalmus, Tachycardie). Immunbedingte Störung des Hormonrezeptors. Tritt nicht selten in Kombination mit anderen Autoimmunstörungen auf.

CHARGE-Assoziation: Fehlbildungsmuster mit Augenspaltbildung, Herzfehler, Nasenverschluss, Entwicklungsverzögerung, Geschlechts-Unterentwicklung und Ohrauffälligkeiten (**C**olobom, **H**eart disease, **A**tresie, **R**etardierung, **G**enitalhypoplasie, **E**ar dysfunction).

Morbus Crohn (Enteritis regionalis): Chronisch entzündliche Darmerkrankung, die alle Abschnitte des Magen-Darm-Trakts betreffen kann. Hauptsymptome sind Bauchschmerzen, Durchfälle, Gewichtsverlust und Fieber.

Crouzon-Syndrom: Turmschädel durch ein verfrühtes Zusammenwachsen der Schädelnähte, hervortretende, und auseinander liegende Augen, Sehstörung, Fehlbiss, Schwerhörigkeit, durch den erhöhten Kopfinnendruck Neigung zu Kopfschmerzen und Erbrechen, eventuell auch epileptischen Anfällen.

Cystinose: Stoffwechselkrankheit, bei der Cystin in den Lysosomen gespeichert wird. Ohne Therapie kommt es im Alter von 8 bis 12 Jahren zu terminalem Nierenversagen. Bei frühzeitiger Diagnose und guter medikamentöser Einstellung können Spätfolgen lange hinausgezögert werden.

Diabetes: Die Zuckerkrankheit (Diabetes mellitus) ist eine Störung der Blutzucker-Regulierung. Zucker (Glukose) und Zuckerdepots (Glykogen) sind grundlegend wichtig für die Energieversorgung des Menschen. Starke Überzuckerung und Unterzuckerung führen zu schweren Krankheitsbildern, sind lebensbedrohlich und können bei Nichtbehandlung tödlich sein.

Down-Syndrom (Mongolismus, Trisomie 21): Genetische Störung, die zu geistigen Behinderungen unterschiedlichen Ausmaßes und typischen körperlichen Zeichen führt. Eine ursächliche Therapie ist nicht möglich, aber die Behinderungen lassen sich durch gezielte Maßnahmen wie die Sprachtherapie beeinflussen. Bei frühzeitiger konsequenter Therapie ist häufig eine gute Lernfähigkeit gegeben, die in einigen Fällen auch den Besuch einer Regelschule erlaubt.

Ektodermale Dysplasie: Erbliche Entwicklungsstörung von Organen, die bereits in der frühen Schwangerschaft angelegt werden: Haut, Haare, Schweiß- und Talgdrüsen, Nägel, Augen, Nase, Zähne, Ohren. Es gibt kein einheitliches Krankheitsbild, verschiedene Kinder können unterschiedlich ausgeprägte Symptome entwickeln.

Epilepsie: Die Epilepsie (Fallsucht) ist der Oberbegriff für Anfallsleiden. Von Epilepsie spricht man, wenn epileptische Anfälle auf Grund einer teilweisen oder vollständigen Funktionsstörung des Gehirns ohne erkennbare Auslöser in unterschiedlich langen Abständen wiederkehrend auftreten. Zu unterscheiden sind epileptische Gelegenheitskrämpfe wie Fieberkrämpfe oder Anfälle im Rahmen von Infektionskrankheiten oder Unterzuckerungen.

Feldenkrais-Methode: Pädagogisch psychotherapeutisches Konzept, um Bewegungsabläufe und Körperfunktionen bewusst zu machen. Bewusstes Training in Einzel- oder Gruppenarbeit.

Glasknochenkrankheit: (Osteogenesis imperfecta): Störung im Aufbau des Bindegewebes, die zu verstärkter Knochenbrüchigkeit führt. Häufig liegen bereits bei Geburt Knochendeformationen vor, abhängig von der erblich vorgegebenen Variante der Krankheit kann es zu Schwerhörigkeit kommen.

Kinderlähmung (Poliomyelitis): Entzündliche Erkrankung der grauen Rückenmark-Substanz. Sporadisch auftretende, sehr ansteckende Infektionskrankheit durch Viren. Sie hat ihren Schrecken in den letzten Jahren durch die weltweit durchgeführte Impfung verloren. Das Krankheitsbild der Kinderlähmung ist am Anfang unspezifisch: 1 bis 3 Tage nach einer Infektion treten Fieber, Halsschmerzen, Abgeschlagenheit, Durchfall und Erbrechen auf. Nur bei 5 bis 10% der Erkrankten kommt es dann zu weiteren Auffälligkeiten mit Zeichen einer Meningitis (Hirnhautentzündung) und nach 10 bis 14 Tagen bei 1% zu Lähmungs-Erscheinungen, meist der Hände, Füße oder Beine. Diese Lähmungen bilden sich in vielen Fällen zumindest teilweise zurück.

Leukämie: Sammelbegriff für Erkrankungen, die durch bösartige Veränderung von blutbildenden und lymphatischen Zellen entstehen. Die Leukämie ist die häufigste Krebs-Erkrankung im Kindesalter. Da die weißen Blutkörperchen aus verschiedenen Untertypen bestehen, kann es zu verschiedenen Arten der Leukämie kommen. Die häufigste Form ist die akute lymphatische Leukämie (ALL) mit einem Anteil von etwa 30% aller Krebs-Erkrankungen. Durch eine Vermehrung der Zellen im Knochenmark und eine Ablagerung in vielen Körperbereichen werden einerseits andere Blutzellen (rote Blutkörperchen, Gerinnungsplättchen) an ihrer Bildung gehindert, und andererseits kommt es zu Beschwerden und Problemen in den Organen durch das Einschwemmen der kranken Blutzellen.

Mukoviszidose (cystische Fibrose = CF): Es ist die häufigste angeborene Stoffwechselerkrankung, eine erbliche Erkrankung aller Sekret produzierenden Organe des Körpers. Sie führt zu einer fehlerhaften Zusammensetzung des Schleimes und der Verdauungssäfte. Durch die Zähigkeit des Schleimes entstehen häufig Bronchitiden und Pneumonien, die die Lunge auf Dauer schädigen. Außerdem kommen Schädigungen der Bauchspeicheldrüse, der Leber und des Magen-Darm-Traktes vor.

Narkolepsie (anfallsweise Schlafsucht): Plötzlich auftretende unüberwindliche Schlafattacken von 15 bis 30 Minuten, Wachanfälle ohne Muskelkraft und Halluzinationen. Die Narkolepsie kann nach Hirnschäden entstehen oder auch erblich bedingt sein. Meist ist die Ursache unbekannt.

Phenylketonurie (PKU): Stoffwechselkrankheit, die zu einer Störung des Phenylalanin-Umbaus führt. Ohne Behandlung treten schwerwiegende geistige und körperliche Störungen auf. Auf PKU wird bereits im Neugeborenen-screening getestet. Als Therapie wird lebenslang eine phenylalaninarme Diät eingesetzt.

Progerie/Hutchinson-Gilford-Syndrom: Bereits im frühesten Kindesalter einsetzende Vergreisung. Die Folgen sind Minderwuchs bei altersgemäßer Intelligenz, Osteoporose, Arthrose u.v.m. Die Häufigkeit liegt bei 1 : 8 Mill. Weltweit sind etwa 100 Fälle bekannt.

Rett-Syndrom: Frühkindliche Hirnschädigung bei Mädchen, die zwischen dem 6. Lebensmonat und dem 4. Lebensjahr erstmalig erkannt wird. Sie schreitet langsam fort und führt zu Demenz, Autismus und Stereotypien (z. B. Handwasch-Bewegungen). Der Kopf bleibt klein, es kommt zu Bewegungsarmut, Epilepsie und Muskelschwund.

Sichelzellenanämie: Bei der schwarzen Bevölkerung im tropischen Afrika, aber auch im Mittelmeerraum auftretende erbliche Strukturveränderung des Blutfarbstoffs Hämoglobin. Die fehlerhaft gebildeten roten Blutkörperchen haben eine Sichelform. Es kann zu Blutarmut und Infarkten in verschiedenen Organen kommen

Skoliose: Eine Skoliose ist eine feste seitliche Verkrümmung und Versteifung der Wirbelsäule in einem bestimmten Abschnitt. 5% der Normalbevölkerung haben eine Skoliose, in zwei Dritteln der Fälle sind es Frauen und Mädchen. Skoliosen, die schon vor der Pubertät auftreten, können manchmal nicht nur mit Krankengymnastik behandelt werden, so dass gelegentlich ein Korsett zur Vorbeugung einer Operation nötig wird.

Spina bifida (offener Rücken): Eine Anlagestörung des Rückenmarks. Hierbei ist häufig im unteren Wirbelsäulenbereich das Rückenmark so stark beeinträchtigt, dass die Symptome eines Querschnitts bestehen. Vor der Geburt weisen Ultraschall-Untersuchungen und Laborwerte auf eine mögliche Störung hin. Es gibt keine ursächlich heilenden Maßnahmen, sondern es wird versucht, durch operative Eingriffe, Krankengymnastik und Hilfsmittel wie Korsetts eine möglichst gute Beweglichkeit des Kind zu erreichen.

Tracheostoma: Künstliche Belüftung der Lungen durch einen Schnitt in die vordere Luftröhre (Trachea) unterhalb des Kehlkopfes. Das kann vorübergehend nötig sein, zum Beispiel nach längerer Beatmung oder bei Kehlkopf-Verletzungen, nach einer Kehlkopf-Entfernung ist diese Beatmung dauerhaft nötig.

Vitiligo: Weißflecken-Krankheit. In der Jugend beginnender schleichender Prozess der Entfärbung der Haut durch Pigmentmangel unklarer Ursache.

Das Standardwerk für alle Eltern, die für sich und ihre Kinder ruhige Nächte haben wollen

Erweiterte und aktualisierte Neuausgabe:
Hardcover, 172 S.,
4-fbg. Fotos und Abb.
ISBN 3-934333-09-5
D: € 17,80 · A: € 18,30
CH: SFR 31,60

Dieses Buch hilft Ihnen, Ihr Kind auch ohne Worte zu verstehen und zu beruhigen. Ein Kursus in Eltern-Kind-Verständigung

Hardcover, 205 S.,
4-fbg. Fotos und Abb.
ISBN 3-934333-07-9
D: € 17,80 · A: € 18,30
CH: SFR 31,60

Das Regelwerk für alle Eltern, die ihren Kindern klare Spielregeln für ein harmonisches Familienleben vermitteln wollen

Erweiterte und aktualisierte Neuausgabe:
Hardcover, 173 S., 4-fbg.
Fotos, Abb., Illustrationen
ISBN 3-934333-15-X
D: € 17,80 · A: € 18,30
CH: SFR 31,60

Notfälle bei Kindern: Wie Eltern schnell reagieren und richtig handeln können

Hardcover, 190 S.,
4-fbg. Fotos, Abb.
und Illustrationen
ISBN: 3-934333-05-2
D: € 19,80 · A: € 20,40
CH: SFR 34,80

Hörgeschädigte Kinder. Drei Bücher in einer Box: Ratgeber für Eltern, Vorschulkinder und Schulkinder

3 Hardcover im Schuber,
192/64/64 S., 4-fbg. Fotos,
Abb. u. Illustrationen
ISBN 3-934333-08-7
D: € 24,80 · A: € 25,50
CH: SFR 43,50

Was Sie als Eltern wissen müssen, damit das Sauberwerden klappt

Erweiterte und aktualisierte Neuausgabe:
Hardcover, 205 S.,
4-fbg. Fotos und Abb.
ISBN 3-934333-11-7
D: € 17,80 · A: € 18,30
CH: SFR 31,60

Ideen, wie Eltern ihren Kindern normales Essverhalten schmackhaft machen können

Hardcover, 156 S.,
4-fbg. Fotos und Abb.
ISBN 3-9804493-9-4
D: € 17,80 · A: € 18,30
CH: SFR 31,60

Schutz-Erziehung von Anfang an
- *Zu Hause*
- *Im Kindergarten*
- *In der Schule*

Hardcover, 253 S.,
4-fbg. Fotos und Abb.
ISBN 3-934333-01-X
D: € 17,80 · A: € 18,30
CH: SFR 31,60

Alles, was Eltern wissen müssen, wenn ihrem Kind etwas fehlt:
- *Was hat mein Kind?*
- *Was kann ich tun?*
- *Wann muss mein Kind zum Arzt?*

Hardcover, 477 S.,
4fbg. Fotos und Abb.
ISBN 3-934333-13-3
D: € 24,80 · A: € 25,50
CH: SFR 43,50

Das Starkmach-Buch für Eltern mit behinderten Kindern

Hardcover, 272 S.,
4fbg.
ISBN 3-934333-14-1

Kinder mit Lese- und Rechtschreib-Schwäche: Erkennen, Vorbeugen, Behandeln

Hardcover, 189 S., 4-fbg. Fotos, Abb., Illustrationen
ISBN 3-934333-12-5
D: € 17,80 · A: € 18,30
CH: SFR 31,60

Die Pflichtlektüre für alle Eltern, die ihren Kindern helfen wollen, den Schulalltag zu meistern

Hardcover, 157 S., 4-fbg. Fotos, Abb., Illustrationen
ISBN 3-9804493-2-7
D: € 17,80 · A: € 18,30
CH: SFR 31,60

Die neuesten Erkenntnisse zur Erkennung und Behandlung von Kindern mit Aufmerksamkeits- und Konzentrations-Störungen

Hardcover, 317 S., 4-fbg. Abb. und Illustrationen
ISBN 3-9804493-6-X
D: € 19,80 · A: € 20,40
CH: SFR 34,80

Das A·D·S-Erwachsenen-Buch zeigt Ihnen den neuesten Stand der A·D·S-Forschung und bietet Ihnen konkrete Hilfen für Ihr Berufs- und Privatleben.

Hardcover, 347 S.,4-fbg. Abb. und Illustrationen
ISBN 3-934333-06-0
D: € 19,80 · A: € 20,40
CH: SFR 34,80

Das Orientierungs-Buch für Eltern mit besonders begabten Kindern

Hardcover, ca. 288 S., 4fbg. Fotos, Abb., Illustrationen
ISBN 3-934333-16-8

Entscheidungs-Hilfen für den wichtigsten Entschluss im Leben einer Frau

Hardcover, 125 S.,
4-fbg. Fotos
ISBN 3-934333-03-6
D: € 16,80 · A: € 17,30
CH: SFR 29,90

Der Wegweiser für die ersten 12 Monate im Leben von Mutter und Kind

Hardcover, 250 S.,
4-fbg. Fotos
ISBN 3-934333-02-8
D: € 17,80 · A: € 18,30
CH: SFR 31,60

Spielregeln und Tipps für ein gutes Familien-Management

Hardcover, 252 S.,
4-fbg. Fotos
ISBN 3-9804493-8-6
D: € 17,80 · A: € 18,30
CH: SFR 31,60

Englische Ausgabe:

Das Standardwerk für alle Eltern, die für sich und ihre Kinder ruhige Nächte haben wollen

Hardcover, 160 S.,
4-fbg. Fotos und s/w-Abb.
ISBN 3-934333-10-9
D: € 17,80 · A: € 18,30
CH: SFR 31,60

CD:
Laufzeit: ca. 58 Minuten
ISBN 3-934333-20-6
D: € 17,80 · A: € 18,30
CH: SFR: 33,20

MC:
Laufzeit: ca. 58 Minuten
ISBN 3-934333-21-4
D: € 17,80 · A: € 18,30
CH: SFR: 33,20